Sammlung Vandenhoeck

V&R

Hartmut Radebold

Abwesende Väter

Folgen der Kriegskindheit in Psychoanalysen

Unter Mitarbeit von Hildegard Radebold

Mit 2 Abbildungen

2. Auflage

Vandenhoeck & Ruprecht
in Göttingen

Für unseren Sohn Tobias und unsere Tochter Sabine sowie für die Angehörigen ihrer Altersgruppe, damit sie besser verstehen, welches Schicksal uns auferlegt wurde und was wir teilweise – bestimmt ungewollt – an sie weitergegeben haben.

Die Deutsche Bibliothek – CIP-Einheitsaufnahme

Radebold, Hartmut:
Abwesende Väter : Folgen der Kriegskindheit in Psychoanalysen / Hartmut Radebold. Unter Mitarb. von Hildegard Radebold. – 2. Aufl. – Göttingen : Vandenhoeck & Ruprecht, 2001
(Sammlung Vandenhoeck)
ISBN 3-525-01461-9

Satz: Satzspiegel, Nörten-Hardenberg
Druck- und Bindearbeiten: Hubert & Co., Göttingen

Inhalt

Einleitung 9

Die in der Kriegs- und Nachkriegszeit Aufgewachsenen –
Wissensstand 16
Fakten und Zahlen 16
Verluste, Beschädigungen, Flucht und Vertreibung . . 16
Die Situation der damaligen Kinder 20
Die Eltern vor, während und nach dem Krieg 22
Kein Forschungsthema? 32

Biographische Daten der Patientinnen und Patienten . . . 41
Herr Geismann 42
Frau Carlberg 46
Herr Rabenstein 49
Herr Dietmar 52
Frau Anna 56
Frau Wagner 59
Herr Larmek 62
Herr Kilian 64
Herr Gochsheimer 67
Frau Kurzweg 69
Warum suchen sie (erst) jetzt eine Behandlung? 70

Das (Kriegs-)Kind hinter der Couch (geb. 1935) 74

Zur Erkrankungsgenese 89
Defizitäre Lebenssituation 90
Abwesende Väter 91

Die Mütter 92
Mögliche protektive Einflüsse 93
Zur Entstehung der jetzigen Störungen 94

Zur Diagnose 100

Die Psychoanalysen der in der Kriegs- und Nachkriegszeit Aufgewachsenen 106
Behandlungsverlauf 106
Die lebenslänglich innerlich abwesenden Väter 117
Zur Rekonstruktion der Biographie: Notwendige Fragen 119

Damalige Väter 122
Der väterliche Beitrag zur Entwicklung und Identitätsbildung 123
Damalige Realisierungsmöglichkeiten 129
Zur Entwicklung der »Väter«-Generation 131
Eine Chance des Abschieds 133

Die abwesenden Väter – ein Systematisierungsvorschlag 135

Behandlungsergebnisse 139
Ergebnisse aus der Sicht der Patientinnen und Patienten 139
Herr Geismann: »Der Aufbruch von der Hallig« – »Ich bin nicht nur mein Bein« 139
Frau Carlberg: Meine Psychoanalyse – »Das Abenteuer meines Lebens« 141
Herr Rabenstein: »Ich bin erwachsen geworden« . . . 144
Herr Dietmar: »Ich bekam eine Chance« 145
Frau Anna: »Die Frau, die auszog, das Fühlen (wieder) zu lernen – die Frau, die sich das Blaue vom Himmel wünschte« 147
Frau Wagner: »Nach der dunklen Nacht kommt der helle Tag – jetzt bin ich mir dessen sicher« 148
Herr Larmek: »Teja« kann seine Rüstung ablegen . . 150
Herr Kilian: »Die Nebel lichten sich« 152
Ergebnisse aus der Sicht ihres Psychoanalytikers . . . 153
Das über 50jährige Kriegskind hinter der Couch – notwendige Selbstanalyse und Trauerarbeit 159

Resümee 168

Weiterführende Fragen 186
Welche weiteren psychotherapeutischen Behandlungschancen bestehen? 186
Wie werden diese damaligen Kriegskinder altern? . . . 191
Abwesende Väter – Entwicklungschance? 197
Was wurde weitergegeben? 199
Auswirkungen auf das öffentliche Geschehen? 200
Anhaltende Auswirkungen auf die Entwicklung der Alternswissenschaften 202
Wie weit hilft »Erinnerungsarbeit«? 203

Exkurs: Alle haben Schwierigkeiten, sich an dieses Thema anzunähern 207
Die Kriegskinder und ihre Familien – damals und heute 207
Wer wollte und will davon wissen? 207
Die Wissenschaftler und Schriftsteller 211
Abwesende Väter in der Nachkriegsliteratur – Versuch einer altersgruppenorientierten Analyse 217
Kinder- und Jugendliteratur 218
Autobiographische Berichte 226
Anthologien 228
Überblick 231

Danksagung 234

Literatur 236

»Von den Imagines einer gewöhnlich nicht mehr im Gedächtnis bewahrten Kindheit ist aber keine für den Jüngling und Mann bedeutungsvoller als die seines Vaters. ... Der kleine Knabe muß seinen Vater lieben und bewundern, er scheint ihm das stärkste, gütigste und weiseste aller Geschöpfe ... aber sehr bald tritt die andere Seite dieser Gefühlsrelation hervor. Der Vater wird auch als der übermächtige Störer des eigenen Trieblebens erkannt, er wird zum Vorbild, das man nicht nur nachahmen, sondern auch beseitigen will, um seine Stelle selbst einzunehmen. Die zärtliche und die feindselige Regung gegen den Vater bestehen nun nebeneinander fort, oft durch das ganze Leben hindurch ...«

(Sigmund Freud als 58jähriger; G.W. Bd. X, S. 206)

»Auf irgendeinem der dunklen Wege hinter dem offiziellen Bewußtsein hat mich der Tod des Alten sehr ergriffen. Ich hatte ihn sehr geschätzt, sehr genau verstanden, und er hatte viel in meinem Leben gemacht mit der ihm eigenen Mischung von tiefer Weisheit und phantastisch leichtem Sinn. Er war lange ausgelebt, als er starb, aber im Innern ist wohl alles Frühere bei diesem Anlaß aufgewacht. Ich habe nun ein recht entwurzeltes Gefühl.«

(Sigmund Freud als 40jähriger nach dem Tod seines Vaters
in dem Brief am 2.11.1986 an W. Fließ)

Einleitung

Wenn dieses Buch erscheint, stellt der Zweite Weltkrieg bereits ein Ereignis des vorigen Jahrhunderts – sogar des vorigen Jahrtausends dar. Wirklich?

Die *Berliner Republik* nimmt inzwischen Konturen an. Sie lebt immer noch im Zweifel, wie sie mit ihrer durch diesen Ort Berlin symbolisierten und gelebten Geschichte umgehen, insbesondere, welche Anteile sie verleugnen, bagatellisieren oder als nicht existent erklären soll. Für mich (1935 in Berlin geboren und dort, abgesehen von einer zweijährigen Evakuierung, bis 1970 aufgewachsen und lebend) ist der berühmte Potsdamer Platz Symbol und Realität aller inzwischen erfolgten Veränderungen. Einst der verkehrsreichste Platz Europas, lag er nach dem Ende des Kriegs viele Jahre unbebaut, unbegehbar und verwildert mit seinen Ruinenresten zwischen West und Ost. Inzwischen wurden die Trümmerreste entfernt, die Bunker des »Dritten Reiches« versiegelt, die unzähligen Granaten und Bomben beseitigt und einige entdeckte Skelette begraben. Jetzt wird er in atemberaubendem Tempo hoch aufstrebend und glitzernd bebaut. Anscheinend sind jetzt wirklich alle *Trümmer* – auf welche Art auch immer – beseitigt.

Mehrere Ereignisse der letzten Jahre verdeutlichen jedoch, daß unsere Geschichte unverändert Auswirkungen zeigt: So der Vorwurf von Sebald[1], daß bisher kein wirkliches Epos des da-

1 Sebald (FR, 29.11.1997) konstatierte zu Recht eine spezifische Abwesenheit in der deutschen Nachkriegsliteratur. »Der wahre Zustand der

maligen Bombenkriegs existiert, so die Auseinandersetzung um die Wehrmachtsausstellung, so die Debatte nach der Walser-Rede (vgl. Walser 1998a) so die Diskussion um das Holocaust-Denkmal in Berlin und so die deutsche Beteiligung am Krieg im Kosovo mit seinen bis in jedes Wohnzimmer übertragenen Fernsehbildern von neuen Flüchtlingstrecks mit verzweifelten Müttern, verstörten Kindern (vgl. Psychologie heute 1999) und erstarrten alten Menschen.

---

materiellen und moralischen Vernichtung, in welchem das Land sich befand, durfte, so muß man annehmen, aufgrund einer stillschweigend eingegangenen und für alle gleichermaßen gültigen Vereinbarung nicht beschrieben werden. Die schreckenvollsten Aspekte des von der überwiegenden Mehrheit der deutschen Bevölkerung miterlebten Schlußaktes der Zerstörung blieben ein so schandbares, mit einer Art Tabu behaftetes Familiengeheimnis, das man vielleicht nicht einmal sich selber eingestehen konnte.« In den Kommentaren (FAZ vom 15.1.1998, Der Spiegel 3/1998, FR vom 27.3.1999 und Die Zeit vom 29.4.1999) wird immer wieder auf die früh erschienenen Romane von Nossack, geb. 1901 (*Der Untergang* 1947) und von G. Ledig, geb. 1922 (*Vergeltung* 1956, s. FAZ vom 28.10.1999, Neuauflage 1999) hingewiesen. »Schriebe man heute, man müßte von der ›Kindheit‹ als Problem der Künstler reden, von jener Kindheit der heute repräsentativen deutschen Schriftsteller nämlich, die ihre Prägungen im Dritten Reich und im Zusammenbruch des Jahres 1945 fanden. Gewiß: Sie haben, moralisch behelligt und an Schuldgefühlen leidend, winzige Linien in ein Dunkel gezeichnet, das ihre Kindheit oder Jugend war. Sie haben aber auch dezionistisch vorgegeben, worüber nicht oder nur mit komplizierten Rückversicherungen zu schreiben war« (F. Schirrmacher, FAZ vom 15.1.1998). Diese Kinder und Jugendlichen wurden stumm und werden stumm bleiben. Wer kann sich noch heute den »Feuersturm«, einen durch die extreme Hitze (rd. 1000 Grad) entstandenen Sog vorstellen, wenn z. B. wie in Frankfurt am Main 1944 in zwei Angriffswellen zunächst 1.338 Sprengbomben, 612.758 Stabbrandbomben und 51.030 Phosphorbomben und 4 Tage darauf 1.200 Sprengbomben, 650.000 Stabbrandbomben sowie fast 50.000 Phosphorbomben abgeworfen worden: über 2.000 Tote und Zerstörung der gesamten östlichen Altstadt (FR vom 18.3.1999). In Kassel wurden am 23. Oktober 1.500 Tonnen Bomben abgeworfen: 10.000 Tote (HNA vom 8.6.1999).

Die Bevölkerung der Bundesrepublik reagierte jeweils unterschiedlich. Nimmt man jedoch das Lebensalter als Unterscheidungskriterium, so äußerten sich für mich die Altersgruppen auffallend verschieden: Bei den durch Sebald und Walser angestoßenen Debatten diskutierte meist die älteste Altersgruppe, also die von 1928/1930 geborene. Bei Walser beteiligten sich ebenso die lange nach dem Krieg geborenen jüngeren Erwachsenen[2]; beide Gruppen reagierten auch stark auf den Krieg im Kosovo. Auffallenderweise äußerten sich die zwischen 1930/1935 und 1945/1950 Geborenen kaum. Die wenigen, die sich überhaupt äußern, reklamieren für sich bewußt die »Gnade der späten Geburt« und betonen immer wieder die »erreichte Normalität«. Warum bleiben sie mehrheitlich stumm?

Als ich ab 1985 im Rahmen meines langjährigen Forschungsschwerpunkts (Psychodynamik, Beratung, Psychotherapie, Psychoanalyse und Psychosomatik Älterer) Entwicklungs- und Veränderungsmöglichkeiten von 45- bis 70jährigen mit Hilfe langfristiger Psychoanalysen oder Psychotherapien erkunden wollte, suchten entgegen allen Erwartungen und zu meinem großen Erstaunen mehr Männer als Frauen der Altersgruppe 45 bis 60 Jahre um eine derartige Behandlung nach.

Ihre in diesem Buch vorgestellten Biographien belegen, daß sie *alle* über die *Erfahrung eines abwesenden Vaters* verfügen und fast *alle* eine durch die *Ereignisse der Kriegs- und Nachkriegszeit beeinträchtigte Entwicklung* aufweisen. Geboren zwischen 1935 und 1947, repräsentieren sie die Altersgruppe, die in Kriegs- und Nachkriegszeit Kind war.

Schicksal und Entwicklung dieser Kinder wurden ab 1985 von seiten der Psychotherapeutinnen und Psychotherapeuten in gewissem Umfang wahrgenommen und beschrieben. Jetzt war

2 Vgl. Schirrmacher 1999. Es diskutierten: I. Bubis (geb. 1927), der seinen Vater mit 15 Jahren verleugnen mußte, um nicht selbst in das KZ deportiert zu werden; R. Augstein (geb. 1923), der den Krieg als junger Frontoffizier erlebte; R. v. Weizsäcker (geb. 1920), der seinen Vater bei den Nürnberger Prozessen mitverteidigte, und K. v. Dohnányi (geb. 1927), dessen Vater 1945 hingerichtet wurde.

ich ihnen erneut begegnet – allerdings in einer anderen Lebens- und Alterssituation. Im Gegensatz zu früher beschriebenen Patientinnen und Patienten brachten sie keine auffallende Symptomatik mit; sie »funktionierten« lebenslang aufgrund der Vorgabe durch die an sie delegierten Aufgaben unauffällig bis sogar gut. *Alle fühlten sich bezüglich ihrer psychosexuellen und psychosozialen Identität unsicher.*

Angetreten mit anderer Zielsetzung, mußte ich selbst einen langen bedrückenden Prozeß durchlaufen, bis ich mir der Tragweite dieser Befunde wirklich bewußt wurde. Schließlich mußte ich erkennen, daß meine Biographie (in ihren abgewehrten und bagatellisierten Anteilen) als 1935 Geborener weitgehend mit der dieser Patientinnen und Patienten übereinstimmte. Ein langer Kampf um die Erinnerung (Mitscherlich 1975) ließ mich auch verstehen, welche ausgeprägten inneren Widerstände jeweils bei diesem Thema mobilisiert wurden. Diese Widerstände erlebte ich bei mir damals und jetzt beim Schreiben dieses Buchs, bei allen Patientinnen und Patienten während ihrer Behandlung und bei fast allen, die sich wissenschaftlich oder literarisch mit diesem Thema befaßten. Der Widerstand besteht eindeutig gegen die (Wieder-)Belebung ihrer Erinnerungen, Erfahrungen und der damit verbundenen vielfältigen beunruhigenden, erschreckenden, bedrohlichen und schmerzlichen Gefühle aus dieser Kriegs- und Nachkriegszeit.

Nach dreijährigem Bemühen gestattete mir das Hessische Wissenschaftsministerium 1990 eine sechsjährige Halbierung meines Lehrstuhls, um gleichzeitig mehrere dieser Psychoanalysen durchführen zu können. Bald reagierte ich mit einer depressiven Verstimmung, da in Reaktion auf die Erlebnisse und Gefühle dieser Patientinnen und Patienten meiner Altersgruppe meine verleugnete und bagatellisierte Geschichte wiederbelebt wurde.

Allmählich wurden wichtige Fragen für mich formulierbar:

- Wie entstanden die gezeigten chronisch depressiven Krankheitsbilder dieser Patientinnen und Patienten, das heißt, welche Wichtigkeit haben die traumatisierenden und defizitären Einflüsse der Kriegs- und direkten Nachkriegszeit?

- Welche neurotischen und konfliktträchtigen Beziehungsstörungen konstellierten sich aufgrund dieser Vorgeschichte?
- Welche Bedeutung für ihre Identitätsentwicklung kam diesen lebenslänglich abwesenden Vätern zu?
- Warum erscheinen diese Patienten (erst) jetzt?
- Lassen sich diese Patienten mit dieser (von mir erst allmählich verstandenen) Vorgeschichte überhaupt, dazu insbesondere im Alter zwischen 45 und 60 Jahren, und mit welchem Ergebnis behandeln?
- War ich als selbst Betroffener überhaupt in der Lage, diese Patientinnen und Patienten zu behandeln, oder bot sich vielleicht gerade dadurch eine besondere Chance?
- Was mußte ich in dieser Situation für mich selbst (therapeutisch) unternehmen?

Als ich mich dann systematisch (unterstützt von meiner Frau) mit der Thematik der in der Zeit des Zweiten Weltkriegs und in direkter Nachkriegszeit Aufgewachsenen und ihrer (äußerlich oder innerlich) lebenslänglich abwesenden Vätern befaßte, erfuhr ich eine weitere, diesmal *irritierende Erkenntnis*: Unser Wissensstand ist gering bis sogar dürftig.
- Statistische Daten fehlen weitgehend.
- Weder über diese Kinder noch über ihre Väter liegen zusammenfassende Darstellungen vor.
- Diese Thematik interessierte über die Jahrzehnte hinweg weder die Sozialwissenschaften, noch die Psychologie noch die (Kinder- und Jugend-)Psychiatrie. Die Frauenforschung befaßte sich durch Untersuchungen und Ausstellungen intensiv mit der Lage der Frauen in dem und nach dem Krieg – aber eben kaum mit ihrer Funktion als Mütter dieser Kinder (vgl. Dörr 1998).
- Die Psychoanalyse vernachlässigte lange Zeit die Bedeutung äußerer, sozialer und historischer Einflüsse und widmete sich dieser Gruppe weitgehend unter den Perspektiven »Opfer und Täter« und »Nationalsozialismus in der Psychoanalyse«.
- Literarisch wurde diese Thematik lediglich in den »Väter-Büchern« im Sinn der bekannten Auseinandersetzung der

68er Generation mit ihren Vätern bearbeitet. Die Kinder- und Jugendliteratur zeigt die Not und das Elend dieser Kinder auf, verdeutlicht aber wiederum, daß die Väter abwesend, nicht erreichbar oder tot sind, das heißt, sie lassen sich auch dort kaum noch auffinden.

Die wenigen vorhandenen statistischen Daten und die wiedergegebenen Forschungsergebnisse sprechen dafür, daß die von mir behandelten Patientinnen und Patienten einen wesentlichen Teil der in der Kriegs- und direkten Nachkriegszeit Aufgewachsenen repräsentieren. Somit müssen noch weitere drängende Fragen gestellt werden.

- Welche Behandlungschancen hat diese Altersgruppe noch?
- Wie werden sie – unbehandelt – altern?
- Ermöglichten die abwesenden Väter vielleicht sogar eine besondere Entwicklungschance?
- Welche Bedeutung hat Erinnerung heute (noch) – sechs Jahrzehnte nach Kriegsende?

Jetzt läßt sich auch die anfangs gestellte Frage beantworten, warum die mittlere Altersgruppe sich anläßlich vieler notwendiger Diskussionen mehrheitlich nicht beteiligte. Viele erlebten ihre Kindheit und Jugendzeit eben nicht als erheblich durch die Auswirkungen des Kriegs und der Nachkriegszeit betroffen. Für sie gehören diese Ereignisse – obwohl in dieser Zeit geboren und aufgewachsen – nicht zu ihrer Biographie. Andere schweigen, weil ihre Kindheit und Jugendzeit durch diese Ereignisse direkt geprägt und beschädigt wurden. Ihre zwar eingeebneten und vergrabenen seelischen Trümmer konnten bisher nicht beseitigt werden und zeigen immer noch (oft unbewußt gebliebene) Auswirkungen.

Erneut[3] und umfassender setze ich für dieses Buch die psy-

---

3 In »Der mühselige Aufbruch« (Radebold u. Schweizer 1996) wird die Psychoanalyse einer älteren Patientin zwischen ihrem 65. und 69. Lebensjahr sowohl aus der Sicht des Analytikers (einschließlich seiner Empfindungen, eigenen Übertragungen etc.) als auch aus der Sicht der

choanalytische Abstinenzregel außer Kraft. Ich beendete im Herbst 1997 meine Hochschullehrertätigkeit und im Frühjahr 1999 (weitgehend) meine Praxistätigkeit. Bewußt habe ich meine Kindheit und Jugendzeit, meine psychoanalytische Sozialisation sowie meine notwendig werdende Selbstanalyse einschließlich der Trauerarbeit parallel zu der meiner Patientinnen und Patienten dargestellt. Nur sie und die Wechselwirkung mit der Psychoanalyse dieser Patientinnen und Patienten machte es mir möglich, meine Patientinnen und Patienten allmählich besser zu verstehen, tiefere Gefühle zuzulassen sowie selbst einzubringen und die beschriebenen Ergebnisse zu erreichen. Dadurch bekam ich auch selbst die Chance weiterer Entwicklungsschritte.

Außerdem repräsentiere ich wahrscheinlich eine große Teilgruppe der in der Kriegs- und Nachkriegszeit aufgewachsenen Psychoanalytikerinnen und Psychoanalytiker. Als ich im Sommer 1998 erstmals anläßlich der Emeritierung eines befreundeten Kollegens in Tübingen wichtige Ergebnisse dieser Forschung vorstellte, kamen anschließend mindestens sieben Kollegen auf mich zu: *Genauso war es – aber ich habe nie darüber gesprochen.*

Um die heute über 55jährigen in ihrer Situation und Entwicklung wirklich zu verstehen und im Bedarfsfalle psychotherapeutisch zu behandeln, bedarf es nach meiner Auffassung auf jeden Fall jetzt parallel zur (psycho)*sexuellen* und (psycho)*sozialen* Perspektive der Einführung der (psycho)*historischen* Perspektive.

Diese verlangt spätestens jetzt – sechs Jahrzehnte nach Kriegsende –, parallel zu den damaligen Taten, Verhaltensweisen und Ansichten dieser Väter (und Mütter) als Betroffene, Mitläufer, Beteiligte, Täter wie auch als Geschädigte und Verfolgte ebenso ihr Leid anzuerkennen wie auch die beschädigte Entwicklung vieler ihrer Kinder und damit *alle Auswirkungen* dieser Zeit zu erforschen.

Patientin (gestützt auf ihre Tagebuchnotizen) umfassend Behandlungsabschnitt um Behandlungsabschnitt dargestellt.

Die in der Kriegs- und Nachkriegszeit Aufgewachsenen – Wissensstand

Fakten und Zahlen

Verluste, Beschädigungen, Flucht und Vertreibung

Hier interessierende detaillierte statistische Angaben über die Auswirkungen des Zweiten Weltkriegs liegen für die Zeiträume 1944/1945 und 1949/1950 verständlicherweise aufgrund der Situation am Kriegsende und der Nachkriegssituation nur in geringem Umfang vor – meist handelt es sich dabei um Schätzungen mit einer großen Streubreite. Aber auch späteren, genaueren Angaben lassen sich nur schwer auffinden: Sie wurden vereinzelt und weit gestreut in Zeitschriften und Fachbüchern unterschiedlicher Wissensdisziplinen publiziert; ihre Veröffentlichung erstreckt sich über den Zeitraum seit Erscheinen des ersten Statistischen Jahrbuchs der Bundesrepublik 1952; die Datenanalyse wurde bis heute nicht abgeschlossen.[4] Um das Ausmaß erfolgter Veränderungen, Beschädigungen und Verluste (für die Kriegskinder und ihre Eltern) zu verdeutlichen, gebe ich vorhandene statistische Angaben nachfolgend zusammengefaßt wieder. Ich stütze mich dabei überwiegend auf die von Dörr (1998) zusammengetragenen Daten.

Im Zweiten Weltkrieg kam jeder achte männliche Deutsche – gerechnet vom Säugling bis zum Greis – ums Leben. Exorbi-

4 Vgl. z. B. die von Overmanns (1999) erst jetzt vorgelegten statistischen Berechnungen.

tant hoch waren vor allem die Todesfälle in den Ostgebieten, wo jede fünfte männliche Person starb (Overmanns 1999, Tab. 34). Insgesamt wurden 11 Prozent der Bevölkerung getötet, also jede neunte Person (Dörr 1998, Bd. 2, S. 555).

Bis Anfang 1955 wurden registriert: 2,73 Millionen Wehrmachtstote und 1,24 Millionen Vermißte einschließlich der in Gefangenschaft Gestorbenen (S. 545 f.). Eine aktuelle Untersuchung geht von 4,71 Millionen Todesfällen aus (Overmanns 1999, Tab. 35). Dabei fielen besonders viele eingezogene Männer im heiratsfähigen Alter: von den 20- bis 25jährigen 45 %, von den 25- bis 30jährigen 56 %, von den 30- bis 35jährigen 36 % und von den 35- bis 40jährigen 29 % (Dörr 1998, Bd. 3, S. 478). Die Geburtsjahrgänge ab 1920 (bezogen auf die Rekrutenzahlen) weisen in der Regel Todesquoten von mehr als 30 Prozent auf.

Am Ende des Zweiten Weltkriegs waren über 11 Millionen deutscher Soldaten in 12.000 Kriegsgefangenenlagern auf 80 Staaten der Erde verteilt. In den ersten beiden Nachkriegsjahren kehrten zwischen 9 und 10 Millionen ehemaliger Soldaten aus der Kriegsgefangenschaft zurück. Im Frühjahr 1947 befanden sich noch 2,3 Millionen Kriegsgefangene in alliierten Händen, knapp 900.000 von ihnen in sowjetischer Kriegsgefangenschaft. 1947 wurden weitere 350.000 entlassen, 1948 eine halbe Million, 1949 weitere 280.000 (S. 476). Zuerst kamen die Kranken und Gebrechlichen aus der Gefangenschaft zurück, so daß 1946 nur 16 Prozent der Heimkehrer arbeitsfähig waren (S. 477).

Im Bundesgebiet wurden im November 1950 über 2,01 Millionen »Kriegsbeschädigter« des Ersten und Zweiten Weltkriegs registriert; davon waren etwa 1,5 Millionen zu 30 Prozent und mehr in ihrer Erwerbstätigkeit beeinträchtigt (S. 478).

Ende 1950 gab es in der Bundesrepublik insgesamt 1,45 Millionen versorgungsberechtigter »Beschädigter« (mit einer Minderung der Erwerbstätigkeit von 30–100 %, davon 0,76 Millionen über 50jährige; vgl. Statistisches Jahrbuch 1952).

Mehr als 2 Millionen Zivilisten kamen auf der Flucht oder während der Vertreibung ums Leben; bei weit mehr als der Hälfte handelte es sich um Frauen und Kinder. Die Bombenangriffe im gesamten deutschen Reichsgebiet führten zu 600.000 bis 800.000 »Ziviltoten«, zumeist Frauen, Kinder und alte Menschen (vgl. Dörr 1998, Bd. 2, S. 449).

Aus den Gebieten östlich von Oder und Neiße mußten mehr als 7 Millionen Menschen fliehen oder wurden vertrieben, hinzu kamen etwa 5 Millionen aus den früheren deutschen Siedlungsgebieten im Ausland (Tschechoslowakei, Polen, Jugoslawien, Rumänien, Ungarn, dem Baltikum, Danzig). Es flohen auch die aus dem Westen in die Ostgebiete evakuierten Frauen, nicht nur eingesessene. Wahrscheinlich war mindestens jede achte Frau aus dem deutschen Reichsgebiet von Flucht oder Vertreibung betroffen (S. 448). Ende 1952 befanden sich in der BRD 2,58 Millionen deutsche Heimatvertriebene und in der DDR 3,8 Millionen (S. 491).

Außerdem wurden zwischen 200.000 und 400.000 Personen verschleppt, von denen etwa 50 Prozent umkamen (S. 516).

Die Trennung der Frauen von den Männern, die einrücken mußten, war nur ein Teil des Auseinandergerissenwerdens von Familien. Der Luftkrieg erzwang noch weitere Trennungen: Mütter flohen mit ihren Kindern vor den Bomben, wurden evakuiert; Kinder kamen mit der Kinderlandverschickung (KLV) häufig weit fort. So zerfielen die Familien noch weiter, auch solche, in denen der Vater noch zu Hause war (S. 323). Die Kinderlandverschickung betraf die 10- bis 14jährigen; sie erfolgte im Klassenverband. Aber auch Schülerinnen und Schüler der gymnasialen Mittel- und Oberstufen wurden mit Lehrerinnen und Lehrern evakuiert, ohne der Organisation der KLV zu unterstehen (S. 326). Evakuierung und KLV betrafen sehr viele Menschen, überwiegend Frauen. Die Zahlen schwanken zwischen 5 und 10 Millionen (S. 323, 563).

Die Gefallenen hinterließen mehr als 1,7 Millionen Witwen, fast 2,5 Millionen Halbwaisen und etwa 100.000 Vollwaisen (Fenske 1987, S. 19–35). Insgesamt soll es 1,5 bis 2 Millionen Kriegswitwen gegeben haben. Die Zahl der Witwen und Witwer betrug 1960 noch 1,1 Millionen, der Waisen 500.000 und der Eltern, deren Sohn oder Söhne gefallen waren, 800.000 (Dörr 1998, Bd. 3, S. 488). Ungefähr ein Viertel aller deutschen Kinder wuchs nach dem Zweiten Weltkrieg ohne Vater auf, der in der Mehrzahl der Fälle gefallen oder vermißt war. In den unmittelbaren Nachkriegsjahren war der Prozentsatz noch höher (Gefangenschaft der Väter; vgl. Willenbacher 1988). Unter den Heimatvertriebenen fanden sich allein über 2 Millionen Kinder und Jugendliche. 1,6 Millionen davon hatten die Eltern oder einen Elternteil verloren (Dörr 1998, S. 580).

Zahlreiche Kinder waren allein unterwegs. Man schätzt, daß allein von den Berliner Kindern 1945 noch 10.000 bis 20.000 ohne Kontakt mit ihren Angehörigen sich in mehr oder minder gefährdeten Gebieten ohne ausreichende Nahrung und Begleitung aufhielten oder sich auf den mühseligen Rückweg – meist zu Fuß – mit dem fernen Ziel Berlin machten. Dazu gab es am Ende des Kriegs und kurz nach dem Krieg regelrechte Wanderungen von Lehrern und Schülern auf der Suche nach einer vorübergehenden Heimstatt und schließlich nach Hause (S. 565).

1950 lebten in der Bundesrepublik 9,542 Millionen 6- bis 21jährige (also vor Kriegsende geborene Kinder und Jugendliche). Von ihnen erhielten zum ersten Stichtag am 30.11.1950 als anerkannt Versorgungsberechtigte nach dem Bundesversorgungsgesetz 1,371 Millionen (= 14,3 %) entsprechende Unterstützung, ebenso 0,937 Millionen Witwen und Witwer (Sozialverband Reichsbund). Weiterhin erhielten von diesen Kindern und Jugendlichen insgesamt 0,863 Millionen (= 9,2 %) eine Waisenrente (Invaliden-, Angestellten- und Knappschaftsversicherung) – unklärbar war, ob bestimmte Gruppen von Kindern oder Jugendlichen mehrfach unterstützt wurden und ob bestimmte Gruppen keine Ansprüche hatten.

1951 gab es in der BRD über 120.000 Pflegekinder und über eine halbe Million Minderjähriger unter Amtsvormundschaft (vgl. Statistisches Jahrbuch 1952). Letztendlich können diese wenigen Zahlen nur Hinweise auf die Größenordnung geben, da auch diese Zahlen alle Waisen unterschiedlicher Alters- und Entwicklungsstufen zwischen dem 6. und 21. Lebensjahr (also geboren ab 1930) umfassen.

Weitere statistische Daten, etwa zu Aufschlüsselung der Halb- und Vollwaisen nach Geschlecht und Jahrgängen oder

Angaben über ihren Gesundheitszustand, ließen sich nicht auffinden. Meine Anfragen an das Bundesarchiv in Koblenz, das Statistische Bundesamt in Wiesbaden, das Bundesausgleichsamt in Bad Homburg, das Bundesministerium für Arbeit und Soziales in Bonn, den Sozialverband Reichsbund e. V. und den Verband der Kriegs- und Wehrdienstopfer, Behinderten und Rentner Deutschlands in Bonn und exemplarisch an das Hessische Landesamt für Versorgung erbrachten keine weiteren Hinweise.

Die Situation der damaligen Kinder

Nur wenige bereits bald nach Kriegsende 1945 durchgeführte soziologische Untersuchungen (von 498 Familien in Berlin im Winter 1946/1947, vgl. Thurnwald 1948, von 470 Familien in Darmstadt und 518 Familien im Hinterland 1949/51, vgl. Baumert 1954, sowie 164 Familienmonographien aus Nordwestdeutschland 1950/1951, vgl. Wurzbacher 1954) sind bekannt. Diese Berichte aus Großstädten und Industrieregionen beschreiben ein heute kaum noch vorstellbares Elend, gekennzeichnet durch Not, Hunger, Kälte, zerstörte oder extrem beengte Wohnverhältnisse mit ständiger Ungewißheit, überhaupt überleben zu können. Die Mütter – als oft oder zumindest für lange Zeit einziger Elternteil, in der Regel tatkräftig zupackende Frauen – litten aufgrund von Familienversorgung, Organisation von Nahrung, Kleidung und Heizung sowie schwerer und lang andauernder Berufstätigkeit unter ständiger physischer und psychischer Überlastung und konnten sich nur wenig um ihre Kinder, insbesondere die über 8- bis 10jährigen kümmern. Die Väter fehlten lange Zeit (Kriegsgefangenschaft) oder auf Dauer (gefallen, vermißt). Sie kehrten erst allmählich oft psychisch beschädigt, physisch krank, verletzt oder dauerhaft behindert zurück. Daher wünschten sie sich inneres und äußeres Geborgensein sowie Verständnis von seiten ihrer Frauen und Kinder. Ebenso fehlte ihnen eine Vorstellung, was die Frauen zu Hause geschafft und erduldet hatten und wie schwer die Alltagsbewältigung gewesen war. Sie fanden sich kaum in dieser neuen Lebenssituation mit all ihren Anforderungen zurecht. Arbeitsplätze standen noch nicht ausreichend und dazu häufig nur mit einem sozialen und materiellen Abstieg verbunden zur Verfügung. So blieb man sich fremd – insbesondere noch dann, wenn die Heirat während des Kriegs erfolgte – oder wurde sich zunehmend fremder. Viele Familien und Ehen zerbrachen oder veränderten sich weitreichend bezüglich väterlicher Autorität, Ansehen und Status. Gerade in diesen Situationen wurden die älteren Kinder in die Position von Vertrauten oder Partnern eingesetzt und damit »parentifiziert«[5]. Für die Kinder – eben auch oft nur mühsam überlebend – bestand neben dem langsam anlaufenden Schulbesuch die Pflicht zur ständigen und umfangreichen Mithilfe, zum »Organisieren« von Nahrung oder Heizung – oft in der Position von »Schlüsselkindern«. Dabei blieben die Älteren sich oft allein überlassen – »Banden« und Trümmer boten Zusammenhalt und Spielplätze. Besonders wurden von den Wirren des Kriegsendes und der Nachkriegszeit die Flüchtlinge und Vertriebenen betroffen: Nach dem vollständigen Verlust der Heimat, von Hab und Gut und Vermögen mußten sie – völlig auf sich allein gestellt – bei einer häufig unvollständigen oder gestörten Familiensituation in einer ihnen oft ablehnend begegnenden, auf jeden Fall aber fremden Welt (Dialekt, Religion, Sitten und Gebräuche) überleben.

Neben anderem war die Ernährungssituation katastrophal: Ab 1944 sank die pro Person zur Verfügung stehende Kalorienzahl unter 1.800 und damit unter das langfristige Existenzminimum. Der Tiefstand wurde 1945/46 mit 1412 erreicht, im folgenden Jahr lag der Wert mit 1420 kaum höher ... Die Säuglingssterblichkeit lag beispielsweise in Bayern mehr als doppelt

---

5 Alice Miller (1979) vermutet, daß es gerade die Generation der zunächst vaterlos aufgewachsenen Kinder, insbesondere der Töchter ist, die von ihren Müttern psychisch ausgebeutet und zu jenen begabten Kindern abgerichtet wurden, die sich so vorzüglich auf die Empathieleistung für andere verstehen, aber ihrerseits kein adäquates Selbstwertgefühl entwickeln können.

so hoch wie 1938. Die allgemeine Sterblichkeit war im Juni 1945 sechsmal so hoch wie vor dem Krieg, aber noch 10 Monate später belief sie sich auf das Dreifache des Vorkriegswertes (vgl. Fenske 1987). Auch alle später vorgelegten Berichte (vgl. Dörr 1988, Bd. 2, S. 540–544) belegen aufgrund weiterer Daten, Interviews und autobiographischer Berichte diese extreme Notsituation.

Viele Jahre bis Jahrzehnte danach erschienene Berichte, Autobiographien, Kinder- und Jugendbücher belegen, daß gleichzeitig eine relativ große Gruppe von Kindern und Jugendlichen weitgehend von dem Kriegsverlauf, den Wirren des Kriegsendes und der katastrophalen Nachkriegssituation gar nicht, kaum oder nur in geringem Umfang beeinträchtigt aufwuchs. Sie lebten vorwiegend in ländlichen Regionen, in Kleinstädten unter Bevorzugung des süddeutschen (und österreichischen) Raumes. Ihre Familienstrukturen blieben weitgehend intakt (bei auch hier fehlenden oder spät zurückkehrenden Vätern); Wohnung oder Haus wurden nicht zerstört, und die allgemeine Versorgung (Nahrung, Heizung, Kleidung) war auf vielfältige Weise sichergestellt, zumindest ausreichend bis befriedigend (Dörr 1998, Bd. 3, S. 83). Auch sie erfuhren beengte Wohnverhältnisse durch die Aufnahme von Flüchtlingen oder Vertriebenen und bekamen so zumindest aus der Nähe das allgemeine Elend mit.

Die Eltern vor, während und nach dem Krieg

Unser Wissen über die Männer als Väter und die Frauen als Mütter dieser Kinder ist auffallend unterschiedlich. Über das Erleben des Kriegsendes und die damalige Situation der Männer wurde weitgehend nur in (autobiographischen) Schilderungen berichtet. Erst spät wurde die Situation in der Kriegsgefangenschaft genauer untersucht.

»7/10 ergaben sich den Westmächten, 3/10 den Russen. Für das persönliche Schicksal der Gefangenen war außerordentlich bedeutsam, bei wem sie in Gefangenschaft waren. Die Lebensverhältnisse hinter Stacheldraht unterschieden sich von Land zu

Land ganz erheblich. Die englische Haft war weitaus die großzügigste, die amerikanische war einigermaßen vergleichbar. Dagegen erwartete diejenigen, die französischen Truppen in die Hand fielen oder von den USA und Großbritannien an Frankreich überstellt wurden, ein hartes Los, zumindest im Jahr 1945, als die Sterblichkeit auch hier sehr hoch war. Am schlimmsten war das Schicksal der Kriegsgefangenen in der Sowjetunion, namentlich derer aus der Zeit von Beginn des deutschen Angriffes bis 1943. Sie hatten viele Jahre unter den extremen Verhältnissen zu leben; daraus ergab sich eine Todesquote von über 90 Prozent. Bis 1947 galten diese harten Bedingungen auch für die übrigen Gefangenen, dann besserte sich die Lage allmählich« (Fenske 1987).

Bis Anfang 1948 überwog die Permanenz des bohrenden Hungers, das eigene Schicksal als Dystrophiker und die Alltäglichkeit des Todes …

Psychisch bedeutsame Faktoren längerer Haft im Osten waren das Gefühl des Ausgeliefertseins und der Rechtlosigkeit, die nagende Ungewißheit über die Zukunft und über das Schicksal der eigenen Familie, der Abbau des Selbstgefühls, ein großes Maß an Ekel, häufig die Entstehung eines übersteigerten Schuldgefühls, die Reduktion des Verantwortungsgefühls durch den weitgehenden Verlust eines privaten Bereichs und der Möglichkeiten zu individueller Initiative, das Schwinden der Fähigkeit zu aktiver Leistung, die seelische Verarmung in Folge des Fehlens äußerer Anregungen und eine zunehmende Entfremdung von der Wirklichkeit (Lehmann 1986). Die meisten Heimkehrer waren durch die schweren Erlebnisse geschwächt, körperlich und seelisch krank (Dörr 1998, Bd. 3, S. 83).

»In der Phantasie ging es offenbar um eine ›regressive Utopie‹, die Beschütztheit und Einfachheit der kindlichen Umwelt. Gibt der Magnet ›Familie‹ in der Heimat den Rückkehrreisen eine alle Hindernisse überwindende Kraft und macht sie zum Abenteuer mit Perspektive, so bedeutet die Heimkehr das individuelle Ende des Kriegs und damit auch das Ende einer Bewegung, von der man offenbar bei aller Anstrengung innerlich auch getragen wurde. Am individuellen Ende des Kriegs fallen die meisten aus ihren Wunschbildern dann in einen Alltag ohne Perspektive, eine verwandtschaftliche Zwangsgemeinschaft ohne ›Familienleben‹ eine Anstrengung aller Kräfte ohne Fortkommen« (vgl. Niethammer 1983, S. 46).

Weitgehend unbekannt blieb bis heute: Wie weit waren diese Männer durch die Kriegserlebnisse geprägt? Wie weit haben sich die verrohende Wirkung des Kriegs oder die Nachwirkung starrer militärischer Befehlstrukturen auf die Familie ausgewirkt? Welche besonderen Überlebenstechniken hatten sie entwickelt und versuchten sie nun anzuwenden? (vgl. Dörr 1998, Bd. 3, S. 477).

Dagegen liegen über die Frauen der Kriegs- und Nachkriegszeit seit den achtziger Jahren aufgrund der Bemühungen der Frauenforschung vielfältige umfangreiche Informationen durch Ausstellungen, Ausstellungskataloge, zusammengefaßte Daten und sozialwissenschaftliche Einzeldarstellungen vor. Dörr legte 1998 mit »Wer die Zeit nicht miterlebt hat ...« (Frauenerfahrungen im Zweiten Weltkrieg und in den Jahren danach) die bisher vollständigste Zusammenfassung vor, die sich auf eine akribische Auswertung aller vorhandener Quellen und Daten sowie auf über 500 ausführliche Interviews mit Angehörigen dieser Frauengeneration stützt.

Alle Publikationen belegen nachdrücklich die seit Kriegsende 1939 zunehmende und bis weit in die Nachkriegszeit andauernde (also im Durchschnitt mindestens 10–15 Jahre umfassende) Be- und Überlastung dieser Frauen und damit dieser damaligen Mütter. Zu der anhaltenden alltäglichen Lebensbewältigung (Haushaltsführung, Arbeit oder Mitarbeit in Vertretung der Männer) trat zunehmend die Aufgabe des familiären Überlebens (Beschaffung von Essen, Kleidung, Heizung und Wohnmöglichkeiten), insbesondere nach der Ausbombung, in der Evakuierung, auf der Flucht und nach der Rückkehr bei ständiger Sorge um die (häufig kleinen und oft kranken) Kinder, die physisch und psychisch verändert zurückgekehrten Männer und weitere Familienangehörige bei gleichzeitig langfristig erforderlicher Berufstätigkeit. Häufig wurden sie noch aufgrund ihrer Situation als Kriegerwitwen, unverheiratet gebliebene Frauen oder Flüchtlinge zusätzlich diskriminiert. Kaum eine Frau kam *ohne gesundheitliche Beeinträchtigungen* über den Krieg. Sie reichten von direkten Kriegsverletzungen durch Bomben, durch Erfrierungen auf der Flucht, durch Vergewaltigung und Mißhandlung, über Mangelkrankheiten bis zu Folgen von Überanstrengung und Erschöpfung. Niemand hat bisher die Zahl dieser durch den Krieg gesundheitlich beschädigten und invalide gewordenen Frauen errechnet, niemand die damalige Sterblichkeitsrate dieser Frauen untersucht. Viele Folgeschäden stellten sich erst nach und nach heraus (vgl. Dörr 1998, Bd. 3, S. 155). Die *materiellen Nachwirkungen* begleiteten besonders Kriegerwitwen und allein gebliebene Frauen ihr ganzes weiteres Leben. Wenn 1979 jeder vierte Sozialhilfeempfänger eine über 60jährige Frau war, heißt das, daß für die 1919 und früher geborenen Frauen, eben wohl zum größten Teil Kriegshinterbliebene und Kriegsgeschädigte, die Rente zum Leben nicht ausreichte (S. 150). Offensichtlich dauerte es bis in die späten fünfziger, ja bis in die späten sechziger Jahre, bis die Mehrzahl der Frauen einen mit dem heutigen Existenzminimum vergleichbaren Lebensstandard erreicht hatte (S. 146). Von diesen sozialen und physischen Nachwirkungen lassen sich die *psychischen* kaum trennen. Die grauenhaften Erlebnisse in den Bombennächten, bei der Besetzung, auf der Flucht und bei der Vertreibung, die unersetzlichen Verluste von Menschen, der Heimat, der lieb gewordenen und vertrauten Dinge, haben bleibende seelische Spuren hinterlassen, haben viele Frauen krank gemacht oder schwer belastet. In den Berichten und Interviews sprechen diese Frauen von ihren Angstträumen, die sie bis heute nicht los lassen, von ihrem Kampf gegen die Einsamkeit, von ihrem Heimweh, von im Grunde unerfüllbaren Anforderungen, die die Gesellschaft an sie stellte (S. 157). Die *Erziehung der Kinder* war in den Nachkriegsverhältnissen eine besonders schwierige Aufgabe der Familien. Selbst da, wo die Väter zwar zu Hause waren, aber keine entsprechende Arbeit fanden oder kriegsversehrt waren, lag die Hauptlast bei den Müttern. Aus der Sicht der alleinerziehenden Mütter erwuchsen aus dem Halbwaisenstatus ihrer Kinder ihre wichtigsten Langzeitaufgaben: Sie fühlten sich für diese vaterlosen Kinder doppelt verantwortlich, und sie nahmen diese Verantwortung sehr ernst. Dazu wollten sie noch nach Möglichkeit eine warme, geborgene und anregende Atmosphäre zu Hause bereiten (S. 162 f.). Für den Neuanfang nach 1945 kumulierten sich oft so die Nachteile: Am miserabelsten war eine Frau gestellt, die als Flüchtling und Kriegerwitwe Heimat und Habe, den Mann und nahestehende Menschen verloren hatte, isoliert in einer ungastlichen, wenn nicht feindlichen Umgebung mit ihren kleinen Kindern lebte und womöglich noch für Alte und Kranke zu sorgen hatte, dabei auch noch fast ohne Aussicht war, eine einigermaßen angemessene einträgliche Arbeit zu finden (S. 85).

Erst jetzt erhobene Daten ermöglichen, die Lebenssituation dieser Väter und Mütter in der Kriegs- und Nachkriegszeit genauer zu beschreiben: Die zwischen 1990 und 1993 durchgeführte Berliner Altersstudie (BASE; vgl. Meyer u. Baltes 1996) liefert repräsentative Daten (vgl. Maas et al. 1996) über drei Kohorten (I. geboren zwischen 1887–1900, II. geboren zwischen 1901–1910 und III. geboren zwischen 1911–1922). Bei durchschnittlicher Familiengründung um das 30. Lebensjahr herum wurde das erste Kind (von durchschnittlich zwei Kindern) der Kohorte I zwischen 1917–1930, bei der Kohorte II zwischen 1931–1940 und bei der Kohorte III zwischen 1941–1952 geboren.

Als entscheidende historische Ereignisse werden der Erste Weltkrieg, die Weltwirtschaftskrise und der Zweite Weltkrieg angesehen.

Die drei BASE-Kohorten befanden sich in verschiedenen Lebensphasen, als diese historischen Ereignisse stattfanden. Zu Beginn des Ersten Weltkriegs waren viele der jüngsten Kohorte noch nicht geboren, die Teilnehmer der mittleren Kohorte gingen zur Schule, und die Mitglieder der ältesten Kohorte waren auf dem Arbeitsmarkt und gründeten eigene Familien, wenn sie nicht als Soldaten dienen mußten.

In der Mitte der Weltwirtschaftskrise waren die Angehörigen der jüngsten Kohorte in der Schule oder in der Ausbildung, die der mittleren Kohorte hatten gerade ihre erste Stelle angetreten, während die Ältesten in der Mitte der beruflichen Karriere standen und Kinder hatten.

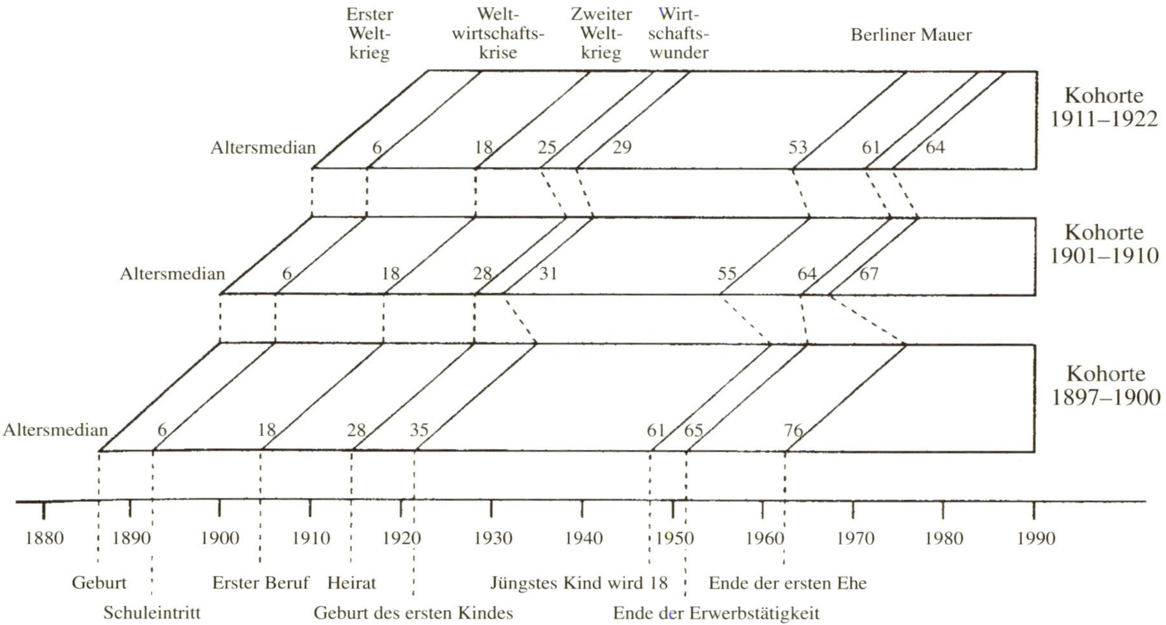

Abbildung 1: Die Berliner (BASE-)Kohorten auf der historischen Zeitachse (Quelle: Maas et al. 1996, S. 111).

Der Zweite Weltkrieg traf die Mitglieder der jüngsten Kohorte, als sie gerade die Schule verließen oder in ihrer ersten Stelle waren. Viele von ihnen beschleunigten die Heirat und die Familiengründung, bevor die Männer zum Krieg eingezogen wurden. Die mittlere Kohorte hatte zu dieser Zeit junge Kinder, während die Kinder der ältesten Kohorte fast erwachsen waren und teilweise selbst Militärdienst leisten mußten (Maas et al. 1996, S. 111).

Bezüglich der Bildung erreichten in der ältesten Kohorte (vor 1901 geboren) 31 Prozent der Männer und 57 Prozent der Frauen keine höhere Ausbildung als die Volksschule; allerdings machten die meisten Männer im Anschluß an den Besuch der Volksschule eine Lehre. Die jüngeren Kohorten erreichten deutlich höhere Bildungsniveaus. Frauen zeigen eine niedrigere Rate an Berufsausbildung und einen geringeren Anteil von Abiturienten (S. 114).

Im 20. Jahrhundert veränderte sich die berufliche Struktur sehr stark. Es gab eine kontinuierliche Abnahme der Selbständigen (besonders der Bauern und mithelfenden Familienangehörigen) unter allen Erwerbstätigen; dies führte zu einem Anwachsen der Angestellten- und Beamtengruppen. Der Anteil der Arbeiter änderte sich bis zu den siebziger Jahren nicht sehr. Im Gegensatz zu dieser allgemeinen Tendenz begannen Männer der jüngsten Kohorte, die kurz vor dem Zweiten Weltkrieg in den Arbeitsmarkt traten, im Vergleich zu älteren Männern ihre Karriere häufiger als Arbeiter und seltener als Angestellter. Über den Lebenslauf fanden im Durchschnitt mehr Auf- als Abstiege statt. Über 80 Prozent der Männer rückten mindestens einmal in ihrem Leben in eine höhere Schicht auf. Abwärtsbewegungen sind etwas seltener, aber immerhin 62 Prozent dieser Männer erlebten mindestens einen Abstieg, meist vorübergehend während der Weltwirtschaftskrise und nach dem Zweiten Weltkrieg. Der Erste Weltkrieg unterbrach die Berufskarrieren vieler Männer der ältesten Kohorte. Immerhin 53 Prozent dienten in diesem Krieg als Soldaten. Im Durchschnitt waren sie drei Jahre als aktive Soldaten oder Kriegsgefangene nicht zu Hause. Der Zweite Weltkrieg beeinträchtigte die Berufskarriere aller drei Kohorten. Die jüngste Kohorte war hiervon am meisten betroffen; hier nahmen 86 Prozent der Männer am Krieg teil. Sie dienten durchschnittlich 6 Jahre lang (oder waren Kriegsgefangene). Nur 34 Prozent der mittleren Kohorte entkamen der aktiven Teilnahme am Krieg. (Diese prozentualen Anteile beziehen sich nur auf die Gruppe der Männer, die 70 Jahre und älter wurden. Viele Männer dieser Kohorten überlebten den Krieg nicht oder starben in den Folgejahren.)

Die Kriege verursachten nicht nur Lücken in Berufskarrieren, sondern auch Arbeitslosigkeit und beruflichen Abstieg. Dasselbe gilt für die Weltwirtschaftskrisen. Um 1930 waren die Karrieren der Männer durch ein hohes Arbeitslosigkeitsrisiko geprägt. Von allen Männern der Studie, die bereits auf dem Arbeitsmarkt waren, erlebten 15 Prozent 1932, als die Arbeitslosigkeit ihren Höhepunkt erreichte, mindestens eine Phase der Arbeitslosigkeit. Die Auswirkungen sind jedoch für die Kohorten unterschiedlich. Während der Jahre der Wirtschaftskrise erfuhren 28 Prozent der mittleren Kohorte Arbeitslosigkeit (doppelt so hoch wie der der ältesten Kohorte mit 11 %). Die Berufskarriere derjenigen, die während der Weltwirtschaftskrise in den Arbeitsmarkt eintraten, wurden am meisten betroffen. Von 1933 an wurden die Berufschancen besser, wie an der sinkenden Arbeitslosigkeit, abnehmenden Abstiegen und zunehmenden Aufstiegen erkennbar wird; allein im Jahr 1935 stiegen 7 Prozent in eine höhere Schicht auf. Der Anteil der Aufstiege blieb bis zu Beginn des Zweiten Weltkriegs hoch.

Bei der Heimkehr ab 1945 war der Wiedereintritt in den Arbeitsmarkt für viele Männer mit einem Abstieg verbunden. Sie konnten ihre alten Tätigkeiten nicht wieder aufnehmen und mußten Stellen auf niedrigerem Niveau annehmen. Die Anteile derjenigen, die Abstiege erlebten, betrugen in den drei Kohorten jeweils 33, 38 beziehungsweise 33 Prozent. Die Nachkriegsjahre waren offensichtlich nicht günstig für einen beruflichen Erfolg. Männer, die einige Jahre nach dem Krieg aus der Gefangenschaft zurückkehrten, traten in einem Arbeitsmarkt mit hoher Arbeitslosigkeit ein. Im Gegensatz zur Weltwirtschaftskrise traf die Rezession nach dem Krieg alle Kohorten gleichermaßen; zwischen 1945 und 1950 waren 18 % der ältesten, 17 % der mittleren und 24 % der jüngsten Kohorte arbeitslos. Allerdings waren die Nachkriegsjahre nicht ausschließlich Zeiten des Abstiegs und der Arbeitslosigkeit. Viele Männer machten auch Aufstiege. Auf die Umordnung der beruflichen Positionen durch den Krieg folgte innerhalb von 10 Jahren die Wiederherstellung der alten beruflichen Strukturen. Von denen, die 1945 abstiegen, konnten 50 Prozent zwischen 1946 und 1950 wieder aufsteigen. Von denen, die1945 nicht abstiegen, stiegen nur 27 Prozent in den nächsten Jahren auf (Maas et al. 1996, S. 115–118).

Für die Frauen weisen die Verläufe der Studie für alle drei Kohorten die gleiche Form auf: hohe Berufstätigkeitsraten in den jungen Erwachsenenjahren, geringere in der Phase der Familiengründung (aber nicht unter 40 %!) und danach eine erneute Zunahme. Die Zahl derer, die nie bezahlte Vollzeitarbeit leisteten, liegt bei den jüngeren Kohorten jeweils nur um 4 % und 3 %. Diejenigen, die arbeiteten, nahmen durchschnittlich 25 Jahre lang am Arbeitsmarkt teil (S. 118). Im allgemeinen eröffnete der Zweite Weltkrieg Berufschancen für Frauen. Bei Abwesenheit der Männer wurde ihre Arbeitskraft benötigt. Die wirtschaftlich schweren Zeiten und die Rückkehr vieler Männer verdrängten die Frauen in der Nachkriegszeit vom Arbeitsmarkt. 1950 wurde die niedrigste Berufstätigkeitsrate in diesem Jahrhundert für Frauen erreicht (44 % der Frauen zwischen 15 und 60; S. 120).

Die Familiengeschichte zeigt zunächst bezüglich der Ehen von Männern und Frauen deutliche Unterschiede. Fast alle Männer waren verheiratet (in der ältesten und jüngsten Gruppe jeweils mit 29, in der jüngsten mit 27 Jahren). Bei der mittleren und jüngsten Kohorte erfolgt in der Kriegs- und insbesondere Nachkriegszeit in jeweils 20 Prozent eine Scheidung. Die Frauen waren etwas weniger verheiratet bei einem etwas niedrigerem Erstheiratsalter (für die älteste und mittlere Kohorte jeweils 27, für die jüngste von 24 Jahren). Der hohe Anteil von verstorbenen ersten Partnern der Frauen der ältesten Kohorte (50 Prozent bis zum 70. Lebensjahr) spiegelt die kumulativen Effekte des Ersten und Zweiten Weltkriegs. Bei den Frauen der mittleren Kohorte wirkt sich der Krieg vor allem durch Verwitwung aus; zwischen 1943 und 1945 starben die Partner in 20 Prozent. In der jüngsten Kohorte waren ungefähr 25 Prozent der Frauen aufgrund des Kriegs verwitwet. Die hohen Scheidungsraten direkt nach dem Krieg verursachten das Ende der Ehe für 20 Prozent dieser Frauen. Hinsichtlich zweiter Ehen gab es große Kohortenunterschiede. Die meisten Frauen der ältesten Kohorte, die ihre Partner verloren hatten, verbrachten den Rest des Lebens allein (13 % zweite Heirat). Die Wahrscheinlichkeit der Wiederverheiratung war in der mittleren Kohorte etwas höher (25 %) und stieg bei der jüngsten Kohorte noch stärker an (36 %; S. 122 f.).

Die Autoren schlußfolgern: Die katastrophalen Folgen des Zweiten Weltkriegs für das Familienleben sind offenkundig. Fast alle deutschen Männer verließen wegen des Militärdienstes ihre Familien. Viele kehrten nie zurück. Der Tod des Partners war allerdings nicht die einzige Ursache für das Ende von Ehen in den Kriegsjahren (S. 122 f.).

Die durch Kriegs- und Nachkriegszeit verursachten zusätzlichen psychischen Veränderungen dieser Frauen und Männer (in der mittleren Kohorte zu 71 % und in der jüngsten zu 74 % gleichzeitig Eltern) sind statistisch unbekannt.

In Berlin wurden mindestens 100.000 Frauen und Mädchen vergewaltigt (40 % mehrmals oder vielmals), von denen etwa 10.000 die Vergewaltigungen mit dem Leben oder einer bleibenden gesundheitlichen Schädigung bezahlt haben. Etwa 20 Prozent der vergewaltigten Frauen wurde schwanger. Etwa 90 Prozent dieser Frauen haben abgetrieben. Die Gesamtzahl der Vergewaltigungen wird auf circa 1,9 Millionen geschätzt, davon 1,4 Millionen in den ehemaligen deutschen Ostgebieten und während der Flucht und Vertreibung, 500.000 in der späteren sowjetischen Besatzungszone (vgl. Sander u. Johr 1992, S. 52, 58). Bei einer kürzlich in Jena durchgeführten Untersuchung (Steil u. Sömmer 1999) gaben 60 Prozent von 32 Frauen, die in Deutschland gegen Ende des Zweiten Weltkriegs vergewaltigt wurden, an, daß sie bis heute unverändert unter Angstzuständen, Nervosität, Schlafstörungen und leidvollen Erinnerungen (also posttraumatischen Belastungsstörungen) leiden.

Aus dem Ausland liegen inzwischen auffallend viele Untersuchungen über lang anhaltende posttraumatische Belastungsstörungen bei Zivil- und Kriegsgefangenen (in Deutschland, in Korea oder in Vietnam) vor.[6] Nach meinem Kenntnisstand wurden bisher parallele Untersuchungen an ehemaligen deutschen Kriegsgefangenen nicht durchgeführt.

Kein Forschungsthema?

Am Ende des Zweiten Weltkriegs und in der direkten Nachkriegszeit war die sozialwissenschaftliche (insbesondere soziologische und psychologische) Forschung zunächst weitgehend zum Erliegen gekommen – die (kinder-)psychiatrische hatte sich zusätzlich durch ihre teilweise aktive Teilhabe an den Tötungsaktionen disqualifiziert. Die Situation der Kinder und Jugendlichen wurde in der betreffenden, wieder langsam anlaufenden Forschung nach Kriegsende weitgehend nur als Teilphänomen der gesamten familiären Situation untersucht. Die soziale und psychische Situation von Kindern oder Jugendlichen und ihr weiteres Schicksal interessierten insgesamt damals wenig; so wurde etwa auch die weitere Entwicklung überlebender Kinder des Holocaust zunächst kaum verfolgt oder forschungsmäßig berücksichtigt (vgl. Valent 1998).

So zentrieren sich die ersten Untersuchungen (vgl. Willenbacher 1988, Dörr 1998) auf Gegenwartsprobleme von Familien (im Winter 1946/47 von 498 Familien in Berlin) und später auf familiäre Konflikte (wiederum 235 Familien in Berlin) wie auch zwei weitere 1949/51 durchgeführte auf die allgemeine Familiensituation (von 470 Familien in Darmstadt und 518 Familien im Hinterland sowie durch 164 ausführliche Fa-

6 Vgl. Beal 1995, Crocq et al. 1991, Friedman et al. 1994, Guerreo u. Crocq 1994, Potts 1994, Sutker u. Allain 1995, Sutker et al. 1995, Ursano u. Rundell 1990, Watson 1993, Wilson u. Raphael 1993.

milienmonographien) – aufgrund letzterer wird später die *Skeptische Generation* beschrieben (Schelsky 1957). Diese Untersuchungen verdeutlichten schon früh die weitgehende bis völlige (Arbeits-)Überlastung der Mütter, sich weitgehend verändernde oder zerfallende Familienstrukturen bei abwesendem Vater beziehungsweise abnehmender väterlicher Autorität. Gleichzeitig wurden diese Kinder »parentifiziert«. Die Erwachsenen waren befriedigt, wenn sie ihre Kinder ausreichend mit Nahrung, Kleidung und Unterkunft versorgen konnten und den Schulbesuch sicherstellten. Ansonsten waren die Kinder offenbar weitgehend sich selbst – teilweise organisiert in »Banden« und ihren Spielen in den Trümmern und Ruinen – überlassen.

Nach der 1949/50 weitgehend abgeschlossenen Rückkehr der Kriegsgefangenen erweist sich die Zahl der fehlenden Väter in diesen wenigen Untersuchungen als scheinbar gering. So finden sich in den zitierten 164 Familienmonographien lediglich 12, bei denen der Mann aufgrund der Kriegsfolgen verstorben war oder die Familie verlassen hatte. Eine weitere Studie zur Berufswahl vaterloser Mädchen (Baumert 1954) belegt für den Geschäftsjahrgang 1950/51 von westdeutschen Berufsberatungsstellen im Rheinland einen Anteil von etwa 6 % vaterloser Mädchen.

Spätere Untersuchungen beschreiben allgemein die schwierige soziale und materielle Situation von Flüchtlingen (z. B. Haupt 1959) und ihren Kindern. Dabei ergab eine 8jährige Beobachtung einer Gruppe von (1944–45 geborenen) »Flüchtlingskindern«, daß sich diese »erstaunlicherweise« in der körperlichen, psychischen oder schulischen Entwicklung in keiner Weise von den einheimischen unterschieden.[7]

7 Vgl. Brandt 1964; Coerper et al. 1964. Aufgrund dieses Befundes gehen Kruse u. Thomae (1992) davon aus, daß traumatisierende Ereignisse, wie z. B. Flucht und Vertreibung, als vorübergehende Beeinträchtigung von Lebensbedingungen aufgrund vorhandener »Plastizität« später ausgeglichen werden. Dieser Annahme stehen sowohl meine eigenen Ergebnisse als auch kürzlich vorgelegte Untersuchungen

Weiterhin erfolgte eine systematische Analyse von mündlich berichteten Lebensgeschichten aus entwicklungspsychologischer Sicht (erhoben in den Jahren 1954 bis 1964 bei Frauen und Männern der Geburtsjahrgänge 1895–1935[8]). Dabei finden sich auffallenderweise bei den Männern der Kohorte 1930–1935 vergleichsweise deutlich mehr, allerdings nicht interpretierte Konfliktnennungen für die Lebenszeit zwischen dem 5. und 24. Lebensjahr. Bezüge zur Kriegs- und Nachkriegszeit werden allerdings kaum hergestellt.

1965 befinden sich die hier interessierenden Kinder bereits im jüngeren Erwachsenenalter (1935 geboren, jetzt 30 Jahre alt; 1945 geboren, jetzt 20 Jahre alt), die bald nach dem Krieg Geborenen kurz davor. Offenbar interessierten sie als Forschungsgegenstand damals wiederum kaum.

Zwei 1963 erschienene deutschsprachige Bücher verdeutlichen exemplarisch die damalige Sicht. Alexander Mitscherlich (»Auf dem Weg zur vaterlosen Gesellschaft«) beschreibt das »Unsichtbarwerden des leiblichen Vaters« als aktuelle sozialpsychologische Entwicklung und klammert ausdrücklich die durch den Krieg verlorenen Väter aus. So wird das von ihm

---

(Fuchs 1999) wie auch in Publikation befindliche (Teegen u. Meister 2000) entgegen. Vermutlich handelt es sich damals um parentifizierte, d. h. besonders angepaßte und damit pseudonormale Kinder, deren vermutlich schon vorliegende Schädigungen mit damaligen Untersuchungsmethoden nicht erfaßt werden konnten. Dieser Aspekt wird von anderen Autoren auf der Verhaltensebene nachdrücklich erwähnt, so z. B. von Haupt (1959), der das unbedingte Aufwärtsstreben für die 14–16jährigen Kinder der Vertriebenen erwähnt, und von Pfeil (1968), die eine unauffällige Integration in die Gesellschaft bei der Mehrheit der untersuchten Angehörigen des Jahrgangs 1941 beschreibt. Diese Mehrheit wird als offenbar angepaßt und »brav« eingestuft.

8 Vgl. Lehr u. Thomae 1965. In dieser Publikation werden an zahlreichen Stellen zeitgeschichtliche Einflüsse wie Krieg, Hitlerzeit und Nachkriegszeit nachdrücklich beschrieben. Sie spiegeln sich auch in Einzeldarstellungen und in statistischen Auswertungen wider, aber m. E. fehlt der Schritt zu einer eindeutigen Verknüpfung.

selbst miterlebte »Großexperiment« der durch den Krieg geschaffenen Vaterlosigkeit nicht mitberücksichtigt.[9]

Horst Eberhard Richter (»Eltern, Kind und Neurose«) verdeutlicht die Rolle des Kindes in der Familie. Er interpretiert Entwicklungsstörungen fast ausschließlich als Folge innerpsychischer oder intergenerationeller Konflikte. Entsprechend mißt er damals traumatisierenden Einflüssen nur geringe Bedeutung zu (Persönliche Mitteilung).

Meiner Meinung nach vermittelten diese beiden Bücher der allgemeinen und fachlichen Öffentlichkeit – bestimmt unbeabsichtigt – damals zwei wichtige (diesmal psychoanalytische) Aussagen, nämlich daß der Realität der durch den Krieg in großem Umfang erzeugten Vaterlosigkeit *nur* Bedeutung als Vorläufer auf dem Weg zur allgemein zukünftig vaterlosen Gesellschaft zukommt und sich Psychoanalyse (bezüglich Verständnis der Ursachen und Behandlung von Störungen) ausschließlich auf innerpsychische Prozesse beschränkt.

Die studentische 68er Revolte ließ erstmals diejenigen zu Wort kommen, die Krieg und Nachkriegszeit als Kinder und Jugendliche erlebt hatten. Sie artikulierten in den bekannten »Vater-Büchern« ihre Klagen und Anklagen an ihre abwesenden oder unerreichbaren Väter und stießen die Diskussion um die bisher fehlende Erinnerung und die Auseinandersetzung mit der Geschichte des Dritten Reiches (aber deutlich weniger mit den Folgen des Zweiten Weltkriegs) an.

Daraus resultierende Anstöße für die humanwissenschaftliche Forschung lassen sich bis Anfang der achtziger Jahre jedoch nicht erkennen (exemplarisch weist das Gesamtstichwortregi-

---

9 Eine Erklärung dafür könnte in der Familiensituation von A. Mitscherlich selbst gelegen haben. Sein Sohn Thomas wurde 1942 geboren; bald nach dem Krieg lernt A. Mitscherlich seine dritte Frau kennen. 1949 wird der Halbbruder Matthias geboren und 1953 trennen sich die Eltern endgültig. Thomas kommt mit seinem Bruder in ein Internat in die Schweiz. In der Biographie des Vaters kommen die sieben Kinder nicht vor (Mitscherlich 1988). In dem Buch selbst taucht der Begriff »Krieg« im ausführlichen Sachregister nicht auf.

ster der Zeitschrift »Psyche« 1947–1992 lediglich für 1969 zwei Arbeiten zur Problematik der aus dem Krieg heimkehrenden Väter aus[10]).

Ab Anfang der achtziger Jahre werden allmählich Forschungsergebnisse publiziert, die sich (wenn auch manchmal nur am Rande) mit der hier interessierenden Thematik befassen.

- Soziologisch interessieren die »Kriegskinder« in ihrer Sozialisationsgeschichte und dazu im Generationenvergleich (vgl. Preuss-Lausitz et al. 1983, Vogt 1982, Jaide 1988).
- Angestoßen und realisiert durch die Frauenforschung werden jetzt Situation und Schicksal der damaligen Frauen der Kriegs- und Nachkriegszeit erforscht und vielfältige Dokumente, Bilder und Tagebücher sowie vorliegende Statistiken ausgewertet – allerdings werden die Beziehungen dieser Frauen zu ihren Kindern kaum reflektiert (z. B. Meyer u. Schulze 1985, Ruhl 1988, Übersicht bei Dörr 1998).
- Weiterhin werden damalige Lebenssituationen vereinzelt dargestellt, so Flucht und Vertreibung.
- Allmählich werden die »Kinder der Opfer« und die »Kinder der Täter« (das heißt die Auswirkungen auf die zweite Generation) für die psychoanalytische und sozialpsychologische Forschung interessant. In den USA und in den Niederlanden befaßt man sich stärker auch mit den Spätwirkungen bei den Überlebenden des Holocaust (vgl. Bergmann u. Jucovy 1982, Hardtmann 1992, Sichrovsky 1987, Valent 1998).
- Die nach dem Krieg in Deutschland aufgewachsenen Psychoanalytikerinnen und Psychoanalytiker fragen immer drängender nach der Geschichte ihrer psychoanalytischen »Eltern« (vgl. »Psychoanalyse unter Hitler«) wie auch nach den Ursachen der allgemein und insbesondere in der Behandlungssituation (Heimannsberg u. Schmidt 1988, Müller-Hohagen

10 Vgl. Pohlen 1969; Roskamp 1969; dazu findet sich unter einem anderen Stichwort eine einzige weitere Arbeit (Eckstaedt 1981). Auch im Gesamtverzeichnis von »Psychologie Heute« (1995) finden sich zwischen 1974 und 1994 keine entsprechenden, sich auf die deutsche Situation beziehenden Publikationen.

1988) beobachteten Verdrängung der Bedeutung und der Auswirkungen des Nationalsozialismus.

- Jetzige Behandlungsberichte beziehen sich zwar mehrheitlich auf die nach dem Krieg geborenen, jetzt im idealtypischen Behandlungsalter befindlichen Patientinnen und Patienten – immerhin werden auch (zwar nur wenige) Behandlungen von im Krieg als Kind traumatisierten Menschen[11] publiziert.

Ab Anfang der neunziger, insbesondere ab Mitte der neunziger Jahre werden weitere für unser Thema wichtige Forschungsergebnisse vorgelegt. Die sozialen, materiellen und demographischen Veränderungen des Zweiten Weltkriegs werden weiterhin untersucht und vorhandene Daten systematisiert zusammengefaßt vorgelegt (Benz 1985, Lehmann 1986, Volksbund 1988). Die Kinder und Jugendlichen aus der Kriegszeit melden sich weiter zu Wort: teils in detaillierter Auseinandersetzung mit dem Vater, teils durch berichtete Erlebnisse (vgl. Westernhagen 1987).

Erstmals werden die Auswirkungen der Kriegs- und Nachkriegszeit auf die unterschiedlichen Gruppen der zwischen 1920/1923 und 1948/1950 Geborenen systematischer dargestellt sowie die Folgen für die Aufgabe der Vaterschaft bei den 1930 und 1940 Geborenen verdeutlicht (Zander 1992, Petri 1997).

- Das Phänomen der Verdrängung des Nationalsozialismus im psychotherapeutischen Bereich (bei den Psychotherapeuten selbst und ihren Psychotherapien) findet weiterhin Interesse; vereinzelt werden Behandlungsberichte von Söhnen und Töchtern der Täter vorgelegt (Moser 1996, 1997).
- Die weitere Entwicklung und die (Alterns-)Situation der bereits in der Kriegszeit Erwachsenen wird erforscht, wie auch die der Überlebenden des Holocaust (Mayer u. Baltes 1996,

11 Vgl. Behrendt 1988, Eckstaedt 1989, Massing 1988, Müller-Hohagen 1988, Pickert 1988, Salm 1988, Schmidbauer 1998, Speier 1988, Zielen 1988. Die in *Das kollektive Schweigen* 1988 publizierten Hinweise auf 21 Behandlungen verdeutlichen, daß nur zwei über 50jährige (S. 111, 217) behandelt wurden.

Kruse u. Schmitt 1995, 1996, 1998). Ebenso interessiert die weitere Entwicklung bestimmter Teilgruppen der damaligen Kinder und Jugendlichen, so die der Studenten der 68er Generation und die von Zöglingen der »Napola« (Bude 1995, Schneider et al. 1996).
- Die Auswirkungen des Nationalsozialismus jetzt schon in der dritten Generation werden sichtbar (Rosenthal 1997).
- Das Ausmaß erfolgter Traumatisierungen durch eine Kriegskindheit wird ausführlicher dargestellt mit Hinweisen auf die derzeitige psychische Situation der Betreffenden einschließlich erforderlicher (psychotherapeutischer) Hilfen (Heinl 1994).

Im Zeitraum 1998 bis Herbst 1999 (also erst über 50 Jahre nach Kriegsende!) werden weitere wichtige deutschsprachige Forschungsergebnisse und -erkenntnisse publiziert.
- B. Schmidbauer verdeutlicht mit Hilfe des Konzeptes »Psychische Zentralisation« die seelischen Folgelasten für Menschen, deren normaler Reizschutz längere Zeit überfordert wurde. In der Regel ist von einer chronischen Traumatisierung mit entsprechenden posttraumatischen Folgen auszugehen« (1989).
- R. Overmanns untersucht erstmals detailliert (bezogen auf Altersgruppen, Jahrgänge und Regionen) die männlichen Verluste des Zweiten Weltkriegs (1999).
- G. Heuft weist auf die Bedeutung einer Trauma-Reaktivierung im Alter aufgrund der Anforderungen des somatischen Alterungsprozesses hin, insbesondere aufgrund einer drohenden Ausgeliefertheit (1999).
- M. Dörr beschreibt unter Einbeziehung aller vorliegenden Forschungsergebnisse und gestützt auf über 500 detaillierte Interviews die (Alltags-) Situation und weitere Entwicklung der damals erwachsenen Frauen in der Kriegs- und Nachkriegszeit (1998).

Zentrale Bedeutung kommt dabei der Untersuchung von Franz et al. (1999) zu: Auf der Grundlage der Mannheimer Kohorten-

Studie zur Epidemiologie psychogener Erkrankungen werden retrospektiv erhobene Daten zur Bedeutung der Präsenz und der Abwesenheit des Vaters während der kindlichen Entwicklungsjahre für die im späteren Leben bestehende klinische Beeinträchtigung vorgestellt. Sowohl im Gruppenvergleich besonders günstiger und ungünstiger Langzeitverläufe als auch innerhalb eines Regressionsmodells des Langzeitverlaufes (mittleres Untersuchungsintervall 11 Jahre zwischen 1979 und 1994, N = 301) bestand – neben anderen klinischen und psychometrischen Variablen – ein *statistisch bedeutsamer Zusammenhang* zwischen einer Abwesenheit des Vaters während der ersten sechs Lebensjahre und der psychogenen Beeinträchtigung im späteren Leben. Varianzanalytisch bestand zudem eine signifikant stärkere und im Verlauf zunehmende klinische Beeinträchtigung sogar bei den Probanden des Geburtsjahrgangs 1935, bei welchen der Vater in den ersten Lebensjahren über einen längeren Zeitraum als 6 Monate fehlte. In der Verlaufsstichprobe war bei einem großen Anteil der Vater in frühen Entwicklungsjahren abwesend. Es handelte sich hier überwiegend nicht um durch Tod bedingte Abwesenheit (bei insgesamt N = 122 war der Vater in 20 Fällen während der ersten 6 Lebensjahre verstorben, beim Jahrgang 1935 betraf dies 4 von 73 Probanden). Beim Jahrgang 1935 war der Vater in 58,4 % der Fälle über 6 Monate abwesend, beim Jahrgang 1945 in 41,2 % und beim Jahrgang 1955 nur in 11,8 % der Fälle.

Erstmals wird im deutschen Sprachraum eine Untersuchung über die Spätfolgen von Kriegs-Traumata bei Kindern vorgelegt (Fuchs 1999) sowie über vergewaltigte Frauen (Steil u. Sömmer 1999) oder über traumatisierte Flüchtlingskinder (Teegen u. Meister 2000) berichtet.

In der Bundesrepublik fehlten lange Zeit aufgrund der damaligen Forschungssituation und der nicht langfristig zur Verfügung stellbaren finanziellen Ressourcen Längsschnittstudien über die Entwicklung von Erwachsenen im jüngeren und mittleren Alter.

Die 1965 begonnene Bonner gerontologische Längsschnittstudie (BOLSA) erfaßte die Jahrgänge 1890/95 (also 1945 bei

Kriegsende 50 bis 55 Jahre alt) und die Jahrgänge 1900 bis 1905 (also 1945 bei Kriegsende 40 bis 45 Jahre alt). Kriegserlebnisse, Kriegserfahrungen und -auswirkungen wurden lediglich in zwei ausführlicheren Fallgeschichten und bezüglich ihrer Auswirkungen auf die einzelnen Altersgruppen statistisch dargestellt (vgl. Lehr 1969 u. 1991). Eine qualitative Analyse der vorliegenden ausführlichen Interviews bezüglich des Erlebens des und des Verhaltens im Krieg fehlt bisher.[12]

Die Berliner Altersstudie (BASE; Meyer u. Baltes 1996) als vorwiegend quantitative Studie verdeutlicht, in welchem (statistisch relevanten) Ausmaß die damaligen Jahrgänge der Erwachsenen vom Krieg und seinen Folgen betroffen wurden. Verständlicherweise kann sie nur diejenigen erfassen, die die damalige Zeit bis 1990 überlebten; die zu diesem Zeitpunkt gemachten Angaben beziehen sich darüber hinaus auf eine über 40 Jahre zurückliegende Zeit.

---

12 Persönliche Mitteilung von U. Lehr. Aufgrund einer nicht weiter verfolgten Auswertung der (immer noch vorliegenden) Tonbänder aus der BOLSA wurde lediglich auf einem internationalen Kongreß unter dem Titel *Development in Times of Hardship: Subjective Reconstructions of Aging* berichtet. (Persönliche Mitteilung von E. Olbrich)

Biographische Daten der Patientinnen und Patienten

Die erhobenen Befunde und dargestellten Behandlungsergebnisse wurden nicht im typischen Rahmen von sich über einen langen Zeitraum erstreckenden (aggregierbaren) Einzelfallstudien gewonnen, sondern durch jeweils teilweise 4–5 parallel laufende Behandlungen einer Alterskohorte; sie sind deswegen als aussagekräftiger anzusehen. Damit entfallen auch mögliche Verzerrungen aufgrund zunehmender Behandlungserfahrungen. Außerdem behandelte ich in dieser Zeit parallel immer wieder jüngere oder noch ältere Patienten ebenfalls mit längerfristigen Psychotherapien oder Psychoanalysen.

Die Darstellungen der Patientenbiographien beschränken sich auf Kindheit und Jugendzeit mit wenigen Angaben über die Erwachsenenzeit und sind darüber hinaus speziell zentriert auf die abwesenden Väter (natürlich auch auf die anwesenden Mütter) und auf die bestehenden Beziehungen. Sie stützen sich auf Angaben aus den Erstinterviews, den durchgeführten Psychoanalysen und den jetzt im Frühsommer 1999 erfolgten Abschlußgesprächen. Insgesamt ließen sich so Gemeinsamkeiten dieser behandelten Gruppe besser erfassen.

Aus Diskretions- und Schutzgründen wurden einige Biographien nur umrißhaft dargestellt. Leider beschränken sich die Autorinnen und Autoren, die diese Kinder der Kriegs- und Nachkriegszeit in psychotherapeutischer Behandlung hatten, in der Regel nur auf wenige biographische Hinweise (manchmal sind selbst Geburtsdatum und Lebensalter nicht erwähnt) und vignettenhafte Darstellungen.[13] Auch aus diesem Grund erscheint es mir notwendig, die Biographien *aller* meiner Patientinnen und Patienten in gewissem Umfang darzustellen.

Herr Geismann[14] (geb. 1938)

Herr G. wuchs bis 1944 in einem kleinen Harz-Städtchen auf. Seine Entwicklung wurde von Anfang an durch drei Frauen (die Mutter, ihre Mutter und eine sehr viel ältere Halbschwester) geprägt und ab 1942 zusätzlich durch seine Kinderlähmung. Die bei seiner Geburt 36jährige Mutter betrieb eine Praxis als Masseurin und Gymnastiklehrerin. Sie war in zweiter Ehe mit dem Vater des Patienten, einem 10 Jahre jüngeren Mann, verheiratet. Er, ein kaufmännischer Angestellter, imponierte äußerlich als ein stattlicher, gutaussehender Mann, war aber zurückhaltend bis schüchtern – sich stets den Wünschen der Frauen anpassend. Bald gemustert, wurde er 1940 zur Waffen-SS eingezogen. 1942 im Rußlandfeldzug schwer verwundet (ausgeprägte Splitterbauchverletzung und Lebersteckschuß), erhielt er nach langem Lazarettaufenthalt eine Abordnung an eine Dokumentationsstelle in der Tschechoslowakei.

1942 erkrankte Herr G. an der damals noch kaum behandelbaren Kinderlähmung. Die Schwere seiner Erkrankung belegen der zeitweilige Aufenthalt in der »Eisernen Lunge« aufgrund vorübergehendem Atemstillstandes und die nachfolgende zwei-

13 Nur zweimal wird überhaupt ein Behandlungsergebnis dargestellt (*Das kollektive Schweigen*, S. 216, 222–223). Lediglich bei Eckstaedt (1989) finden sich ausführlichere Angaben zur Biographie und zum Behandlungsverlauf sowie Hinweise auf die Behandlungsergebnisse.

14 Alle in den Biographien benutzten Namen wurden von den Patientinnen und Patienten selbst ausgewählt. Hier bezieht sich der Name auf das Märchen von dem »Wolf und den sieben Geislein«. Das kleinste rettet sich in den Uhrenkasten, überlebt und kann der Mutter berichten. Diese Mischung, »klein und hilflos zu sein und trotzdem nicht völlig unterzugehen und völlig aufzugeben, dies ist ein Stück von meinem Lebensmuster«.

jährige ständige Behandlung in verschiedenen Krankenhäusern und Rehabilitationseinrichtungen (nachfolgende Gelbsucht und mehrfache Operationen wegen der ausgeprägten Lähmungen; eine dauerhafte mittelschwere Gehbehinderung verblieb lebenslang). Wegen der Ansteckungsgefahr konnte er von seiner Mutter in der akuten Krankheitsphase nicht besucht werden, und später kaum aufgrund der großen Entfernungen der weit abgelegenen Kliniken. Er erlebte sich damals als ein ängstliches, allein gelassenes und allen operativen Eingriffen sowie den vielfältigen, ständig wechselnden Behandlern ausgeliefertes Kind.

1944 flüchtete die Mutter wegen zunehmender Bombenangriffe auf in der Nähe gelegene wichtige militärische Fabrikationsanlagen im Herbst zu dem Vater in die Tschechoslowakei. Dann floh die Familie nach 4 Monaten zurück nach Thüringen, Mutter und Sohn nach der Gefangennahme des Vaters weiter in ein kleines Rhöndorf in der amerikanisch besetzten Zone. Bis heute erträgt Herr G. kaum heulende Sirenen; er erinnert sich gut an Fliegerangriffe und Bombendetonationen sowie das Klirren rollender Panzerketten. Ein strahlend blauer Sommertag ruft immer wieder das Gefühl möglicher Bombenangriffe wach.

Der Start in der neuen Umgebung gestaltete sich für Herrn G. sehr schwierig: verarmte Flüchtlinge, protestantisch in einer katholischen Welt und den anderen Kindern gegenüber eingeschränkt durch die ausgeprägte Gehbehinderung – »Hinkebein«. Der Vater, von dem sie bald Nachricht hatten, kehrte erst 1948 aus der Kriegsgefangenschaft noch stiller und abgekapselter zurück. Die Mutter schuf durch ihre Berufstätigkeit mit eiserner Energie eine neue Existenz und bestimmte noch stärker als bisher als »Patriarchin« die Entwicklung der Familie. Der Vater arbeitete wieder im kaufmännischen Bereich.

Nach 3 Jahren gemeinsamen Familienlebens trat Herr G. 1951 (»um ihm den Besuch der Höheren Schule zu erleichtern«) in ein entfernter gelegenes strenges protestantisches Internat ein, wo er bis zum Abitur 1960 blieb. Besuche zu Hause und damit Kontakte zu den Eltern wurden nur noch in den Ferien möglich. Das streng reglementierte Internat mit einer patriarchalisch-autoritären Struktur bot Erfolg und Anerkennung nur durch strikte Anpassung, ständiges Lernen mit entsprechenden Leistungen und zusätzliche Mitarbeit wie im Chor. Auch hier erlebte sich Herr G. wieder als Einzelgänger – wiederum durch seine Gehbehinderung erheblich eingeschränkt.

Den Vater im Alltag zu erleben und somit richtig kennen zu lernen, verblieb nur kurze Zeit: die vier Monate am Kriegsende in der Tschechoslowakei und die drei Jahre zwischen Ende der Gefangenschaft und Aufnahme im Internat. Der Vater hatte aufgrund seiner Verletzung 1942 und aufgrund der nachfolgenden Kriegs- und Nachkriegszeit eine »Bruchlandung« erlebt. Ganz hinter der Mutter zurücktretend und noch mehr abgekapselt erwies er sich als typischer »Nie-wieder-Vater«, das heißt, er distanzierte sich eindeutig vom Nationalsozialismus und Krieg und riet gleichzeitig von jedem politischen Engagement ab. Gemeinsamkeit mit dem Vater gab es nur durch dessen handwerkliche Geschicklichkeit, etwa beim Bau von Möbeln, Spielzeug – aber immer unter hoher Leistungsanforderung. Unausgesprochen und auch über viele Jahre nicht ansprechbar blieb die SS-Zugehörigkeit des Vaters. (Nach heutigem Kenntnisstand bekam der Vater bei der Musterung aufgrund seiner Statur und seines Aussehens den Vorschlag, in die Waffen-SS einzutreten. Er erlebte es einerseits als soziale Aufstiegsmöglichkeit und wehrte sich andererseits dagegen nicht nachdrücklich. Der Vater gehörte niemals einem Bewachungskommando eines KZ an, noch war er in Greueltaten verwickelt. Herr G. befürchtete jedoch viele Jahre, in Filmen oder Dokumentationen etwas Belastendes über seinen Vater zu finden.) Der Eintritt ins Internat verringerte die Beziehung erneut – die unausgesprochenen Vorwürfe blieben.

Die die Familie beherrschende und dirigierende Mutter wünschte sich »tief im Verborgenen« einen anderen (nicht behinderten) Sohn. Äußerlich half sie ihm als Krankengymnastin vielfältig bei seiner Behinderung, kümmerte sich um alle notwendigen Operationen und half ihm immer wieder, die »Behindertenrolle« zu vermeiden. »Es ist wichtig, daß du nicht gemein wirst, weil du vor deinen Peinigern nicht weglaufen kannst.« Wenn es ihm wirklich schlecht ging, konnte er sich eindeutig immer auf sie verlassen. Gleichzeitig bestand das ständige Gefühl, insbesondere bei Besuchen in der Internatszeit, »es war nie genug, es war nie richtig« – dazu wollte sie ihn immer als »dennoch gelungenen Sohn« mit hohen Leistungen der Umwelt präsentieren. Offenbar war für sie als Krankengymnastin ein gehbehindertes Kind eine tiefe Kränkung.

Die Suche des Patienten nach anderen Männern begann schon früh. Der ein Jahr nach ihm geborene und nur kurz lebende Bruder wurde immer als älter phantasiert. Die Krankenhausaufenthalte und insbesondere das Internat brachten ständige Kontakte mit Männern mit sich, die ihm allerdings »vorgesetzt« wurden, da er nicht selbst wählen konnte. Gleichzeitig erlebte er immer wieder schmerzlich, wie andere »Söhne« (z. B. im Internat) vorgezogen wurden. Erst das Studium (Pädagogik und Sozialwissenschaften) ermöglichte dann die eigene Suche. Lange Jahre bestand eine intensive verehrende Beziehung zu einem berühmten Theologen der Friedensbewegung, in dessen Haus er auch herzlich – wenn auch wiederum in Konkurrenz zu vielen anderen »Söhnen« – aufgenommen wurde. Unverändert blieb jedoch das Gefühl, »mit meinen Leistungen den Ansprüchen der Professoren nicht zu genügen«. Später empfand er lange Zeit die fehlenden Männerbeziehungen nicht als Mangel. Erst bei der Trennung aus der ersten Ehe erlebte er schmerzlich erneut seine Schwierigkeiten, als er seinen Söhnen selbst das Schicksal eines »Vaters auf Distanz« bereiten mußte. Aufgrund seiner Schuldgefühle zögerte er auch die schon lange notwendig gewordene Trennung immer wieder hinaus. Erst eine kurzfristige Psychotherapie als Krisenintervention verhalf ihm zur endgültigen inneren Ablösung.

Zu Beginn seiner Analyse lebte Herr G. seit langem wieder in einer stabilen und weitgehend befriedigenden Beziehung, wobei er sich nach seinem Gefühl immer wieder zu sehr anpaßte (vermied jedoch aus Angst vor einer erneuten Abhängigkeit eine zweite Heirat). Nach einer entsprechenden langjährigen Karriere im schulischen Bereich fühlte er sich in seiner jetzigen Position geschätzt. Die Mutter verstarb mit 87 Jahren. Seit dieser Zeit verbesserte sich die Beziehung zum Vater, den er weiterhin regelmäßig besucht, allmählich. Beide können – wenn auch vorsichtig – mehr miteinander reden.

Herr G. beabsichtigte schon lange Zeit, eine Psychoanalyse durchzuführen. Neben starken Migräneattacken und vielfältigen körperlichen Krankheitssymptomen erlebte er sich stark zurückgezogen und mit dem Gefühl, den privaten und beruflichen Anforderungen nicht mehr zu entsprechen. »Das ständige Gefühl, ich schaffe das also nicht mehr. Die Anforderungen werden immer größer. Objektiv werden meine Person und meine Tätigkeiten geschätzt und anerkannt; innerlich kann ich diese Anerkennung nicht wahrnehmen, es ist wie ein ständiges im Hamsterrad Herumlaufen, es ist eigentlich nie genug – unverändert kann ich mich auch schlecht gegen meine Umwelt wehren. Immer schlucke ich alles herunter. Ich denke dann, ich muß jetzt verständnisvoll sein, zuhören, annehmen und für andere handeln.« Dazu empfand er sich unverändert insgesamt als lebenslänglich behindert.

Bewußt wollte Herr G. seine Psychoanalyse bei einem nicht wesentlich jüngeren Mann machen. Mit einem Mann zusammen wollte er lernen, wie man zwischen Männern redet und sich austauscht. Ein zu junger Mann würde ihn in seiner Situation als Vater mit jetzt erwachsenen Kindern kaum verstehen können und auch selbst keine Trennungserfahrungen haben. Bewußte Angst bestand gleichzeitig vor dem »ärztlichen Professor«, da viele schmerzliche Erinnerungen an die operierenden Chefärzte, die Internatsleiter und seine Universitätsprofessoren geweckt wurden und er befürchtete, erneut abgelehnt zu werden.

Frau Carlberg[15] (geb. 1935)

Als älteste von drei schnell hintereinander geborenen Schwestern erlebte sie in ihren ersten Kindheitsjahren von 1935 bis 1939 die Gründungsphase ihrer Familie in einem Mietshaus im Berliner Westen mit. Der bei ihrer Geburt 35jährige Vater ar-

15 A. Carlberg war der Name einer geliebten und hochgeschätzten Tante, die als enfant terrible aus der Familientradition ausbrach.

beitete als Arzt in einer Klinik und wurde bei Kriegsbeginn sofort eingezogen.

Alle ihre Kindheitserinnerungen sprechen für befriedigende erste Kindheitsjahre, allerdings begleitet von mancherlei Ängsten (abgewehrte aggressive Konkurrenzgefühle gegenüber den beiden Schwestern?).

Die Mutter erlebte somit nur eine kurze Ehezeit, in der die zusätzliche Aufgabe der Familiengründung und Sicherung bestand. Sie hatte schon einen harten Lebensweg als Vollwaise durchlebt (mit 6 die Mutter und mit 12 den Vater verloren), sich mittellos durchgeschlagen, ihre Ausbildung absolviert und suchte jetzt bei dem ihr überlegenen Mann offensichtlich Sicherheit und Schutz. Mit Kriegsbeginn wurde sie wiederum für die nächsten Jahre hart gefordert: drei Kinder, Haushaltsführung und Versorgung. »Sie hat das alles ohne zu fragen und ohne zu klagen mit großer Selbstverständlichkeit und großer Selbständigkeit gemacht.« Sie stützte sich dabei zunehmend auf ihre »Große«. Der intensiv miterlebte, als sehr schmerzlich und bedrohlich empfundene Abschied von dem Vater 1939 markiert gleichzeitig eine andere Beziehung zur Mutter: Die früher um den Vater Konkurrierenden verbünden sich jetzt notgedrungen für diese nächsten Jahre und stellen die sich später wieder zeigende intensive Eifersucht hintan. Frau C. erlebt dann intensiv die zunehmenden Bombenangriffe, die Zerstörung ihrer Umwelt, den Verlust von Klassenkameraden und die zunehmend langen Nächte im Luftschutzkeller bis zu ihrer Evakuierung 1943 in den Oderbruch mit. Kurz vor Kriegsende gelingt in einem Lazarettzug die Flucht nach Norddeutschland. Wiederum sind das Elend des Kriegswinters, die Flüchtlingstrecks und die tiefe Bedrohlichkeit jener Zeit unverändert gegenwärtig.

Der Vater überlebte den Krieg unverletzt. Da er zeitweilig in der Nähe von Berlin klinisch tätig war, gab es für kurze Zeit – abgesehen von den üblichen Heimaturlauben – die Möglichkeit, ihn einige Male kurzfristig zusätzlich zu sehen. Die Familie fand sich dann in Norddeutschland wieder, wo der Vater eine neurologische Klinik übernahm, so daß ab 1946/47 ganz allmählich das »normale Leben« begann.

Die Familienkonstellation veränderte sich erneut: Der Vater übernahm wieder auf die ihm eigene Art die Verantwortung für die Familie. Von seiner Kindheitssituation her (Abwesenheit des eigenen Vaters im Ersten Weltkrieg und Sorge für Mutter und Geschwister) kümmerte er sich jetzt intensiv um alle familiären Belange wie auch um seine Rehabilitationspatienten bei gleichzeitig immer stärkerem Hervortreten einer besorgt depressiven Grundstruktur. »Man muß immer wieder abwarten, ob alles so positiv ist, wie es aussieht – und das jeden Tag.« So lebte er nachdenklich und gleichzeitig pflichtbewußt. Wie weit er durch seine Kriegserlebnisse verändert wurde, blieb unbekannt (weder Mutter noch Vater sprachen je davon). Das intensive Kümmern um seine kriegsversehrten Patienten spricht jedoch für nachhaltige Eindrücke. »Wenn ich an die armen Jungs denke im Krieg, wie schrecklich und aussichtslos das war, wie sinnlos und furchtbar.« Und die tiefliegenden Ängste des Vaters wurden nur an einer »ulkigen Begebenheit« sichtbar: Er schnarchte so intensiv aggressiv, daß die Mutter nach dem Krieg aufs Sofa ins Wohnzimmer auszog. Nach seiner Interpretation versuchte er, in seinen Träumen mit dem Schnarchen die vielfältigen Feinde zu vertreiben.

Die Mutter dagegen »war nach dem Krieg nur noch krank«. Aufgrund ihrer Gallenbeschwerden wurde sie immer wieder operiert, was zu ihrer »inneren Zerstümmelung« beitrug. Sie überließ dem Vater alle Entscheidungen, »lag krank im Bett und kommandierte dennoch heftig die Töchter mit«. Die noch jetzt (im Altersheim) lebende Mutter entwickelte sich bis heute zu einem »ängstlichen, anklammernden Nervenbündel«. So wurde der Vater wieder zum heiß geliebten, verehrten und gleichzeitig idealisierten Mann, um den alle vier Frauen in der Nachkriegszeit eifersüchtig rivalisierten. »Damals war ich ein ängstliches, gut behütetes Töchterlein aus der Kleinstadt mit zwei kompetenten Eltern – ich habe nur getan, was die lieben Eltern sagten.«

Nach dem Abitur 4 Jahre Studium (Sprachen und Medizin), welches aufgrund der Heirat und der ersten Schwangerschaft abgebrochen wurde.

Diese erlebte Tochter-Vater-Beziehung (»der wichtigste Mann in meinem Leben«!) prägte alle weiteren Beziehungen zu Männern und damit für lange Zeit auch den weiteren Lebensverlauf. Zu diesen Männern zählen die Studienfreundschaften, die Professoren an der Universität und der Ehemann – wiederum ein Arzt. Bald manifest medikamentenabhängig, mußte er vorzeitig berentet werden. Um die Existenz der Familie und insbesondere der zwei Kinder sicherzustellen, arbeitete sie dann viele Jahre im Krankenhausbereich (Sprechstundenhilfe, Hilfsschwester) mit. Unverändert erlebte sie sich durch die Pflege ihres kranken Mannes, ihrer Kinder, aber auch durch ihre Eltern und eine neurologisch erkrankte Schwester als »Große« in die Pflicht genommen. Ihre Beziehung zu der Tochter (»Problemkind« mit Neurodermitis) gestaltete sich aufgrund intensiver Ablösungsbestrebungen schwierig.

Ihre sich verschlimmernde Migräne-Symptomatik, ihrer Magen-Symptomatik, die immer schwieriger werdende Ehe mit dem berenteten Mann mit wenigen (auch sexuellen) Befriedigungsmöglichkeiten, die Ablösung von den heranwachsenden Kindern bei weiter fortbestehenden problematischen Beziehungen zu den jetzt in ihren Wohnort ziehen wollenden, alt gewordenen Eltern ließen sie zunächst ohne deutliche Verbesserung an einer dreijährigen Gruppenpsychotherapie teilnehmen (daneben bestand der Wunsch nach eigenen therapeutischen Aktivitäten). Aufgrund einer in den letzten beiden Jahren zunehmenden ausgeprägten depressiven Verstimmung (mit teilweiser Suizidalität) suchte sie dann mit 50 Jahren die Möglichkeit einer psychoanalytischen Behandlung, »um endlich etwas langfristig für mich allein zu haben«.

Herr Rabenstein[16] (geb. 1946)

Herr R. verbrachte die ersten vier Kindheitsjahre mit seiner Mutter in einem kleinen Dorf im Allgäu, fernab von deren Eltern und Verwandten. Soziale Situation und Aufenthaltsorte

16 Spontaner Einfall beim Abschlußgespräch, der sich wohl auf das Lieblingsmärchen »Die sieben Raben« bezieht.

während Kindheit und Jugendzeit werden durch die zwiespältige Haltung des Vaters bestimmt, der sich nie ganz und damit dauerhaft zu dieser Familie bekennen konnte und die Mutter trotz offensichtlicher Versprechungen auch nicht heiratete. Bei der Geburt seines Sohnes bereits 44, bot ihm sein Beruf als Wirtschaftsprüfer in der Industrie Gelegenheit zu häufigen Abwesenheiten mit zusätzlichen Wohnsitzen. Als seine Besuche seltener wurden, zog die Mutter zu Verwandten nach Ulm und begann, für den Lebensunterhalt zu arbeiten. Im 6. Jahr zog die Mutter nach Stuttgart zurück, wo er aufgrund ihrer Ganztagsarbeit Kindergarten, Schule und Gymnasium als typisches »Schlüsselkind« durchlief. Zwischen dem 7./8. und 15. Lebensjahr war der Vater wieder häufiger als »Gast« präsenter (längerer Aufenthalt, gemeinsame Reisen), bis zu seinem 14. Lebensjahr war ein gemeinsam geplantes Haus fertig gebaut mit der Absicht, endlich zu heiraten. Der Vater verließ dann plötzlich die Familie, heiratete eine andere Frau, um in ihrer Firma Geschäftsführer zu werden. Offenbar hatte er immer mehrere Frauenbeziehungen parallel und ließ sich von seiner ersten Ehefrau erst jetzt anläßlich der erneuten Heirat scheiden. Ein deutlich älterer Halbbruder ist unbekannt, möglicherweise gibt es noch eine Halbschwester. Trotz der Trennung konnte Herr R. seinen Vater noch regelmäßig außerhalb treffen.

Die Mutter, bei seiner Geburt 35jährig, stammt aus einer ländlichen bayerischen Welt, in der er teilweise mit aufwuchs. Der Großvater in der von der Großmutter beherrschten Lehrersfamilie war viele Jahre die einzige stabile und damit sehr wichtige männlich-väterliche Beziehung. Die Mutter, die sich beruflich hochgearbeitet hatte, erlebte den Krieg (aufgrund ihrer Dienstverpflichtung im Ministerium) fast bis zum Ende in Stuttgart mit Bombenangriffen, eigener Ausbombung sowie Verlust ihres langjährigen Freundes mit. Herr R. phantasiert oft, wie dieser als Vater wohl gewesen wäre. Auf der Flucht in den letzten Kriegstagen lernte sie den Vater des Patienten kennen. Als sie dann schwanger war, bestanden kurzzeitig ausgeprägte Selbstmordtendenzen. In dieser Zeit wurde sie vom Vater des Patienten offensichtlich auch materiell relativ gut versorgt, da er aufgrund seiner Beziehungen alles Notwendige organisieren konnte. Aufgrund seiner Berufstätigkeit kriegsdienstunabkömmlich, wurde er erst in den letzten Tagen des Kriegs eingezogen.

Herr R. als einziges Kind wurde zum Lebensinhalt der Mutter, wobei er gleichzeitig das Verbindungsglied zum Vater darstellte. Sie schuf eine enge, klammernde, dabei beherrschend-kontrollierende Beziehungssituation, der sich Herr R. als Kind hilflos ausgeliefert fühlte. Viele den Vater betreffende Probleme wurden offenbar über den Sohn ausgehandelt und auch ausagiert (finanzielle Unterstützung, Briefe, Botschaften etc.). Real und symbolisch wuchs Herr R. »nur durch einen Vorhang vom Raum der Mutter getrennt« auf und erlebte so auch die Besuche des Vaters und die Auseinandersetzungen mit ihm mit. Er versuchte, sich eine eigene (Phantasie-)Welt zu schaffen und aus dieser real schrecklichen Welt zu flüchten, in die er auch keine Schulfreunde einladen durfte. Gleichzeitig war Herr R. für sein Überleben und seine Entwicklung auf die Mutter als einzige Beziehung dauerhaft angewiesen.

Dieses Vaterbild – beeindruckender Mann mit großem Wissensstand, beruflich erfolgreich und ihn, wenn anwesend, verwöhnend, liebevoll und interessiert, innerlich immer wieder gegen die Mutter in Schutz genommen – förderte und bestimmte jahrzehntelang die Suche nach anderen entsprechenden Männern, die wirklich langfristig zur Verfügung stehen sollten. »Der Vater war eben nicht dauerhaft anwesend und damit kein Familienvater.« Nach dem Großvater als erstem wichtigen Ersatzvater folgten die Lehrer, die streng und gerecht wirken und gut aussehen mußten. Dann folgten Universitätslehrer, Chefs bis hin zum Schwiegervater (der aufgrund seines Ansehens, seines Verhaltens und der Akzeptanz von Herrn R. offenbar entscheidend zur ersten Heirat beitrug).

Das auswärtige juristische Studium mit Erleben der Nach-68er-Zeit und die baldige Ehe ermöglichten eine äußere Trennung von der unverändert klammernden, einfordernden und nur auf den Sohn hin lebenden Mutter (jetzt materiell durch das überschriebene Haus abgesichert).

Sich bald nach dem Staatsexamen zeigende und zunehmende Arbeits- und Beziehungsstörungen sowie ein ansteigender Alkoholkonsum bedingten eine erste Behandlung in Form einer längeren psychologischen Beratung. Dazu konfrontierten ihn seine heranwachsenden Kinder zunehmend mit seiner eigenen Kindheitsgeschichte und Kindheitsproblematik.

Herr R. suchte jetzt eine intensive psychoanalytische Behandlung »unbedingt bei einem Mann« in der inneren und äußeren Trennungssituation von seiner ersten Frau und aufgrund der erlebten Beziehungsschwierigkeiten zu der neuen Partnerin. Depressiv, kummervoll und schuldig erlebte er, wie er seinem eigenen Sohn das selbst erlebte Schicksal durch die Trennung wieder auferlegte. Gleichzeitig bestanden am Arbeitsplatz (Geschäftsführungsposition eines Wirtschaftsverbandes) erhebliche Schwierigkeiten in der Konkurrenz und Abgrenzung zu anderen Männern und Vertretung seiner eigenen Position.

Herr Dietmar[17] (geb. 1939)

Seine Kindheit wird durch eine spezifische Geschwister- und Erziehungskonstellation bestimmt: Er und sein kurz nach ihm noch im gleichen Jahr geborener Bruder werden von der Mutter wie Zwillinge (Versorgung, Kleidung, Spielzeug etc.) aufzogen.

Der äußere Lebensweg erscheint gradlinig und wenig beeinträchtigt. Er wächst in einer gut situierten Familiensituation im nördlichen Ruhrgebiet auf. Der Vater – Unternehmer – wird bei Kriegsanfang sofort eingezogen und führt im Krieg eine Nachrichtenkompanie, also immer dicht hinter der Front. Abgesehen von kurzen Heimaturlauben kommt er 1945 nach kurzer Kriegsgefangenschaft unversehrt zurück.

Aufgrund zunehmender (noch deutlich erinnerter) Bombenangriffe Evakuierung von Mutter und Kindern nach Thüringen,

---

17 Auf seinen Wunsch von mir ausgewählt, weil ihm spontan beim Abschlußgespräch kein zutreffender Name einfiel. Eventuell Herr Jorinde, nach seinem Lieblingsmärchen.

wo sie zusammen mit anderen Verwandten und ihren Kindern beschützt und ungestört Krieg und Kriegsende erleben; nach Einmarsch der Russen erfolgt die Rückkehr. Der Vater setzt seine Tätigkeit fort, so daß keinerlei materielle Sorgen bestanden. Mit 15 Jahren Übersiedlung in den Göttinger Raum, wo der Vater eine Industriefirma übernimmt. Abitur, Bundeswehr, Studium der Rechtswissenschaften, Ausbildung als Kaufmann und Eintritt in die väterliche Firma folgen – entgegen den eigenen und früheren väterlichen Plänen.

Der bei Geburt bereits 38jährige Vater galt innerhalb und außerhalb der Familie als mächtiger, autoritär bestimmender Mann – dazu noch dem Auftrag aus der Kindheitsfamilie verpflichtet, sich um andere zu kümmern und sie zu versorgen. Den Krieg durchlebte er, indem er seine Kompanie wie ein Unternehmer führte, und setzte dann seine bisherige Tätigkeit fort. Er entwickelte die übernommene Firma zu einem erfolgreichen mittelständischen Industrieunternehmen, welches schnell expandierte. Das Vorbild des Vaters war General Guderian, ein berühmter Panzergeneral des Zweiten Weltkriegs; im Betrieb trug der den Spitznamen einer strengen, allmächtigen Gottheit. »Mein Vater war wirklich die große Figur – für mich fast immer die bedrohliche bis gewalttätige Figur, die Macht über mich hat. ... Er herrschte über uns alle und war wirklich ein Vater mit in alle Winkel gehenden Einfluß. ... Kein Vater zum Anfassen, nicht zum Spielen, bestenfalls später zum Diskutieren. ... Immer Respektperson, so lange ich mich erinnern kann.« Der Vater überließ die Erziehung weitgehend der Mutter, übernahm aber in ihrem Auftrag alle Bestrafungen, ohne bei seinen Kindern nachzufragen. Ganz selbstverständlich bestimmte er über alles; so schenkte er beispielsweise Herrn D. zur Hochzeit ein Haus, was er durch seinen Architekten entwerfen und bauen ließ – ohne Einflußnahmemöglichkeiten des Sohnes und seiner Frau.

Die mehrere Jahre jüngere Mutter war aufgrund ihrer eigenen Geschichte (vaterlos aufgewachsen als Tochter einer verarmten Sängerin, bis zur Heirat als Lehrerin tätig) durch ihre Ehe unter die »Fittiche des Vaters geschlüpft«, das heißt, sie hatte ihre menschliche, wirtschaftliche und finanzielle Versorgung durch ihn gesucht und bekommen. Sie stützte sich aufgrund ihrer Unsicherheit und Ängstlichkeit aus Sicherheitsgründen auf (Lebens-)Regeln, Kontinuität und Berechenbarkeit. Sie liebte ihren früheren Beruf und wäre immer aus diesen Gründen Lehrerin oder Beamtin geworden. Offenbar stand sie den Versorgungsbedürfnissen der zwei kurz nacheinander geborenen Söhnen bei im Krieg abwesendem Mann relativ hilflos gegenüber. Nach dem Tod des Vaters fand sich ein von der Mutter geführtes Tagebuch über die ersten Lebensjahre, welches minituös und akribisch die biologische Entwicklung und die notwendige Versorgung der beiden Kinder bezüglich Füttern, Wachstum, Arztbesuchen und ähnlichem beschreibt, aber keine einzige gefühlsmäßige mütterliche Wahrnehmung oder Handlung – die zeigte nur der Vater bei den Besuchen, wenn er seine Söhne auf den Arm nahm. Nur während der Zeit der Evakuierung – im Kreis mit anderen Frauen – zeigte die Mutter größere Selbständigkeit. Nach Erinnerung des Patienten war sie lebendiger, vergnügter und zufriedener.

Trotz ihres Bemühens, die Söhne gleich zu erziehen, war Herr D. offensichtlich ihr »Lieblingssohn auf Distanz«. Seine Mutter hörte sich seine Kümmernisse bis weit in die Erwachsenenzeit hinein an; rauchend in ihrem kleinen Zimmer sitzend, tröstete ihn ob seiner Schwierigkeiten in der väterlichen Firma. Diese enge Beziehung hat möglicherweise eine nicht sicher klärbare Enttäuschung des Vaters an diesem Sohn mitbewirkt.

Immer wieder hatte Herr D. eine intensive Beziehung zu dem nur wenig jüngeren und mit ihm gleich erzogenen Bruder gesucht, mit dem er ja auch (real und symbolisch) im »gleichen Bettchen« aufgewachsen war – gut verständlich bei dem so kargen gefühlsmäßigen Beziehungsangebot. Der Bruder verweigerte sich jedoch aufgrund eigener Schwierigkeiten immer mehr den Wünschen nach Nähe und geriet fast in die Position des Älteren. Lange hatte Herr D. die Phantasie, sein Erstgeburtsrecht wie Esau in der Bibel verkauft zu haben.

Ursprünglich war Herr D. als Nachfolger vorgesehen, aber bald wurde der als »jungenhafter« erscheinende Bruder dafür bestimmt und entsprechend nach dem Erziehungsideal des Vaters herangezogen. Erst kurz vor Studienbeginn verweigerte sich der jüngere Bruder dem väterlichen Auftrag und begann eine naturwissenschaftliche Karriere. So mußte Herr D. die ihm ursprünglich abgesprochene Aufgabe unter ständiger Aufsicht, Kontrolle und Machtausübung des Vaters dennoch übernehmen. Nach seiner Erinnerung erlebte er eine durchschnittliche, fast normale Kindheit, und seine bewußten Schwierigkeiten beginnen erst durch das ständige Zusammensein mit dem Vater und das Ausgeliefertsein an ihn. Ein Nachbar interpretierte die Beziehung einmal so, daß der Vater »ihm das Rückgrat gebrochen habe«.

1969 Heirat, ein Kind, nach 22jähriger Ehe aufgrund einer von ihm gesuchten neuen Beziehung Scheidung. Späte Übernahme der Firma vom Vater, der sich aus der aktiven Firmenleitung zurückzog.

Die Erfahrungen mit Vater und Bruder prägten lebenslang seine Männerbeziehungen. Der einzige erlebte Onkel – eine Anti-Figur zu dem Vater – galt in der Familie als untüchtig. Nie gab es eine richtige Männerfreundschaft, eher einige schwärmerische Beziehungen und einen Lehrer mit Vorbildfunktion. Die Männer in der Firma (anfänglich Vorgesetzte, Kollegen und später Untergebene) wurden auf Distanz gehalten – ebenso wie die Frauen.

Als Herr D. seine Psychoanalyse – eindeutig bei einem Mann – beginnen wollte, erlebte er sich »wie im dicken Nebel«. »Mein Grundgefühl war Unsicherheit – Unsicherheit über das, was ich will, Unsicherheit über das, wer ich bin und Unsicherheit darüber, wie ich wirke – ich fühlte mich zutiefst verwirrt.« Herr D. hatte sich gerade unter großen Schuldgefühlen bei massiven Vorwürfen von seiten seiner Frau und seiner Tochter aus der ersten Ehe gelöst und erlebte wiederum deutliche Beziehungsschwierigkeiten. Äußerlich Firmeninhaber geworden, vermißte er eine eigene Identität und fühlte sich deutlich gehemmt, die notwendigen Führungsaufgaben zu übernehmen. Ausgesetzt dem ständigen beruflichen Druck, bestanden keinerlei weitere Interessen oder weitere innere und äußere Freiheitsräume. Unter einem wechselnden Übergewicht und einem labilen Bluthochdruck leidend, bemühte er sich bisher vergeblich, seinen Zigaretten- und Alkoholkonsum einzuschränken.

Frau Anna[18] (geb. 1945)

Als Älteste von 4 Kindern in einer mitteldeutschen Großstadt geboren und dort bis zum 9. Lebensjahr aufgewachsen. Enge, Hunger sowie Not und Unsicherheit der Nachkriegszeit belasteten die Familiensituation. Die ersten drei Jahre lebte die aus Schlesien geflüchtete bäuerliche Großfamilie des Vaters und die entstehende neue Familie in der großen Wohnung der Großmutter mütterlicherseits zusammen. Danach bestimmte der Beruf des Vaters (Arzt, Karriere als naturwissenschaftlich ausgerichteter Wissenschaftler und später Universitätsprofessor) die Wohnorte, so den Umzug in eine süddeutsche Kleinstadt und nach weiteren fünf Jahren in eine norddeutsche Großstadt. 1963 Abitur.

Der Vater erlebte den Krieg als junger Arzt, unter anderem an der Ostfront, teilweise inmitten der schlimmsten Kämpfe – ständig lebensbedroht und selbst einmal lebensgefährlich verletzt. Über seine offenbar nur mit massivem Zigaretten- und Alkoholkonsum ausgehaltenen Fronterfahrungen sprach er kaum: »Der Krieg ist etwas so Furchtbares, davon kann man nicht erzählen.« Frau A. spürte jedoch immer, daß er unverändert an dem erlebten Furchtbaren litt. Diese Erfahrungen spiegelten sich anfangs auch in seinen Angstträumen und in seinem nächtlichen Erschrecken wider. (Nach Ansicht der Mutter veränderte der Krieg die Männer völlig.) Dem Vater gelang es aufgrund seiner Sportlichkeit, aus der Gefangenschaft zu flüchten; so war er äußerlich seit ihrer Geburt anwesend. Frau A. sah ihren Vater als sehr attraktiven, temperamentvollen und klugen Mann an, vor dessen Bewertung sie viel Angst verspürte, dessen

18 Ausgewählt ohne Kommentar. Der Text beruht weitgehend auf der aus räumlichen Gründen nur schriftlich möglichen abschließenden Stellungnahme.

Urteil aber sehr maßgeblich war. Als renommierter und verehrter Wissenschaftler wurde er überall und insbesondere von den Frauen heftig verehrt. Auffallend war sein schnelles, gefühlsmäßiges Schwanken im Sinn von »April-Wetter«, das heißt, teils herzlich und gewinnend, dann wieder überraschend extrem ablehnend und verurteilend. Ständig eine massive Unruhe und Unrast vermittelnd, konnte er ruhige und vertraute Nähe und Zärtlichkeit überhaupt nicht vertragen. So umgab er sich mit einem ständigen Schutzwall von innerer und äußerer Unruhe, Arbeit, Aktivitäten, Dominanzgebaren, Rauchen (40–60 Zigaretten pro Tag) und Alkohol. »Ich fühlte mich einerseits als Kind und Mädchen zu ihm hingezogen, hatte aber auch viel Angst vor ihm, vor seinen verletzenden Urteilen, vor seinen zum Teil übergriffigen Worten und seinen Versuchen, über mich zu verfügen. Ich fühlte mich sehr an ihn gebunden und andererseits ihm auch nicht gewachsen und ungenügend, sowohl geistig als auch als weibliches Wesen.«

Die beiden Eltern klammerten sich offenbar in der Nachkriegszeit in ihrer Ehe aneinander, ohne sich die gegenseitigen Erfahrungen und Gefühle mitteilen zu können. Frau A. wurde auch bewußt als »Friedenskind« großgezogen und erlebte dann auch die zunehmende Entfremdung der Eltern sowie die anderen Frauenbeziehung des Vaters mit. Bewußt war die Angst vor neuen politischen Veränderungen und Bedrohungen. So bekamen der nächstgeborene Bruder und die Großmutter väterlicherseits besondere Bedeutung.

Die Mutter, bei Geburt Mitte 20, hatte bereits eine schwere Fehlgeburt durchgemacht. Sie lebte in einer deutschen Großstadt und mußte ihre Herkunftsfamilie ernähren und beschützen.

Zunächst unschuldig begeistert im BDM (auch aus Opposition gegen ihre sehr nazikritischen Eltern), erlebte sie als Ärztin viele schwere Bombenangriffe, mußte den vergewaltigten Frauen helfen. Sie fühlte sich offensichtlich mit Ehe und Familiengründung in der bedrohlichen und schwierigen Nachkriegssituation und mit diesem ersten – nach allen Schilderungen extrem ängstlichen und unruhigen – Kind, das viel schrie und viel krank war, überfordert. Sie war seit dem Krieg oft lebensbedrohlich somatisch und psychosomatisch krank. Frau A. hat sie fast nur als depressiv erlebt. Sie vermied Zärtlichkeiten aus Angst vor Ansteckung – sie ist bis heute stolz, keine »Schmusemutter« gewesen zu sein. »Wenn ich sie heute in den Arm nehmen will, macht sie sich steif und senkt den Kopf«. Lebenslang wirkte sie zurückgezogen, angespannt und richtete sich nach strengen Maßstäben und Prinzipien, an denen sie sich und andere maß und nach denen sie ihre Kinder von Anfang an erzog. »Sie sandte und sendet oft widersprüchliche Botschaften aus, die mich früher wegen meiner intensiven Bindung an sie in Verwirrung und in Handlungsdruck brachten.«

Frau A. studierte selbst wiederum Medizin und heiratete einen Arzt. Ständige berufliche Tätigkeit. Die drei Kinder, an denen sie viele Aspekte ihrer eigenen Kindheitsentwicklung nacherlebte und durchlitt, befanden sich in der Ablösungsphase.

Frau A. fühlte sich als jüngere Frau sehr ernst, unsicher und gehemmt – insbesondere Jungen und Männern gegenüber. Sie stufte sich als der Typ »graue Maus« ein, der sie auf keinen Fall sein wollte. Sie litt an zahlreichen Ängsten, so etwa beim Autofahren mit ständiger Panik vor Unfällen; Fliegen war fast unmöglich; dazu quälten sie dauerhafte hypochondrische Befürchtungen, unheilbar krank zu sein. Ständig grübelte sie und zweifelte an sich herum und witterte überall Ablehnung; in Gruppen erlebte sie sich als Außenseiterin. Dazu bestand die Befürchtung, nicht lieben und sich anderen zuwenden zu können. Besserung brachte eine lange Gruppenpsychotherapie mit 33 Jahren.

Zu Beginn ihrer Analyse erlebte sie sich depressiv und verzweifelt, obwohl sie wie immer funktionierte. »Je schlechter ich mich fühlte, je weniger war ich wahrzunehmen, so als ob ich eine Tarnkappe auf hatte.« Sie wurde von einer Vielzahl von funktionellen und somatischen Beschwerden geplagt, die ihr ein Gefühl des Gefährdetseins gaben. Außerdem bestand ein chronifiziertes Ekzem. Sie selbst suchte Hilfe in Form eines Schutzraumes, um nach sehr aktiven mittleren Lebensjahren mit Familie, Beruf und vielen gesellschaftlichen und politischen Aktivitäten wieder zu sich selbst zu finden. »Ich fühlte mich wie gejagt und flüchtete geradezu aus diesen vielen mich zerreißenden Anforderungen in die Psychoanalyse.« Dazu empfand sie sich als Frau unattraktiv und unlebendig, obwohl keine Ehekrise bestand.

Frau Wagner[19] (geb. 1944)

Sie wurde als zweites Kind (ihre Schwester ist 2 Jahre älter) in der Evakuierung im Sudetenland geboren. Sie kehrte dann mit ihrer Familie nach Kriegsende in das zerstörte Berlin zurück und wuchs dort in einer Großfamiliensituation (mehrere im Haus wohnende Verwandte mit ihren Kindern) in einem Berliner Vorort auf. Lange Zeit befand sich die Familie in einer ärmlichen materiellen Situation trotz vielfacher und anstrengender Bemühungen der Eltern – sie besserte sich erst deutlich Mitte der fünfziger Jahre nach der Wiederverheiratung der Mutter.

Der bei Geburt fast 40jährige Vater war ein vielfältig musisch und künstlerisch begabter Mann. Er studierte in Prag als Sudetendeutscher Architektur und kämpfte im Untergrund lange Zeit für den Anschluß an das Deutsche Reich. Als Fallschirmjäger in Kreta schwer verwundet (u. a. ein Glasauge), konnte er die Flucht seiner Familie organisieren. Anschließend bemühte er sich auf vielfältige Art, das materielle Überleben der Familie im Berlin der Nachkriegszeit zu sichern (Arbeit im Architekturbüro, Anfertigen von Postkarten und Aquarellen sowie von Kerzenständern aus Metall zum Verkauf etc.). Vielfältige Schmerzzustände aufgrund seiner Verwundung bekämpfte er offensichtlich mit dauerhafter Schmerzmitteleinnahme. Er erkrankte im 8. Lebensjahr von Frau W. akut und schwer an einem »Blutkörperchenzerfall« und verstarb plötzlich.

Erinnerungen an den Vater bestanden bis auf eine einzige aus dem 3. Jahr, als er sie wegen einer Lüge prügelte und in einem Kartoffelverschlag einsperrte, nicht. Auf der Trauerfeier spiel-

19 Ohne Kommentar in der aufgrund der weiten Entfernung nur schriftlich möglichen Stellungnahme gewählt.

ten sie und ihre Schwester paradoxerweise vor den Trauergästen Kasperletheater!

Die Beziehung zur Mutter gestaltete sich lebenslang gemäß der als paradigmatisch angesehenen Situation in der frühen Kindheit. Mit 8 Wochen erkrankte Frau W. lebensbedrohlich an einem schweren Keuchhusten und wurde bereits von den behandelnden Ärzten in der Situation des Kriegsendes aufgegeben. Nur intensive mühevolle Pflege und ständige 24-Stunden-Anwesenheit der Mutter ließen sie mühsam überleben. So wird die Beziehung zu dieser Mutter lebenslang als nah und befriedigend angesehen. Einerseits bot die Mutter aufgrund ihres bemühten, eifrigen und es allen Leuten recht machen wollenden Wesens »wie ein tapferes Schneiderlein« ihrer Tochter genügend Identifizierungsmöglichkeiten. Andererseits stellte sie sich nie gegen den jähzornigen Stiefvater auf die Seite ihrer Töchter, die sie in ihrer jeweiligen Individualität offenbar so nicht akzeptieren wollte. »Man müßte dich und deine Schwester in einem Topf durcheinanderrühren, dann wäret ihr beide richtig.« Auch die weiteren Handlungen der Mutter (kurzfristiger Weggang in eine neue Beziehung und nicht erfolgte Rückkehr bei der schweren Erkrankung des Vaters sowie die Wiederheirat mit dem jähzornigen, schwierigen, allerdings die Familie materiell versorgenden Stiefvater) trübten die Beziehung anscheinend nicht.

Zu der etwas älteren Schwester besteht lebenslang eine konkurrierende, eifersüchtige Situation – die sich jedoch aufgrund des Bündnisses gegen den Stiefvater nur gelegentlich zeigt. Die Schwester übernahm nach dem Tod des Vaters in der Familie mehr die väterliche Funktion, während Frau W. als die fröhlich Ausgleichende galt.

Die Beziehung zu Männern wurde insgesamt durch drei Männer geprägt:

- das äußere Vaterbild eines gut aussehenden, vielfach begabten Mannes einschließlich verdrängter umfassender Erinnerungen,
- der lebenslang anwesende Onkel (Bruder des Vaters), der konstant half, beriet und sie förderte und
- der jähzornige schwierige Stiefvater, der die Töchter auf-

grund angeblich nicht ausreichender Intelligenz und ihn nicht befriedigenden Aussehens ablehnte.

Gemäß Familienauftrag und -vorbild verlief die weitere soziale Entwicklung von Frau W. gradlinig: zunehmend fleißige Schülerin (ein Jahr Austauschschülerin in den USA), Abitur, Pädagogikstudium, Eheschließung und Berufstätigkeit. Ihr Mann, den sie schon vor Beginn seines Medizinstudiums als Schüler kennengelernt hatte, beeindruckte sie durch seine vielfältigen Ideen, sein aufbegehrendes, kritisches Verhalten und durch seine zunehmend erlebte Verläßlichkeit. Sie richtete sich in den nächsten Jahrzehnten völlig nach ihm aus: Intensive Mitarbeit im sozialen und kirchlichen Bereich, Adoption eines Kindes aus Asien, Leben in einer kirchlichen Gemeinschaft mit hohen Anforderungen der Teilhabe (ständige Mitarbeit, Einbringen des gesamten eigenen Verdienstes, Übernahme von zusätzlichen Aufgaben wie Krankenpflege, Gartenversorgung etc.). So »funktionierte« sie jahrzehntelang äußerlich gut: in ihrer Beziehung zu ihrem als Arzt tätigen Mann, für ihre beiden Kinder (außer dem Adoptivsohn eine eigene Tochter), in ihrer Vollzeittätigkeit als Lehrerin, für ihre religiöse Gemeinschaft und die vielfältigen weiteren Aufgaben.

Als der Ehemann ihr 1992 mitteilte, daß er seit einem Dreivierteljahr eine Beziehung mit einer bisher in ihrer Ehe nicht erlebten Intensität hat, bricht die (Familien-)Welt zusammen, die sie 17 Jahre lang »fest im Griff« zu haben glaubte. Die schnell zunehmende depressive Symptomatik mit teilweiser Suizidalität und Bedrohung der Arbeitsfähigkeit versteht sie selbst als (aus der Kindheit stammende und wiederbelebte) tiefe Verunsicherung ihres Selbstwertgefühls und der eigenen Identität – früher als Mädchen und jetzt als Frau. Ihre unübersehbaren eigenen Fähigkeiten und ihre bisher erworbene Selbständigkeit schien sie in dieser Situation in keiner Weise für sich nutzen zu können.

Herr Larmek (geb. 1940)

Als fünftes von insgesamt sieben Kindern (zwei verstorbene Schwestern, zwei lebende Schwestern und zwei jüngere Brüder) in Berlin geboren und dort zunächst aufgewachsen. Die gesamte Entwicklung in Kindheit und Jugendzeit wie auch das Erwachsenenalter wurden schicksalshaft durch den bei Geburt 40jährigen Vater bestimmt. Dieser durchlief nach einem technischen Studium eine steile Karriere im Dritten Reich in der Wehrmacht und später bei der SS. Als akademischer Technokrat im Rang eines SS-Obergruppenführers war er mit vielfältigen Verwaltungs- und Planungsaufgaben befaßt (daher auch nicht im Fronteinsatz, auch nicht während des Rußlandfeldzugs). 1945 umgekommen (unbewußter Suizid?) – Grabstelle nur annähernd bekannt.

Aufgrund der zunehmenden Bombenangriffe siedelte die Familie in ein Haus am Stadtrand von Berlin über. Der Vater besuchte in Folge seiner vielfältigen und wechselnden Tätigkeit seine Familie nur immer kurz (abgesehen von zwei 14tägigen Urlauben) und dazu unangemeldet. In den wenigen Stunden seiner Anwesenheit lernte sein Sohn seine vielfältigen künstlerischen und handwerklichen Fähigkeiten kennen (Reparaturen am Haus, Gartenarbeit, Boot ausbessern etc.). Dienstwagen und Adjutanten vermittelten gleichzeitig die Bedeutsamkeit des Vaters. Diese Biographie des Vaters bestimmte dann nach 1945 die weitere Entwicklung von Herrn L. und seiner (Kindheits-) Familie jahrzehntelang.

Der bei seiner Geburt 32jährigen Mutter kam somit von Anfang an die Aufgabe zu, die zahlreichen Kinder zu erziehen, zu versorgen und später ihr Überleben zu ermöglichen. Aus einem hessischen Pfarrhaushalt stammend, mußte sie aufgrund der Inflation ihre Ausbildung abbrechen und arbeitete bis 1933 als Sekretärin. Nach Familienberichten war sie in dieser Zeit eine weltoffene, lebenslustige, selbständige, am kulturellen Leben in Berlin interessierte Frau. 1930 Heirat.

1944/45 erfolgte die mühsame Flucht nach Österreich unter ständigem Tieffliegerbeschuß. Dann kehrte die (Rest-)Familie nach Hessen zurück. Die sechsköpfige Familie wurde zunächst auf mehrere Bauernhöfe aufgeteilt, lebte dann auf einem Hof zusammen, dann in einer Baracke und ab 1952 in einer ärmlichen Wohnung (zu Anfang von der 1947 verstorbenen Großmutter mütterlicherseits unterstützt). Die Familie überlebte die damalige Situation mit Hunger, Not, Elend nur knapp. Zunächst arbeiteten alle auf dem Hof mit, dann war die Mutter langfristig wieder als Sekretärin tätig – bis 1952 Fürsorgeunterstützung. Die Not in der Familie war so groß, daß überlegt wurde, Kinder adoptieren zu lassen, so auch Herrn L.

Die Mutter verwandelte sich offensichtlich unter den ständigen An- und Überforderungen deutlich. Sie wurde zu einer strengen, sich und ihre Kinder fordernden, somit harten und insgesamt mächtigen Frau. Sie erzog ihre Kinder unter einem in gewissem Umfang idealisierten Vaterbild und mit Hilfe eines vom Vater über jedes Kind geführten Buchs, in welchem er seine Beobachtungen, Erwartungen, hier also an den erstgeborenen Sohn, niederlegte. Insgesamt bestand zwischen erstgeborenem Sohn und Mutter eine nahe, zärtliche, liebevolle Beziehung. In Delegation übernahm er bald (und lebenslang) fürsorgliche und versorgende Funktionen für die älteren Schwestern und insbesondere die jüngeren Brüder. Erst sehr viel später konnte die Mutter – die keine neue Beziehung eingegangen war – wieder lebendigere, interessiertere und eher das Leben genießende Züge zulassen.

Schulbesuch, Abitur, Studium eines sozialwissenschaftlichen Faches, Promotion, übliche wissenschaftliche Karriere mit jetziger Hochschullehrertätigkeit an einer entfernteren Universität. Frühe Heirat (erstes Kind gemeinsam zur Adoption freigegeben, zweites Kind in der Familie aufgewachsen), jetzt seit zwei Jahren getrennt und neue intensive Beziehung.

So wie der äußere wurde auch der innere Lebensweg von Herrn L. durch die Auseinandersetzung mit dem Vater und seiner Biographie bei der SS bestimmt: In Übereinstimmung mit der Mutter zunächst nach dem Krieg »Nicht-Existenz« des Vaters; konfrontiert in der Schule mit der deutschen Geschichte und den Aktivitäten des Vaters resultiert haßvolle Ablehnung, dann folgen langfristige wissenschaftliche Befassung mit Nationalsozialismus und Faschismus und dann wiederum direkter mit den Aktivitäten und der Biographie des Vaters (aufgrund seines Namens und der Nachforschungen anderer in ständiger »Hab-Acht«- und Abwehrstellung).

1972/73 halbjährige Psychotherapie nach dem zweiten Staatsexamen wegen Arbeitsstörungen und Partnerproblematik.

Vor Beginn der Psychoanalyse seit eineinhalb Jahren zunehmend bedrückter und zum Interviewzeitpunkt eindeutig depressiv mit Inaktivität, Lebensunlust, Verzweiflungszuständen und mit seit einem halben Jahr bestehenden schweren Arbeitsstörungen (früher eindeutig Workaholic mit ständiger zwanghafter Überforderung). Jahrzehntelange Magensymptomatik mit zahlreichen vernarbten Ulcera.

Herr Kilian (geb. 1946)

Nach der Flucht der Mutter mit den vier älteren Söhnen aus Ostpreußen bei Kriegsende fand die Familie zunächst einen beengten und ärmlichen Unterschlupf bei einem Bauern in Schleswig-Holstein. Der Vater kehrte nach kurzer Kriegsgefangenschaft in einem englischen Lager zur Familie zurück. Dort wurde der Patient im Sommer 1946 – wohl eher ungewollt – als vorletzter Sohn geboren.

Der 1911 geborene Vater wollte ursprünglich Förster werden und schlug nach seiner Lehrerausbildung 1938 die Laufbahn eines Berufsoffiziers ein. Rang, Einsatzgebiete und Aufgaben des Vaters bei der Wehrmacht blieben dem Patienten unbekannt beziehungsweise wurden nicht erfragt. Der Vater, aus kleinbürgerlichem Milieu stammend, heiratete 1938 die Mutter (geboren 1909), die ganz im Gegensatz dazu aus einer adeligen Familie mit einem Gutshof stammte. Der Vater wurde bei Kriegsanfang eingezogen, die ersten vier Kinder während des Kriegs gezeugt. Anschließend setzte der Vater ab 1945 seine Berufstätigkeit fort. 1951 siedelte die Familie in das beschädigte Wohnhaus der Großeltern väterlicherseits in die Nähe von Kassel um und half bei der Wiederinstandsetzung mit.

Die Familienangelegenheiten und die Erziehung der Kinder war die eindeutig festgelegte Aufgabe der Mutter. »Mein Vater kam nach dem Kriege dazu, pro forma Familienoberhaupt, welches das Geld abzuliefern hatte.« Dazu mußte die Mutter ständig die Interessen der Familie und ihre eigenen gegen die das Haus regierende Schwiegermutter verteidigen. Erst ab Mitte 1955 besserte sich die materielle Situation der Familie allmählich.

Herr K. verfügt nur über ganz wenige freundliche bis zärtliche Erinnerungen an seinen Vater, der sich in gewissem Umfang lediglich für den letztgeborenen Sohn interessierte. Er erzog seine Söhne eher militärisch im Sinn eines »Fähnleins« (allgemeine Erziehungsmaßnahmen, »Essensausgabe« sowie Sport einschließlich »pädagogischer«, das heißt erklärender Familienspaziergänge am Sonntag). Nach allen Familienerzählungen schon früher ein sehr stiller und zurückhaltender Mann, verstummte er nach dem Krieg völlig. »Sein eisiges Schweigen war nicht nur beim Thema Krieg, sondern durchgängig bei allen Themen.« Offenbar sah er den Familienalltag als Lappalie an im Gegensatz zu dem, was er selbst im Krieg erlebt hatte. Der Vater tat dann lebenslang gegenüber der Schule und seiner Familie schweigend seine Pflicht; er starb bald nach seiner Pensionierung an Knochenkrebs. Er fühlte sich offenbar nur wohl in seinem Schrebergarten und im Kollegenkreis außerhalb der Familie.

Die Mutter »beschützte uns sechs Kinder wie eine Glucke und verteidigte sie nach außen. Sie ließ uns aber auch nie los. Sie hatte nie mit meinem Vater oder anderen Erwachsenen außer ihrer Schwester eine vertrauensvolle Beziehung. ... Die Familie war eine Trutzburg gegenüber allem, was von außen kam ... dabei saß die Schwiegermutter als Feindin innen drin.« Herr K. war schon früh Mitglied in einer kirchlichen Jugendorganisation und half in der Kirche mit. Über das Medium der Kirche entwickelte sich dann relativ spät eine besondere Beziehung zur Mutter, die hier ihre religiösen Vorstellungen, Phantasien und Bedürfnisse einbringen konnte. Im ersten halben Jahr,

»kurz nach der Uhr gestillt«, war körperliche Nähe verpönt, sogar beängstigend. Als ihm seine Tante »einen Gute-Nacht-Kuß« geben wollte, fürchtete er, daß ihm Gewalt angetan werden sollte.

Nur wenige brauchbare und befriedigende Erinnerungen an Männer bestehen, so an den Großvater väterlicherseits (dessen Photographie auf seinem Schreibtisch steht) und den konfirmierenden Pfarrer sowie später bestimmte Hochschullehrer aus der Psychologie.

Herr K. mußte aufgrund schlechter Schulleistungen (in Französisch Note 6 wohl als Protest gegen den Französisch unterrichtenden Vater) die Schule verlassen und durchlief zunächst eine Ausbildung als Diakon und Erzieher. Nach dem Abitur auf dem zweiten Bildungsweg Hochschulstudium und jetzt in Südhessen in leitender pädagogischer Position tätig. Er hat zwei erwachsene Söhne.

Während des Studiums aufgrund seiner Selbstunsicherheit mit deutlichen Identitätsschwierigkeiten nach gruppendynamischen Übungen Teilnahme an einer eineinhalbjährigen Selbsterfahrungsgruppe. Anschließend nach einem dreimonatigen Krankenhausaufenthalt wegen einer Hepatitis mit Hilfe einer kurzfristigen Einzelpsychotherapie so weitgehende Stabilisierung, daß er sein langes Studium abschließen und in den Schuldienst eintreten konnte.

Herr K. litt Anfang 1980 wieder unter starkem Selbstzweifel mit Selbstunsicherheit und chronisch bedrückter Stimmung. Dazu bestanden vielfältige Magen-Darm- sowie Herzbeschwerden. Er suchte damals ausdrücklich eine Analyse bei einem Mann.

Herr Gochsheimer[20] (geb. 1947)

Enge bäuerliche Nachkriegswelt und uneheliche Geburt bestimmten von Anfang an seine Entwicklung – insbesondere die vielfältigen enttäuschenden Erfahrungen mit Männern.

Die (bei seiner Geburt 24jährige) Mutter hegte als älteste von vier Töchtern eines großen Bauernhofes offenbar lange Zeit den Wunsch, diese einengende und einer Frau kaum eine Chance gebende Welt zu verlassen. Eine Beziehung zu einem Städter scheiterte. Dann fehlten aufgrund der Kriegssituation die Männer; der gewünschte Partner aus der bäuerlichen Welt blieb im Krieg. Die Entwicklung der Mutter wurde durch die schwierige Ehe ihrer Eltern geprägt, die Herr G. noch viele Jahre ertragen mußte: ein tyrannischer, schreiender und uneinsichtiger (Groß-) Vater und eine ihre Autonomie behauptende, überlegene und dadurch (auch im Ehebett) auf Distanz lebende (Groß-)Mutter.

Die Liste der enttäuschenden Männer ist lang.

- Der biologische Vater, im Dorf lebend, kümmerte sich in keiner Weise um seinen Sohn wie auch um andere von ihm gezeugte Kinder.
- Mit einem halben Jahr wurde der Patient während der Werktage jeweils zu Zieheltern gegeben, da die Mutter – zusätzlich gedemütigt durch ihre »Schande« – auf dem väterlichen Hof mithelfen mußte. Nur am Wochenende holte die Mutter sich ihr einziges Kind, wobei sie sich die Betreuung noch mit ihrer jüngeren Schwester teilte. Als Herr G. mit 2 Jahren anfing, gegenüber seiner Mutter zu »fremdeln«, nahm sie ihn wieder zu sich zurück. Die warmherzige, liebevolle Bindung, insbesondere an den Ziehvater, mußte anschließend aufgrund des Gefühls des Verlassenwerdens schnell und bis in die Psychoanalyse hinein verdrängt werden.
- Im 3. Lebensjahr des Patienten heiratete die Mutter einen

20 Aufgrund der sich in der Endphase befindenden Psychoanalysen von Herrn Gochsheimer und Frau Kurzweg kann das erreichte Ergebnis noch nicht dargestellt werden. Mit Einverständnis der Patienten werden hier wichtige biographische Daten wiedergegeben.

bäuerlichen Nachbarn. Dieser Stiefvater war als jetzt 40jähriger nach langer Kriegsgefangenschaft und dazu schwer malariakrank zurückgekehrt. Nur langsam entwickelte sich zwischen Stiefsohn und Stiefvater (der dem Patienten seinen Namen gab) eine Beziehung, die sich durch die Geburt einer Halbschwester im 8. Lebensjahr wieder einschränkte. Der allmählich schwächer werdende Stiefvater starb dann an den Folgen der Malariaerkrankung im 13. Lebensjahr des Patienten.

- Der bis zu seinem Tod mit im Haus lebende Großvater väterlicherseits zeigte wenig Interesse; der Großvater mütterlicherseits konnte den »Bankert« (obwohl er der einzige Enkelsohn war) nicht leiden, drangsalierte ihn häufig und nutzte seine Arbeitskraft aus.
- Nur wenige andere Männer (z. B. ein Lehrer oder Väter von Schulfreunden) zeigten sich in gewissem Maße an ihm interessiert.

Somit erlebte Herr G. während seiner Kindheit insgesamt 5 Männer, die ihn ablehnten oder ihn (wie der an den Kriegsfolgen sterbende Stiefvater) wiederum verließen.

Dazu gab es ständig Ohrfeigen – Widerrede wurde erst recht streng bestraft. Der Stiefvater äußerte sich so: »Die Jungen sollen nie wieder Krieg erleben, aber geschliffen werden müssen sie!«

Zur Mutter bestand lange Zeit nach der anfänglichen Ablehnung in der frühen Kindheit eine eher distanzierte Beziehung (so verbrachte er häufig Tage bis sogar Wochen bei der Großmutter). Nach dem Tod des Stiefvaters setzte die Mutter den sich in der Pubertät befindenden Sohn schnell in die »Mann«-Position ein, indem sie seine Arbeitskraft auf dem Hof einforderte, ihm immer wieder verführerische, distanzüberschreitende Angebote machte sowie lange Zeit versuchte, sich durch ständige Suizidandrohungen seine Nähe zu erhalten.

Schließlich gelang es ihm, sich äußerlich von der Mutter und dem Dorf abzulösen. Lehre, Studium und Promotion ermöglichten eine (städtische) Karriere sowie die Familiengründung.

Lebenslang bestand eine vorsichtige, mißtrauische bis sogar ablehnende Haltung gegenüber allen Männern. Erst seine zweite Psychoanalyse – gezielt bei mir gesucht und sich als »letzter« meiner Patienten hineindrängend – ermöglichte ihm, erstmals einen Mann näher kennenzulernen, sich mit ihm auseinanderzusetzen und mögliche Gemeinsamkeiten zwischen Männern zu erkunden.

Frau Kurzweg (geb. 1943)

Auch die letzte aus der Gruppe der 10 durchgeführten Psychoanalysen verdeutlicht erneut die dringende Notwendigkeit, bei Verdacht (Geburtsdatum, angedeutete Lebensumstände) genaue Einzelheiten zu erfragen, um so das mögliche Ausmaß von Beschädigungen in der frühen Kindheit zu erfahren.

Der aufgrund seines Alters erst spät eingezogene und sich in Rußland befindende Vater hatte trotz zunehmender Bombenangriffe auf Kassel verlangt, daß die hochschwangere Mutter zunächst dort blieb. »Mein Sohn soll nicht später in seinem Paß einen Vermerk haben, daß er in einem Kaff zur Welt gekommen ist – anstatt in Kassel.« So erlebte die Mutter den schweren Bombenangriff auf Kassel (über 10.000 Tote) im Keller ihres Wohnhauses, welches auch von Brandbomben getroffen wurde. Über die dann 7 Tage später geborene Tochter zeigte sich der Vater insgesamt und besonders wegen ihres Aussehens enttäuscht und äußerte der Hebamme gegenüber. »Räumen Sie die ›Blechnase‹ wieder hinaus.« Dieser Spitzname blieb während der gesamten Kindheit. Die Patientin verbrachte dann ihre ersten beiden Lebensjahre auf dem Land und schilderte die Situation zunächst so: »Zwei Jahre lang blieb ich dort und wurde von meiner Tante, einer Cousine meiner Mutter, und meiner Mutter bestens versorgt.« Entgegen dieser Darstellung im Lebenslauf wurde später deutlich, daß die Mutter sehr oft wochenlang abwesend war, um sich um die Firmengeschäfte im zerstörten Kassel zu kümmern. Lange Jahre fühlte sich die Patientin zu ihrer warmherzigen Tante hingezogen, bei der sie auch alle Ferien verbrachte – ganz im Gegensatz zur Beziehung zu ihrer Mutter, »die mich wie eine Puppe behandelte«. Erst ab dem 3. Lebensjahr war die Familie wieder in Kassel unter den damaligen schwierigen Lebensbedingungen vereint.

Zu dem patriarchalisch-autoritären Vater bestand lebenslang eine angstvolle Beziehung auf Distanz. Wie weit er durch den Krieg verändert wurde, ist nicht mehr klärbar. Er lehnte seine Tochter ab. Er hatte sich einen Jungen gewünscht. So besuchte er sie als Kind während eines vierteljährigen Aufenthaltes wegen einer Nierenerkrankung im nahegelegenen Krankenhaus nicht, da er sich offenbar vor Krankenhäusern fürchtete.

Die Eltern gaben die Patientin mit 10 Jahren in ein Internat, aus dem sie erst aufgrund einer Erkrankung nach fast 3 Jahren zurückkehren durfte. Lange Zeit vertrat die Patientin im Bekannten- und Freundeskreis die Ansicht, daß ein Internat optimale Entwicklungsmöglichkeiten für Kinder verkörpere, und empfahl es in ihrer Umwelt. Erst in ihrer Analyse erinnerte sie sich an ihre tiefgreifenden Ängste, die Gefühle des völligen Verlassenseins und von den Eltern Abgeschobenseins und ordnet heute diesen Lebensabschnitt als »schreckliche Kindheitszeit« ein.

Warum suchen sie (erst) jetzt eine Behandlung?

Einige Patientinnen und Patienten hatten bereits eine psychotherapeutische Behandlung erhalten. Diese erfolgte allerdings mit unterschiedlicher Intensität, unterschiedlicher Dauer und in unterschiedlicher Form (so von einzelnen psychologischen Beratungsgesprächen über Kriseninterventionen bis hin zu langfristigen Gruppenpsychotherapien) – in der Regel fanden sie im jüngeren Erwachsenenalter anläßlich von Krisen- und Ablösungssituationen statt.

Jetzt standen diese Patientinnen und Patienten im mittleren Erwachsenenalter. Dieses – symbolisiert durch den 50. Geburtstag (als Mitte des Lebens von phantasierten maximalen 100 Lebensjahren und Mitte des derzeitigen durchschnittlichen Erwachsenenlebens vom 20./25. bis zum 75./80. Lebensjahr) –

bringt schon normalerweise eine Fülle von Veränderungen und Anforderungen mit sich. Die zu bewältigenden Veränderungen und Anforderungen lassen sich als psychosoziale (Entwicklungs-)Aufgaben verstehen. Angegangen und gelöst erlauben sie weitere progressive wichtige Entwicklungsschritte im Lebensablauf (vgl. Radebold 1992, S. 66–72). Zu ihnen zählen insbesondere:

- Die erneute Suche nach einer passenden Lebensstruktur (die eine persönliche, soziale und berufliche Neuorientierung erforderlich macht).
- Überprüfung der eigenen Identität als Frau oder Mann bezüglich des psychischen und körperlichen Selbstbildes, bezüglich bestehender Interessen, (Trieb-)Bedürfnisse und bestehender Beziehungen.
- Gesuchte oder erzwungene Ablösung von Partnerinnen und Partnern, von erwachsen werdenden Kindern sowie eingetretener oder sich abzeichnender Verlust von Eltern (schwere Erkrankungen, dementielle Veränderungen, Hilfs- und Pflegebedürftigkeit und Tod).
- Ertragen, Akzeptieren und Bewältigen von sich vermehrt zeigenden eigenen physiologischen Veränderungen und ebenso von sich chronifizierenden, schweren oder lebensbedrohlichen Erkrankungen und
- Wahrnehmung der Begrenztheit des eigenen Lebens (wiederum symbolisiert durch die erreichte Lebensmitte).

Diese Veränderungen und Anforderungen können kumulieren (in mehreren Bereichen und kurz hintereinander auftretend) und – auch bei bisheriger ungestörter Entwicklung – zu erheblichen Belastungen führen. Zusätzliche neurotische Persönlichkeitszüge und langfristige innerpsychische sowie inter- und intragenerationelle Konflikte führen dann schnell zu einer psychischen oder psychosomatischen Dekompensation – die Jahre zwischen 50 und 60 repräsentieren den zweiten Häufigkeitsgipfel psychosomatischer Erkrankungen.

Zusätzliche entscheidende Bedeutung kommen dabei dem Geschlecht und insbesondere der bisher erreichten Identität zu.

Frauen werden durch den physiologischen Vorgang des Klimakteriums und ihre zunehmend erlebten körperlichen Veränderungen unentrinnbar mit der Aufgabe konfrontiert, ihre psychosoziale und psychosexuelle Identität sowie ihre Interessen, Aktivitäten und Beziehungen zu überprüfen und neu auszurichten. Diese durch die Biologie auferlegte Aufgabe wird oft zunächst als schwerwiegende Bedrohung ihrer bisherigen, insbesondere ihrer psychosexuellen Identität erlebt. Als hilfreich erweisen sich jedoch die bisher durchlebten und ebenfalls durch die Biologie mitbestimmten Veränderungs- und Krisensituationen. Sie stehen jetzt als Modell einer möglichen Bewältigung zur Verfügung (vgl. Radebold 1991, 1992; Schlesinger-Kipp 1995).

Über den Beruf vermittelte Identität und andauernde (inzwischen allerdings zunehmend bedrohte) Fortsetzung befriedigender Berufstätigkeit, die Suche nach neuen Beziehungen sowie auftretende körperliche Erkrankungen ermöglichen demgegenüber den Männern, ihre anstehenden Entwicklungsaufgaben zu verleugnen, zu bagatellisieren oder aufzuschieben. Die körperlichen Krankheiten werden von ihrer Genese her dabei nicht als psychosomatische verstanden. Für Frauen und Männer sichern dazu zunächst fortbestehender oder zunehmender Nikotin-, Alkohol- und Medikamentenabusus scheinbar andauerndes Funktionieren ab (vgl. Radebold 1986, 1992, 1996; Hinze 1996).

Nach meinem Eindruck erweisen sich allerdings Ausmaß und Stabilität der bisher erreichten Identität als entscheidender. Menschen, die in Kindheit und Jugendzeit keine ausreichend sichere, unverwechselbare eigene psychosexuelle und psychosoziale Identität gewinnen konnten (»dies bin unverwechselbar ich«) und sich dazu noch unbewußt über auferlegte, also delegierte Identitäten (damit selbst ich-synton) definieren (z. B. als »großes« ältestes Kind mit Versorgungsauftrag für Mutter und jüngere Geschwister, als »großes« ältestes Kind als Ehepartnerersatz oder als »Familienerbe«) erleben jetzt diese Veränderungen und Anforderungen des mittleren Erwachsenenalters wie auch die sich abzeichnenden Freiräume als zusätzlich bedrohlich. Das bisher strikt und umfassend reglementierte alltägliche Leben ohne Platz für Gefühle, eigene Bedürfnisse und Wünsche, die äußerlich erreichten Erfolge und ein häufig ausgeprägtes altruistisches Verhalten (mit auffallender Selbstausbeutung) reichen – auch bei zusätzlichem Nikotin-, Alkohol- und Medikamentenabusus – nicht mehr zur psychischen Stabilisierung aus. Die sich verändernden, sterbenden oder bereits gestorbenen Eltern entfallen als delegierende Beziehungen. Rückzüge des Partners, der Partnerin, der eigenen Kinder oder eine schwere Erkrankung belegen innerpsychisch, daß das lebenslange Wohlverhalten sowie die Orientierung an den Bedürfnissen anderer Menschen keine Sicherheit erbringen. Neue Freiräume (entfallende Pflichten, stärkere Freizeitmöglichkeiten, finanzielle Absicherung etc.) können innerpsychisch nicht genutzt werden, sondern werden als bedrohliche Leerräume erlebt. Die von Anfang an unsichere, weitgehend auferlegte beziehungsweise delegierte Identität reicht in dieser Situation nicht aus – wiederum hat ihre schädigende Biographie sie eingeholt.

Diese Situation bedroht offensichtlich stärker die Männer als die Frauen – wie auch der auffallend hohe Anteil von eine Psychoanalyse (oder auch langfristige Psychotherapie) suchenden Männern für mich in meiner Praxis belegt. Ohne Vorbild für das Leben als erwachsener Mann, aber insbesondere ohne Vorbild für das Älterwerden, werden sie spätestens jetzt im mittleren Erwachsenenalter chronologisch älter sein, als es ihre Väter waren. Diese besondere Problematik der Männer drückt sich auch in dem eindeutigen Wunsch aus, eine langfristige Einzelbehandlung (»endlich für mich ganz allein«) bei einem Mann zu suchen.

Das (Kriegs-)Kind hinter der Couch (geb. 1935)

Aus Diskretionsgründen habe ich bei den kurz dargestellten Biographien meiner Patientinnen und Patienten zahlreiche Einzelheiten ihrer (Alltags-)Geschichte weggelassen – daher erscheint es mir notwendig, diese mit meiner eigenen Biographie anschaulicher zu machen.

1935 geboren, zerfällt meine Kindheit in drei, im Rückblick scharf voneinander abtrennbare Phasen. Viereinhalb Jahre lang genoß ich bis zum Einzug meines Vaters bei Kriegsausbruch 1939 eine wirklich *glückliche Kindheit*, wie alle Familienerzählungen, eigene Erinnerungen und auch Fotos belegen. Nach allen Berichten (der Familie, der Verwandten, der nach dem Krieg wieder angetroffenen Besucher und auch Patientinnen und Patienten meines Vaters) war ich ein blondes, fröhliches, lebendiges, energisches, aber auch selbstbewußtes Kind – beschützt von einem sechs Jahre älteren Bruder.

Mein Vater, bei meiner Geburt 42 Jahre alt, stammt aus einer Apothekerfamilie aus Stettin/Oder. Nach den Erinnerungen meiner Mutter wuchs er in einer warmherzigen Familienatmosphäre mit einem freundlichen, zugewandten und interessierten Vater auf. Das weitgehend abgeschlossene Medizinstudium unterbrach er durch seine Freiwilligenmeldung im Ersten Weltkrieg. Seine Splitterverletzung im Bauchbereich beeinträchtigte ihn lebenslang immer wieder. Nach dem Krieg studierte er aufgrund seines zweiten Interessengebiets orientalische Sprachen. Humanistisch ausgebildet, sprach er neben Englisch, Französisch, Italienisch (und Latein), Alt- und Neugriechisch fließend

Russisch, Persisch, Türkisch und Arabisch. Er nahm 1924 an einer Konferenz teil, die die Grundlagen für die heutige moderne türkische Sprache schuf. Die Weltwirtschaftskrise und Inflation mit weiterer Verarmung der Familie machte seinen Plan unmöglich, als wissenschaftlicher Dolmetscher oder als Sprachwissenschaftler seinen Lebensunterhalt zu verdienen. Er schloß sein Medizinstudium ab und eröffnete eine Praxis mit Schwerpunkt Homöopathie in Berlin – die angestrebte Kassenzulassung erhielt er jedoch nie. Gern reiste er.

Viele Erinnerungen an ihn sind mir – jetzt endlich wieder – bewußt:

- Der Mann, der uns nach seiner Praxis mit einer Kissenschlacht regelmäßig ins Bett bringt und erzählt; der später in seinem Arbeitszimmer sitzt, russische Zigaretten raucht und im Beisein meiner Mutter Sprachen studiert und übt.
- Der Mann, der mit seinen beiden Söhnen an der Hand Eis essen geht, der in dem kleinen Laden an der Ecke Spielzeugautos kaufen geht und sie (bei einem gewissen Stirnrunzeln meiner Mutter) verwöhnt.
- Der Mann, der mit seiner Familie das Wochenende auf unserem Wochenendgrundstück am Rand von Berlin verbringt und mir dort die Natur erklärt, aber ungern Gartenarbeit macht.
- Der Mann, der nur mit mir in die Märkischen Wälder loszieht, um Pilze zu bestimmen und zu sammeln (mit 5 Jahren nahm ich bereits an einem Pilzkurs im Botanischen Garten in Berlin teil).
- Der hoch aufgeschossene Mann mit seinen glatt gekämmten Haaren, der im korrekten Anzug mit seiner Frau und den sauber hergerichteten Söhnen an Familienfesten oder in Knickerbockern an Familientreffen in Bayern teilnimmt.

Meine Mutter, bei meiner Geburt 37 Jahre, wuchs mit ihren zahlreichen Geschwistern als Kind einer einfachen Postbeamten-Familie an der Oder auf. Auch ihre Berichte sprechen von einer befriedigenden Kindheit (bei meiner Geburt lebte nur noch ihre Mutter; ich habe sie eher als strenge Großmutter in

Erinnerung). Meine Mutter besuchte die Höhere Mädchenschule (wodurch sie über seine Schwestern meinen Vater kennenlernte) und war gleichzeitig beim Wandervogel. Nach ihrer Ausbildung als Lehrerin arbeitete sie an einem reformpädagogischen Landschulprojekt in der Neumark. In Berlin folgte eine Gymnastik-Ausbildung bei Elsa Gindler, die maßgeblich (insbesondere nach dem Zweiten Weltkrieg) bis heute wichtige (psychotherapeutische) Entspannungsverfahren prägte. Durch ihre Kurse trug meine Mutter lange Zeit zum Familieneinkommen bei. In diesen Berliner Jahren lebten meine Eltern zusammen mit zahlreichen Verwandten aus beiden Familien in einer großen Berliner Wohnung zusammen und schlugen sich mühselig durch; sie erlebten aber so die zwanziger Jahre in Berlin intensiv mit.

Zu meiner Mutter bestand eine liebevolle Beziehung – sie übernahm jedoch mehr die aufpassenden, ordnenden, gerecht verteilenden und nicht zu verwöhnenden Anteile unserer Erziehung.

Meine Eltern schätzten eine gastliche, offene Atmosphäre, und viele Besucher kehrten regelmäßig ein. Mein Vater hatte viele Patienten jüdischen Glaubens oder jüdischer Abstammung. Er riet offenbar einigen von ihnen bald nach 1933 zur Auswanderung, wie sie mir bei Besuchen nach Kriegsende berichteten. Meine Mutter wurde von ihnen mehrfach nach dem Krieg nach Israel eingeladen. Er wurde als Arzt und aufgrund seiner Sprachkenntnisse sofort mit Kriegsbeginn eingezogen.

Der zweite Teil meiner Kindheit umfaßt die *Verbannung in die Fremde* bis zum Sommer 1945. Nach einer zunächst ruhigen Zeit in Berlin erinnere ich mich deutlich an den näherrückenden Krieg mit Bombenalarm und Sirenengeheul, vom Himmel herab schwebende »Weihnachtsbäume«, an lange Nächte im Luftschutzkeller und brennende Häuser in der Umgebung. Als unsere Wohnung durch eine Luftmine unbewohnbar wurde, wurden wir 1943 nach Berlinchen (Neumark) evakuiert. Dort fanden wir Unterkunft bei einem Bruder eines langjährigen Freundes meiner Eltern – als örtlicher Parteileiter war er aufgrund einer ausgeprägten Gehbehinderung nicht eingezogen worden. Trotzdem spielte nach meiner Erinnerung die Politik dort und »bei Tisch« keine Rolle – möglicherweise vermieden auch die Erwachsenen jegliche Diskussion. Die Stimmung in dem kleinen Städtchen war eindeutig gegen die evakuierten Großstädter (und dazu noch in Berlinchen aus Berlin) gerichtet: Die Kinder in der Schulklasse hänselten und drangsalierten mich, die Nachbarjungen fielen über mich her, und einmal schüttete eine Frau aus einem Fenster im 1. Stock ihren Nachttopf über mir aus. So verkroch ich mich in den großen Garten, lag im Sommer lange Stunden auf dem Steg und beobachtete die Welt um mich her. Meine Mutter wirkte – noch geschwächt durch eine Fehlgeburt – immer bedrückter und besorgter. Nach dem Krieg erfuhr ich von ihr, daß sie seit langem wußte, daß mein Vater aufgrund seiner Kenntnisse sowohl den Krieg längst verloren gegeben hatte als auch über Greueltaten in Rußland Bescheid wußte.

Mein Vater wurde als Arzt aufgrund seiner Sprachkenntnisse an vielen Fronten eingesetzt, so in Polen, Frankreich, Afrika, mit der vorgesehenen »Arabischen Legion« in Griechenland, dann in Rußland und in Dänemark. Ich erinnere mich an mehrere kurze Fronturlaube. Die 10 Tage verliefen meist wie früher – ich war zusätzlich stolz auf meinen Vater in Uniform, die er in dieser Zeit jedoch höchst ungern trug. Er erzählte mir von der afrikanischen Wüste und immer wieder mein Lieblingsmärchen »Manche, Manche Timpete, Buttche, Buttche in der See ...«. Im Oktober 1944 kam er noch einmal für zwei Tage auf Urlaub – ein ganz schmal gewordener, bedrückter und verschlossen wirkender Mann. Mein Bruder erinnert sich an einen Streit zwischen den Eltern: Meine Mutter verstand aufgrund seines Alters von jetzt 52 Jahren nicht mehr, daß er an der Front blieb. Nach seiner preußischen Auffassung mußte er seine »Pflicht« tun.

Im Januar 1945 rückte die Front schnell näher. Mein Bruder kehrte aus dem Internat zurück und wurde als Meldegänger eingeteilt. Ende Januar 1945 brach der Strom der Flüchtlinge, die Tag und Nacht in diesem harten Winter unterwegs waren, plötzlich ab. Meine Mutter hatte unentwegt mitgeholfen, sie zu versorgen. Auch sie »blieb auf dem Posten« und lehnte alle Angebote für eine rechtzeitige Flucht ab. Der russische Durchbruch überrollte uns innerhalb weniger Tage. Aufgrund des Widerstands des Volkssturms in dem Städtchen schossen die vorrückenden russischen Panzer seine Hauptstraße in Brand. An diesem Abend – wir waren längst angezogen und hatten einen Schlitten zur Flucht vorbereitet – stürmte eine erregte Menschenmenge von russischen Soldaten und Fremdarbeitern unser Haus, wohl um unseren Gastgeber als Kreisvorsitzenden der Partei umzubringen. Wir – den Schlitten zurücklassend – flüchteten in der Dunkelheit unter Beschuß über das Eis. Ringsum brannten die Dörfer. Dann schlugen wir uns zwei Tage und Nächte ohne Essen und fast immer in der Gefahr zu erfrieren (minus 15 Grad) zu einem kleinen Dorf durch. Als die Russen zwei Tage später kamen, wurden wir 60–70 Bewohner auf einem großen Hof zusammengesperrt. Bis April 1945 lösten sich nach meiner Erinnerung 6–8 Gruppen von Besatzern (russische Frontsoldaten, russische und polnische Verwundete) ab. Wir lebten von den Rüben und Kartoffeln aus den Mieten. Fast jede Nacht hieß es: »Frau komm«. (Meine Mutter entging mit meiner Hilfe den ständigen Vergewaltigungen: Schnell grau geworden, machte sie ihre Haare mit Mehl endgültig weiß; sie puderte sich ebenso mit Mehl das Gesicht und legte sich in eine Kuhle im Heu in der Scheune, über die ich meine Decke breitete.) Wir spielten als Kinder zwischen totgeschossenen Kühen und Pferden. An einigen Bäumen an der Straße hingen Erhängte in Zivil und in Uniform. Einmal wurden wir in einer langen Reihe aufgestellt: Man hatte bei einem Bauern auf dem Grundstück ein altes Jagdgewehr gefunden; er und die ersten in der Reihe wurden erschossen. Bald holte man alle gehfähigen Jugendlichen sowie alle Männer jeden Alters zum Flugplatzbau, so auch meinen damals sechzehnjährigen Bruder (von meinem Bruder erfuhren wir viele Monate nichts mehr; andere, wie unseren Gastgeber, fand man später erschossen auf).

Nach Berlinchen zurückgekehrt und nur mühsam überlebend, kamen wir im Sommer 1945 auf einem russischen Militärlastwagen nach Berlin zurück. Ich erinnere mich noch gut an die zweitägige Fußwanderung durch die völlig zerstörte Stadt. Bis auf ein vages Gerücht über eine Verwundung meines Vaters wußte niemand über seinen Verbleib und den meines Bruders Bescheid.

So beschloß meine Mutter, mit mir – gegen alle alliierten Verbote und Ratschläge von Verwandten und Freunden – nach Berlinchen (jetzt in Polen gelegen) zurückzukehren, um dort meinen Bruder zu suchen. Einige polnische Frauen (Mütter helfen sich immer!) versteckten uns in einem Güterzug im Stroh bis Küstrin. Nach dem Sprung aus einem weiterfahrenden Zug wanderten wir drei Tage bei strahlendem Sommerwetter durch ein schon verlassenes Land. In Berlinchen wußte keiner etwas von meinem Bruder; nach drei Tagen wurde die gesamte Bevölkerung ausgewiesen. Nach langen Fußmärschen (50 km) erreichten wir schließlich wiederum Küstrin und wurden dort in einem großen Lager zusammengesperrt. Wir hungerten; Krankheiten grassierten, und viele starben; die Situation erschien aussichtslos. Meine Mutter ging mit einem von ihrem Arzt-Schwager erhaltenen Medikament zu dem russischen Bahnhofskommandanten und bestach ihn damit, so daß er uns einen nach Berlin fahrenden Zug zeigte. Mitte August 1945 waren wir wieder zurück. Meine Tante empfing uns in Schwarz: Wir beide wußten ohne Worte, daß mein Vater nicht mehr lebte. Meine Mutter schloß sich für zwei Tage ein und begann dann – mit 47 Jahren mit völlig weiß gewordenen Haaren –, uns beide am Leben zu erhalten. Sie weinte damals nicht, und ich habe sie bis zu ihrem Schlaganfall mit 84 Jahren nie wieder weinen gesehen. Ebenso haben wir nie gemeinsam in irgendeiner Form getrauert.

Mein Vater war als Divisionsarzt einer Panzerdivision im März 1945 aus Dänemark an die Oder verlegt worden. Beim Operieren im Lazarett-Zelt erlitt er aufgrund eines Volltreffers schwere Verletzungen am linken Fuß und am linken Arm; mit diesen Verletzungen hätte er überleben können. Die Göbbelsche Propaganda verbreitete jedoch, daß alle Bewohner aus Berlinchen massakriert seien. Daher nahm er an, daß seine gesamte Familie umgekommen sei und gab sich nach den Berichten der pflegenden Schwestern auf. Er liegt in einer kleinen – aufgrund der Grenznähe zur Bundesrepublik für viele Jahre für uns unerreichbaren – Stadt unter vielen unbekannten Soldaten begraben.

Die *Rückkehr in die fremd gewordene Welt* charakterisiert die dritte Phase meiner Kindheit bis zum 15. Lebensjahr 1950. Die Stunde Null begannen meine Mutter und ich in einer Null-Situation: Unsere Wohnung war teilweise immer noch zerstört, die Einrichtung und der gesamte Besitz östlich der Oder verloren und das verbliebene wenige Geld auf dem Konto gesperrt. In der leeren Wohnung befanden sich nur noch ein Sofa und ein Schrank. Die Nachbarn brachten etwas Geschirr und Besteck und die Freundin meiner Mutter das erste Federbett. An Kleidung hatten wir zunächst nur das, was wir auf dem Leib trugen. Meine Mutter konnte sofort im Schuldienst eingestellt werden. Zu ihrem Unterricht in einem entfernten Stadtviertel war sie anfänglich morgens und abends über zwei Stunden unterwegs; da sie keine Bluse oder Pullover hatte, unterrichtete sie den ganzen Winter über in ihrem Mantel. Das Gehalt meiner Mutter und untervermietete Zimmer sowie die Hilfe der Verwandten aus der amerikanischen Zone – eine Tante schickte jeweils 50–100 g Haferflocken im Briefumschlag – und später von Freunden aus dem Ausland ließen uns überleben. Ab Oktober 1945 besuchte ich wieder die Schule.

Die Jahre voll Hunger, Kälte und Verzweiflung in Berlin bis zum Ende der Berliner Blockade im Mai 1949 wurden schon oft von damals Erwachsenen beschrieben – meine eigenen Erinnerungen entsprechen ihnen völlig. Als ich mich in der Schule im Dezember 1945 für die Höhere Schule meldete, verweigerte mir mein Klassenlehrer seine Zustimmung. Für ihn als ehemaligen Sozialdemokraten durften die »Söhne von Akademikern oder von Offizieren« keine Bildungs-Chance mehr erhalten. Erst in einem langen abendlichen Gespräch konnten meine Mutter und ich seine Zustimmung schließlich erlangen.

Das Kriegsende hatte mich offenbar völlig verändert. (Als ich z. B. nach einem halben Jahr mein erstes gekochtes Ei bekam, wußte ich nicht mehr, wie man es aufschlägt.) Allmählich zeigte ich deutliche Verhaltensstörungen: Ich schwänzte viele Tage die Schule und trieb mich mit anderen Kindern in den

Ruinen herum. Wenn es das Licht erlaubte, »verschlang« ich viele Bücher. Eine im Haus lebende Bibliothekarin hatte Hunderte von jetzt auf dem Index der amerikanischen Militärregierung stehenden und damit verbotenen Büchern gerettet; ich holte sie mir waschkörbeweise. Einmal stahl ich meiner Mutter fünf Mark, um mir endlich ein Spielzeugauto zu kaufen – sie ließ es (obwohl es mein einziges Spielzeug war) für immer verschwinden. Immer wieder appellierte sie an mein Pflichtbewußtsein unter Hinweis auf meinen gefallenen Vater; allmählich hatte sie Erfolg.

Im Frühjahr 1946 kam die erste Nachricht von meinem Bruder. Er war als 15jähriger als Zivilgefangener bis nach Rußland verschleppt worden und arbeitete dort in einer Fabrik. Die Postkarte mit dieser Nachricht wäre beinahe verlorengegangen, da er sie vernünftigerweise an die Adresse unseres Wochenendgrundstücks bei Berlin geschickt hatte. Der Briefträger traf jedoch niemanden an, und nur ein zufällig vorbeikommender Nachbar wußte unsere aktuelle Adresse. Hätte sich mein Bruder auch aufgegeben, wenn die Postkarte mit dem Vermerk »Adressat unbekannt« den Weg nach Rußland zurückgefunden hätte? Im Herbst 1947 kehrte mein Bruder schwer krank mit Hungerödemen – für mich völlig verändert – schließlich aus Rußland zurück. Nach einem vierteljährigen Krankenhausaufenthalt war er körperlich wieder einigermaßen hergestellt und setzte seine Schulausbildung fort.

Zu meiner Mutter hatte ich ganz selbstverständlich eine sehr nahe Beziehung. Seit der Einberufung meines Vaters 1939 – und auch von ihm eindeutig erwartet – sah sie ihre Hauptaufgabe darin, ihre beiden Söhne beschützt durch die Kriegs- und Nachkriegszeit zu bringen – wenigstens wir sollten die sich vielleicht doch noch ergebenden Entwicklungs- und Lebensmöglichkeiten wahrnehmen können. Seit 1945 waren wir nur noch zu zweit und versuchten zu überleben. Sie setzte ihr Vertrauen auf den »letzten und einzigen Mann« an ihrer Seite (Schule und Schularbeiten einschließlich vieler Nachhilfestunden in Latein und Griechisch, als Pflicht konsequente Mitarbeit im Haushalt und im Garten, Führung des Haushaltsbuches); ich wurde schnell erwachsen. Als mein Bruder zurückkehrte und die Position des »ersten Mannes« an ihrer Seite übernahm, reagierte ich teilweise eifersüchtig. (Wie selbstverständlich nahe die Beziehung zu meiner Mutter war, verstand ich erst an den irritierten Reaktionen meiner zukünftigen Frau, wenn ich bei gemeinsamen Begrüßungen während unserer Verlobungszeit zuerst meine Mutter in den Arm nahm und dann sie!)

Männer und dazu noch brauchbare oder sogar vorbildhafte gab es nach 1945 um mich herum kaum. Die beiden Großväter waren bereits vor meiner Geburt gestorben. Beide Onkel wohnten weit weg. (Der von mir hoch geschätzte und ab 1948 manchmal besuchbare Onkel verkörperte aufgrund seines Alters eindeutig einen Großvater.) Die Väter der Klassenkameraden waren gefallen, vermißt oder zumindest noch in Gefangenschaft. Nach ihrer Rückkehr lebten sie zurückgezogen, machten sich fast unsichtbar und waren kaum für ihre eigenen Kinder, geschweige denn für andere erreichbar. Die Lehrer des gymnasialen Zweiges der Oberschule waren teilweise schon weit über 50; sie machten Dienst nach Vorschrift, interessierten sich wenig für uns und erzogen uns nach den weiterhin gültigen pädagogischen und moralischen Grundsätzen – zu den leider nur wenigen jüngeren Lehrern bestand ein gutes Verhältnis.

Seit 1948 war ich – zum ersten Lager allerdings mehr von der Restfamilie geschoben – bei den Pfadfindern. (Diese Gruppierung, nicht konfessionell gebunden, verstand sich als Nachfolger der Bündischen Jugend vor 1933.) Hier begegnete ich erstmals wieder anderen Männern; diese konnten jedoch zunächst mit einem zwar äußerlich dem Idealbild entsprechenden, aber innerlich verstörten und verängstigten Jungen wenig anfangen. Meine begeisterte und langjährige (schnell auch anführende) Mitarbeit bei den Pfadfindern bot so die Möglichkeit, sich von der reinen Frauenwelt meiner Mutter abzugrenzen (alleinstehende Freundinnen und Kolleginnen, durch sie lernte ich allerdings, mit »älteren Damen gut umzugehen«). Ich beobachtete diese Männer bei den Pfadfindern (und später auch andere) zunächst vorsichtig und abwartend, war dann von ihnen begeistert und forderte sie als Vorbild ein; entsprachen sie nicht meinen Erwartungen, kümmerten sie sich nicht weiter um mich oder vergaßen ihre Zusagen, so reagierte ich bitter enttäuscht, vorwurfsvoll und wertete sie ab; manchmal bekämpfte ich sie auch erbittert. Ich setzte mich dann mit ihnen auseinander, sie »messerscharf« verletzend und verächtlich abwertend.

Nach 1955 stabilisierte sich unsere familiale und soziale Welt weiter. Ich studierte ab 1954 Medizin in Berlin und war gleichzeitig weiterhin bei den Pfadfindern tätig. Auf vielen abenteuerlichen Reisen – teils als Tramp, teils mit dem Fahrrad – erkundete ich ab 1950 viele Länder Europas; so vermochte ich wenigstens zeitweise der engen familiären Situation, den vielfältigen Pflichten und der Insellage Berlins zu entfliehen.

Die dargestellten Psychoanalysen führte ich schwerpunktmäßig erst zwischen 1990 und 1998 durch. War ich vorher diesen Söhnen und Töchtern mit abwesenden Vätern nicht als Patientinnen und Patienten begegnet?

Erst im Rückblick verstand ich meine mühselige langjährige Annäherung an diese Thematik sowohl als 1935 geborenes Mitglied dieser in Kriegszeit oder Nachkriegszeit aufgewachsenen Altersgruppe als auch als Mitglied der zweiten Gruppe der nach 1945 in Deutschland ausgebildeten Psychoanalytiker.

Meine dabei erfahrenen – wohl als exemplarisch anzusehenden – Schwierigkeiten möchte ich genauer beschreiben. 1963 begann ich meine Facharztweiterbildung an der Universitätsnervenklinik der Freien Universität Berlin. Zu dem Klinikdirektor entwickelte ich bald eine hochambivalente Beziehung. Einerseits hatte er mich als einziger Universitätslehrer während meines gesamten Medizinstudiums im psychiatrischen Staatsexamen nach meinem Vater gefragt; er schätzte meine Arbeit als mehrjähriger Privatassistent, und er befürwortete mir (neben einem einzigen anderen Kollegen) die Gewährung eines psychoanalytischen Forschungsstipendiums durch die Deutsche Forschungsgemeinschaft (DFG). Andererseits litt ich zunehmend mehr unter der autoritären Klinikstruktur und seinen sehr konservativen politischen Ansichten.

Kriegsereignisse und -folgen wurden nur bei der Soldatengeneration für erwähnenswert gehalten und anerkannt. Noch heute schäme ich mich meiner Mitarbeit an rund 15 Obergutachten über NS-Verfolgte, insbesondere KZ-Insassen. Entsprechend der damals noch weit verbreiteten psychiatrischen universitären Lehrmeinung konnten Erwachsene aufgrund von Kriegseinflüssen oder anderen Traumatisierungen keine jahrzehntelang anhaltenden psychischen Erkrankungen oder Persönlichkeitsveränderungen erlitten haben; daher wurden diese Anträge auf entsprechende Entschädigung damals von ihm abgelehnt.

Meine psychoanalytische Ausbildung begann ich am Berliner Psychoanalytischen Institut (heute Karl-Abraham-Institut) der Deutschen Psychoanalytischen Vereinigung (DPV). Meine Lehranalyse führte ich von 1965 bis 1969 bei Frau K. Dräger durch. Meine 1900 geborene Lehranalytikerin war nach ihrer Lehramtsprüfung von 1925 bis 1944 an verschiedenen Berliner Schulen tätig. Von 1931 bis 1935 absolvierte sie ihre psychoanalytische Ausbildung am früheren Berliner Psychoanalytischen Institut und wurde 1936 Mitglied der Fachgesellschaft. Von 1950 an leitete sie bis zu ihrer Pensionierung 1961 die Erziehungsberatungsstelle in Berlin-Charlottenburg. Dazu behandelte sie parallel in eigener Praxis psychoanalytisch. Erst später erfuhr ich, daß sie als Mitglied der geheimen Reichsleitung einer kommunistischen Splitterpartei aktiv im Widerstand tätig war.[21]

Ich verdanke meiner Lehranalyse bei Frau Dräger viel: Ich löste mich aus der aufgrund der Kriegssituation und durch den Verlust meines Vaters entstandenen intensiven Beziehung zu meiner Mutter und konnte so eine bis heute anhaltende gute Beziehung zu meiner Frau gestalten; ich verlor meine verletzende Schärfe (im Sinn einer psychologischen Vorwärtsverteidigung) im Umgang mit Männern und damit auch ein Stück meiner formalen Distanz; ich konnte mich aus der autoritären Struktur der Universitätsnervenklinik lösen und wurde wissenschaftlich produktiv.

---

21 Vgl. Beiträge in: PsA-Info Nr. 27 (Informationsschrift für die Weiterbildungsteilnehmer und Kandidaten der Deutschen Psychoanalytischen Vereinigung, September 1986)

Allerdings kam in meiner Lehranalyse der traumatisierenden Kriegs- und Nachkriegszeit sowie insbesondere dem Verlust meines Vaters und seinen spezifischen Folgen relativ geringe Bedeutung zu. Die damalige Psychoanalyse beschäftigte sich fast ausschließlich mit innerpsychischen Prozessen, kaum aber mit den Auswirkungen von sozialen, materiellen und historischen Veränderungen oder traumatisierenden Ereignissen.

Frau Dräger kannte als langjährige Leiterin einer Erziehungsberatungsstelle bestimmt das Elend dieser Kinder und Jugendlichen gut; sie stufte wohl meine Biographie aufgrund der allgemeinen Situation in Berlin bei Kriegsende und in der Nachkriegszeit als eher durchschnittlich ein. Nur einmal erwähnte sie in diesem Zusammenhang als langjährige Leiterin des Zentralen Ausbildungsausschusses der DPV (1956–64), daß sie alle Bewerber um die psychoanalytische Ausbildung als chronisch depressiv erlebte. Ich fragte mich allerdings in den letzten Jahren häufiger, welche innere Einstellung sie zu mir als dem Sohn eines Reserveoffiziers hatte.

Bewußt spürte ich ihrerseits nie eine Ablehnung; unbewußt identifizierte ich mich aber offenbar mit ihrer Sicht der geringen Bedeutung meines abwesenden Vaters und nutzte diese jahrzehntelang für meine weiter anhaltende Verleugnung und Verdrängung.

Zwischen 1970 und 1985 begegnete ich natürlich immer wieder der Thematik der »abwesenden« Väter. Ich behandelte damals (aufgrund der erwünschten Übertragungskonstellation und der Vorstellung über das optimale Behandlungsalter) deutlich Jüngere. Diese um das Kriegsende und nach dem Krieg Geborenen setzten sich mit ihren aus dem Krieg zurückgekehrten, weitgehend und erfolgreich mit dem Wiederaufbau beschäftigten und sich konservativ bis reaktionär gebenden Vätern auseinander – diese Väter waren aber alle aus dem Krieg zurückgekehrt.

Manchmal konnte ich aufgrund meiner eigenen Erfahrungen Patienten sofort gut verstehen. So berichtete ein 35jähriger Patient nach einem präpsychotischen Zustand im Nebensatz, daß er als Zweijähriger »beinahe auf dem Treck verloren gegangen sei«. Er war auf einem Rastplatz des Flüchtlingstrecks im Winter 1944/45 unbemerkt vom Pferdewagen der Eltern heruntergeklettert und wurde zunächst inmitten des Aufbruchs unter Tieffliegerbeschuß nicht mehr aufgefunden. Ein Nachbar erkannte ihn und brachte ihn in letzter Minute zurück. Ich verstand seine Nebenbemerkung sowohl als Hinweis auf seine erschreckende Erfahrung als auch auf seine anschließende Verlassenheit in der sich auflösenden Familiensituation und des Flüchtlingsstatus nach dem Krieg und während der anschließenden Jahre seiner Kindheit.

Die langfristige Behandlung eines Kindes eines Einsatzgruppenleiters (verantwortlich für die Tötung von mindestens 90.000 Menschen in Rußland) verlief weitgehend ergebnislos. Die fast abgöttische Idealisierung des Vaters erlaubte ihm nicht, seine Verbrechen überhaupt zu sehen, geschweige denn anzuerkennen. Außerdem war ich aufgrund meiner eigenen Biographie nicht in der Lage, diese Idealisierung als Abwehr aufgrund von massiven unbewußten Vorwürfen ob des Verlassenseins durch diesen Vater anzusprechen.

1963 behandelte ich als 29jähriger Assistenzarzt erstmals erfolgreich eine 59jährige Patientin mit einem psychogenen Schiefhals (Radebold 1992, S. 152 f.). Seitdem befaßte ich mich als Psychiater und Psychoanalytiker wissenschaftlich mit den psychotherapeutischen Behandlungsmöglichkeiten von älteren Patientinnen und Patienten. Gemäß der früher von der Psychoanalyse gesetzten Behandlungsgrenze um das 40./45. Lebensjahr herum handelte es sich zunächst um 50- bis 60jährige und später mit zunehmenden eigenen Erfahrungen um 60- bis 70jährige, noch später um 70- bis 80jährige. Meine bisher älteste Patientin war bei Behandlungsbeginn 82 – ein traumatisiertes Kriegskind aus dem Ersten Weltkrieg. In diesen älteren Patientinnen und Patienten begegnete ich den »Eltern« der Kriegskinder. Zwischen 1965 und 1980 gehörten die über 60jährigen zur Gruppe der am Dritten Reich und am Zweiten Weltkrieg Beteiligten (Täter, aktive Teilnehmende, Mitläufer, Betroffene oder Leidtragende). 1990 gehörten sie als jetzt 70- bis 80jährige wiederum zu dieser Generation. Da ich diese Älteren (zu fast 90

Prozent Frauen) als langfristig und ausgeprägt neurotisch Erkrankte erlebte, fragte ich lange Zeit nicht nach ihrer politischen Einstellung sowie ihren Verhaltensweisen und Aktivitäten in der Zeit zwischen 1933 und 1945. Eher interessierte mich die Frage, was sie davon an ihre eigenen Kinder weitergegeben hatten.

Nur wenige ältere Männer suchten psychotherapeutische Hilfe. Sie waren körperlich und seelisch verwundet (teilweise auch ohne soziale Aufstiegschancen) aus dem Krieg zurückgekehrt. Ihre unübersehbare Vaterproblematik (entsprechend an die Söhne weitergegeben) lag in der fehlenden Akzeptanz und Anerkennung durch ihre vor 1939 vorhandenen Väter (Radebold 1992, S. 151 f.).

Erst Anfang der achtziger Jahre wurde mir allmählich klar, daß in der Bundesrepublik und in Österreich – ganz im Gegensatz zu den englischsprachigen und weiteren westlichen Industrienationen – Ältere offenbar auch wegen unbewußter Vorwürfe der Jüngeren an die Adresse dieser für das Dritte Reich und den Zweiten Weltkrieg Verantwortlichen nicht zur psychotherapeutischen Behandlung angenommen wurden (Radebold 1987, 1988, 1992). Zu diesem Zeitpunkt fing ich an, gezielter nach der Geschichte der jüngeren Erwachsenenzeit meiner älteren Patientinnen und Patienten zu forschen. Wahrscheinlich führte diese (wohl zu schnelle) Nachfrage dazu, daß mehrere ältere Männer mein Behandlungsangebot nicht annahmen. Ich erinnere mich an einen damals 69jährigen Patienten, der im Erstgespräch berichtete, daß er nächtlich in immer wiederkehrenden Träumen von Panzern überrollt würde. Auf Nachfrage verneinte er traumatisierende oder bedrückende Kriegserinnerungen. Er nahm das zweite Gespräch nicht mehr wahr.

Zunehmend interessierte mich dann anschließend die Chance weiterer Entwicklung von Erwachsenen mit Veränderung von neurotischen Persönlichkeitszügen mit Hilfe unseres ursprünglichen Forschungsinstruments, das heißt einer Psychoanalyse als einer hochfrequenten (3–4 Wochenstunden) Behandlung über einen mehrjährigen Zeitraum bei unbegrenzter Dauer – zunächst für die Altersgruppe der 45- bis 70jährigen. 1986 nahm ich meine dafür erste (gleichaltrige) Patientin aus dieser

Altersgruppe in Analyse (Frau Carlberg). Wie stark ich damals die Problematik der abwesenden Väter immer noch verleugnen mußte, beweist ein Satz aus dem damaligen Krankenkassenantrag: »Zwischen ihr und dem tief verehrten und auf Distanz heißgeliebten Vater bestand lebenslang die Beziehung als zu ›dem wichtigsten Menschen in meinem Leben‹, *lediglich durch die Kriegszeit zwischen dem 4. und 10. Lebensjahr unterbrochen*« – offenbar maß auch ich damals bewußt dieser Unterbrechung keine entscheidende Bedeutung zu.

Zur Erkrankungsgenese

Die folgenden Überlegungen beziehen sich auf die zehn vorgestellten Patientenbiographien und meine eigene Biographie. Weiterhin fließen Erfahrungen aus mehreren langfristigen Psychotherapien von Männern und Frauen – ebenfalls seit 1984/85 durchgeführt – ein.

Die dargestellten (von den Patientinnen und Patienten zur Publikation freigegebenen) Biographien wurden absichtlich – natürlich auch aus Diskretionsgründen – unvollständig gehalten. Sie entsprechen somit nicht den Kriterien einer typischen und damit klassischen »Fall«-Geschichte, wie sie bei Abschlußkolloquien, in Lehrbüchern oder zur Charakterisierung eines spezifischen Krankheitsbildes veröffentlicht werden. Diese sind weitgehend auf die Darstellung (gestörter) innerpsychischer Entwicklungsschritte – immer stärker verschoben auf die frühe bis früheste Kindheit – zentriert und zeigen zusätzlich intra- und intergenerationelle Beziehungskonflikte auf. Dagegen werden (mögliche) traumatisierende sowie weitere soziale und historische Einflüsse kaum erwähnt und ihre Auswirkungen nicht diskutiert. Bei diesen in der Kriegszeit und direkten Nachkriegszeit aufgewachsenen Patientinnen und Patienten erscheint es mir zwingend geboten, diese Perspektive als *(mit)entscheidend* zu berücksichtigen.

Defizitäre Lebenssituation

Bisherige familiäre Entwicklung (Elternhäuser der Eltern, sozialer Status und berufliche Entwicklung der Eltern) und damals vorhandene äußere Lebensstruktur (ausgeübte Berufstätigkeit der Eltern, ihr Einkommen sowie sichere, befriedigende Wohnverhältnisse etc.) verhießen in der Regel ein Aufwachsen unter gesicherten, guten und stabilen sozialen Bedingungen. Dieses somit gesicherte Aufwachsen wurde teilweise abrupt abgebrochen, wurde teilweise zumindest unterbrochen und verlief kaum ungestört. Auch eine uneheliche Geburt (Herr Gochsheimer) und eine ungünstige (Groß-)Familienkonstellation mußten nicht unbedingt zu einer dauerhaft beeinträchtigenden sozialen Situation und Entwicklung führen, hätte die Mutter bei genügend Auswahlmöglichkeiten bald einen gesunden Partner und damit brauchbaren psychisch und physisch gesunden Vater für diesen Patienten gefunden. Die vorliegenden Daten weisen auf folgende Veränderungen hin:

- Der vollständige Verlust der sozialen Sicherheit (Ausbombung mit Verlust des Besitzes, Verarmung, Flüchtlingsstatus und mühsame, nur allmähliche neue Existenzsicherung) wurde von vier Kindern direkt erlebt; drei wurden in diese Situation hineingeboren.
- Zeitweilig stark beeinträchtigte soziale Lebensumstände (Flucht – Besitzverlust und relative baldige soziale Besserung) erlebte eine Patientin.
- Eine Patientin wuchs aufgrund der Ausbombung sofort nach der Geburt für mehrere Jahre bei nur zeitweilig anwesender Mutter (und abwesendem Vater) bei einer Tante auf.
- Lediglich ein Patient erlebte bei allerdings sechs Jahre im Krieg abwesendem Vater lebenslang ungestörte gute soziale Lebensumstände.

Die Biographien verdeutlichen gleichzeitig, in welch großem Umfang Armut, Hunger und allgemeine Not – teilweise für lange Zeit – herrschten; dazu erkrankten zwei Patienten (Geismann, Wagner) in früher Kindheit lebensbedrohlich.

Abwesende Väter

Die Väter sind in vielfältiger Form vorübergehend oder dauerhaft abwesend:

- Die Väter von Radebold, geb. 1935, und von Larmek, geb. 1939, wurden bei Kriegsanfang 1939 sofort eingezogen und verstarben 1945.
- Zwei Väter, ebenfalls sofort 1939 eingezogen, kehren nach unterschiedlicher Gefangenschaftsdauer deutlich verändert oder verwundet zurück (Geismann, geb. 1938, Rückkehr des Vaters aus Gefangenschaft mit Bauchverletzung 1948; Kilian, geb. 1946, erlebt einen völlig veränderten Vater, der lebenslang abgekapselt bleibt).
- Zwei weitere Väter (wiederum sofort eingezogen) kehren verletzt aus dem Krieg zurück und versterben später aufgrund ihrer Verletzungen oder zusätzlicher körperlicher Erkrankungen (Wagner, geb. 1944, Tod des Vaters 1952; Gochsheimer, geb. 1947, Tod des aus der Kriegsgefangenschaft krank zurückgekehrten Stiefvaters 1958).
- Zwei Väter kehren nach 6jähriger Kriegsteilnahme (Carlberg, geb. 1935, Dietmar, geb. 1939) 1945 äußerlich unversehrt zurück.
- Lediglich zwei ältere Väter (bei Rabenstein, geb. 1946, und bei Kurzweg, geb. 1943) werden erst 1943 beziehungsweise bei Kriegsende eingezogen (bis dahin wurden sie aufgrund ihrer speziellen beruflichen Position für unabkömmlich eingestuft) und kehren 1945 äußerlich unversehrt zurück.

Auch die nach 1944 geborenen Kinder erleben nur zum Teil einen wirklich anwesenden Vater (der Vater von Anna, geb. 1946, ist eindeutig durch den Krieg dauerhaft verändert; der Vater von Rabenstein, geb. 1946, ist als Vater nur teilweise und dazu in problematischer Form anwesend; Herr Gochsheimer bekommt nach unehelicher Geburt ab dem 8. Lebensjahr einen Stiefvater, der in seinem 15. Lebensjahr an den Folgen einer im Krieg erworbenen Erkrankung stirbt). Diese Daten verdeutlichen gleichzeitig, daß die Väter teilweise von Geburt an, teilweise für bestimmte Entwicklungsphasen langfristig abwesend sind.

Größtenteils erscheinen die aus dem Krieg zurückgekehrten Väter – äußerlich zusätzlich teilweise verletzt und schwer krank – durch ihre Kriegserlebnisse deutlich psychisch verändert bis eingeschränkt (bei Geismann, Kilian, Anna und Gochsheimer). Lediglich zwei Väter (von Dietmar und von Kurzweg) erscheinen durch den durchlebten Krieg äußerlich kaum verändert.

Das Ausmaß der kriegsbedingten Veränderung dieser Väter (im Abschlußgespräch im Sommer 1999 noch einmal speziell erfragt) läßt sich schwer beurteilen: Einige Väter kehrten schwer verwundet oder schwer erkrankt (Malaria, Tuberkulose etc.) mit nachfolgender Minderung der Erwerbsfähigkeit zurück; zwei verstarben später an diesen Kriegsfolgen. Die Mütter, die ihre Männer bereits vor dem Kriegseinsatz kannten und somit über Vergleichsmöglichkeiten verfügen, beschrieben lang anhaltende psychische Folgen. Junges Alter beim Einzug zum Kriegseinsatz, direkter Fronteinsatz in Rußland oder in Balkanländern, im Krieg begonnene und lang durchgehaltener Nikotin- und Alkoholabusus sowie anhaltende nächtliche Reaktionen (Angstträume, ständiges Schreien etc.) sprechen für erschreckende Kriegserlebnisse dieser Väter. Wie stark waren sie durch die Kriegserlebnisse geprägt? Wie weit haben sich die verrohende Wirkung des Kriegs oder die Nachwirkung starrer militärischer Befehlsstrukturen auf die Familien ausgewirkt? Welche besonderen Überlebenstechniken hatten sie entwickelt (vgl. Dörr 1998, Bd. 3, S. 477) und versuchten sie nun anzuwenden? Offensichtlich konnten die äußerlich unbeschädigt erscheinenden Männer als Väter von sich selbst kein prägnantes Bild entwerfen; somit blieben sie unwirklich, für das Erleben ihrer Kinder abwesend (vgl. Speier 1992, S. 32).

Die Mütter

Die Mütter der Patientinnen und Patienten bringen für die akut auferlegte Aufgabe des kriegsbedingten Alleinseins, der Versorgung der teilweise schnell wachsenden Familie unter ständig sich verschlechternden Bedingungen sowie für die Bewältigung von Evakuierung, Ausbombung, Flucht und Existenzsicherung in der Nachkriegszeit relativ günstige äußere Voraussetzungen mit: Bei der Geburt dieser Kinder befinden sie sich größtenteils im Alter von über 30 Jahren; sie blicken auf eine berufliche Ausbildung und teilweise (selbständige) Berufstätigkeit und überlebte schwierige Zeiten zwischen 1920 und 1930 zurück. Die Geburtsdaten der Patientinnen und Patienten belegen, daß diese Mütter teilweise von Kriegsanfang an die Entwicklung, Sicherheit und Stabilität ihrer Familie gewährleisten mußten. Für die vor oder während des Kriegs geborenen Kinder übernahmen die Mütter diese Aufgabe offenbar sicher, stabil und auffallend selbständig – teilweise werden sie in dieser Zeit sogar als besonders aktiv, lebendig und auch ihre Qualifikationen wahrnehmend beschrieben (s. Biographien von Carlberg, Dietmar, Geismann, Larmek). Ab Kriegsende und in der Nachkriegszeit zeigen mehrere Mütter auffallende Veränderungen: Ohne gezeigte Trauer übernehmen sie pflichtbewußt die notwendigen familiären und sozialen Aufgaben (Geismann, Kilian, Larmek, Radebold). Teilweise ziehen sich die Mütter zunehmend ängstlicher werdend zurück (Dietmar); teilweise entwickeln sie lebenslang andauernde psychische Veränderungen (Kilian, Rabenstein, Gochsheimer), teilweise sogar mit dauerhaften körperlichen Erkrankungen (Anna, Carlberg). Inwieweit sie mit einem nationalsozialistischen Erziehungsideal identifiziert waren, blieb unbekannt oder war nicht mehr klärbar (Chamberlain 1992, 1997).

Mögliche protektive Einflüsse

Dagegen lassen sich protektive Lebensumstände kaum auffinden. Deutlich ältere und damit die Patientinnen und Patienten beschützende Geschwister gab es nicht. Der einmal vorhandene 6 Jahre ältere Bruder ist von 1945 bis 1947 abwesend und kehrt dann als Zivilgefangener schwer krank zurück (Radebold). Andere hilfreiche, beschützende oder unterstützende männliche wie auch weibliche Bezugspersonen fehlen weitgehend. Der Großvater ist vorhanden bei Anna, der Onkel bei Dietmar und Wagner; dazu haben mehrere andere Großmütter und Tanten. Insgesamt wirkt sich dabei erschwerend aus, daß diese Verwandten nicht immer von der Familie anerkannt und geschätzt wurden.

Eine über Kriegs- und Nachkriegszeit anhaltende und damit dauerhaft stabile Lebenssituation erlebte nur (nach mehrjähriger Abwesenheit des Vaters) Dietmar.

Zur Entstehung der jetzigen Störungen

Diese Angaben verdeutlichen ein Spektrum von schwerwiegenden, anhaltenden und mehrfachen Traumatisierungen in Form beschädigter Start- und Lebensbedingungen (Not, Verarmung, Hunger, Krankheiten, ungenügende Wohnsituation und fehlende medizinische Versorgung etc.) – verbunden in der Regel mit langfristiger väterlicher Abwesenheit. Der Einfluß dieser Gegebenheiten muß jedoch im Zusammenhang und Wechselwirkung mit der jeweiligen *spezifischen Familiensituation*, den jeweiligen *Persönlichkeitsstrukturen* und *Verhaltensweisen* der Eltern und ihren daraus *resultierenden Erziehungsmaßnahmen* gesehen werden. Weiterhin kommt der Frage entscheidende Bedeutung zu, in *welcher Entwicklungsphase* diese Einflüsse eintraten:

Bei Herrn *Geismann*, geb. 1938, übernimmt die Mutter, 10 Jahre älter als ihr Mann und schon immer dominierend, in der Kriegszeit endgültig die Aufgabe der »Familienpatriarchin« (unterstützt durch Großmutter und ältere Halbschwester) und regiert dann lebenslang. Er überlebt seine Kinderlähmung knapp und verbringt zwei Jahre in Kliniken (zahlreiche Operationen) und bei Rehabilitationsmaßnahmen. Der jüngere, schon immer stille und zurückgezogene Vater kehrt nach 8 Jahren kriegsverletzt zurück und kapselt sich als ehemaliger SS-Mann, tief enttäuscht und entidealisiert, noch weiter ab. Dazu stellt Herr G. aufgrund seiner Gehbehinderung trotz aller schulischen Leistungen im Internat offensichtlich nicht das gewünschte strahlende und gesunde Kind dar. Der Flüchtlingsstatus bestimmt die weitere Familiengeschichte.

Bei Herrn *Dietmar*, geb. 1938, übernimmt die Mutter, die in dem Vater offensichtlich aufgrund ihrer Biographie Schutz, Halt und materielle Sicherheit gesucht hatte, während des Kriegs stellvertretend (im Schutz der Gesamtfamilie) die Aufgaben der Erziehung der Kinder und der Versorgung der Familie. Aufgrund ihrer Unsicherheit und eigener Beziehungsstörungen erzieht sie Herrn D. zusammen mit dem kurz danach geborenen Bruder in einer Zwillingskonstellation in strenger Reglementierung. Der nach sechsjähriger Abwesenheit zurückgekehrte Vater – offenbar aufgrund seines Erziehungsideals enttäuscht von dem Erstgeborenen – lehnt diesen ab (dadurch ergibt sich eine nähere Beziehung zwischen Sohn und Mutter) und bevorzugt den Zweitgeborenen, der lange Jahre für die Übernahme des Firmenerbes vorgesehen wird.

Bei Frau *Anna*, geb. 1946, praktiziert die Mutter – aufgrund großer Furcht vor zu weitreichender Nähe – eine streng reglementierte Erziehung auf Distanz. Der aus dem Krieg zurückgekehrte und durch seine Erlebnisse deutlich veränderte Vater widmet sich – trotz ambivalenter Nähe zu dieser, seiner einzigen Tochter, und seinen weiteren Kindern – äußerlich überspielend bei ausgeprägtem Nikotin- und Alkoholgebrauch aktiv seiner erfolgreichen wissenschaftlichen Karriere. Aufgezogen als »Friedenskind« übernimmt sie in ihrer Familie Vermittlerfunktionen. Die Übergriffigkeit des Vaters führt zu ihrem Rückzug in der ödipalen Konstellation und zu einem lang anhaltenden Zweckbündnis mit der sie gerade in ihren weiblichen Anteilen ablehnenden Mutter.

Frau *Carlberg*, geb. 1935, erlebt offenbar zunächst eine relativ ungestörte Kindheit und anfängliche Kriegszeit – allerdings in einer deutlichen Konkurrenzsituation von Mutter und drei Schwestern um den Vater. Er wird in der ödipalen Konstellation zur Front eingezogen; somit verbleibt nur die Mutter als einzige Bezugsperson. Die frühe intensive Beziehung wird nach der Rückkehr des Vaters aus dem Krieg fortgesetzt. In dieser Situation manifestieren sich zunehmend die neurotischen, bis heute noch anhaltenden und sich ständig verstärkenden Züge der Mutter, die sich ängstlich hypochondrisch – durch ihre anklammernde Haltung dennoch beherrschend – zunehmend ihren Krankheiten überläßt. Der zurückkehrende Vater, ebenfalls durch den Krieg verändert, kann nur teilweise seine ebenfalls vorhandenen Ängste und depressiven Verstimmungszustände verdecken.

Kindheit, Jugendzeit und das weitere Erwachsenenleben von Herrn *Larmek*, geb. 1939, werden durch die SS-Biographie des 1945 umgekommenen Vaters bestimmt. Anfänglich garantiert sie die soziale Sicherheit und bedingt nach Kriegsende langanhaltenden sozialen Abstieg, völlige Verarmung, Not, Elend und Hunger sowie zeitweilige Zerstreuung der Restfamilie. In naher Beziehung zur Mutter übernimmt Herr L. in Delegation als ältester Sohn entsprechende Aufgaben und wohl zusätzlich die Position des Partners. Altruistisch sorgt er viele Jahre für seine ältere Schwester und die jüngeren Brüder.

Herr *Kilian*, geb. 1946, erlebt von Anfang an seine Familie in einer schwierigen sozialen, verarmten Lebenssituation. Der Vater kehrt deutlich verändert aus dem Krieg zurück und lebt – sich abkapselnd – nur noch für die übernommenen Pflichten des Geldverdienens und der Erhaltung der Familie. Als fünfter Junge groß werdend, erlebt Herr K. seine Familie als »Fähnlein«. Der Vater hat nur zu dem 4 Jahre jüngeren und damit in der Nachkriegszeit geborenen Bruder eine engere Beziehung; der Patient selbst schafft sich über die Religion eine gewisse befriedigende Beziehung zur Mutter. Diese beherrscht und vertritt also – eingeschränkt durch die im Haus lebende und das Haus besitzende Schwiegermutter – ihre Familie nach außen wie die Verteidigung einer »Festung«. Die kargen materiellen Ressourcen wurden gleichmäßig an die Kinder verteilt; an Nähe kann sich Herr K. nicht erinnern.

Herr *Gochsheimer* wird 1947 unehelich geboren (dabei von dem biologischen Vater lebenslang nicht beachtet). Es folgen zwei frühe Jahre wochentags bei heißgeliebten Zieheltern. Vom 8. Lebensjahr an vorsichtige Annäherung an den Stiefvater, der dann im 14. Lebensjahr an den Folgen seiner Kriegsverletzung stirbt; dieser zieht jedoch die bald geborene jüngere Schwester vor. Der jähzornige, ihn ablehnende und ausbeutende Großvater bleibt der einzige während Kindheit und Jugendzeit anwesende Mann. Die Mutter, ihn teils weggebend, ihn teils verlockend, benutzt ihn ebenfalls als Partnerersatz. Ständig erfährt er bei Widerspruch Prügel.

Die Mutter von Herrn *Rabenstein*, geb. 1946, steht bei Kriegsende vereinsamt (Verlust des als Ehemann vorgesehenen langjährigen Freundes) und mittellos (ausgebombt und ohne Berufsmöglichkeit) da. Sie lehnt sich an seinen deutlich älteren Vater an, wodurch dieser gleichzeitig die weitere Entwicklung der Familie bestimmt. Trotz aller Versprechungen ist er nur zweimal längere Zeit wirklich anwesend. Die Mutter stützt sich auf seine Versprechungen, bis er akut in der Pubertät des Jungen eine andere Frau heiratet. Nur allmählich die materielle Verarmung überwindend, klammert sich die Mutter an ihren einzigen Sohn, der als »Schlüsselkind« aufwachsen muß.

Die 1944 gegen Ende des Kriegs geborene Frau *Wagner* überlebt eine schwere Erkrankung und die Flucht und wächst dann im zerstörten Berlin in einer Großfamiliensituation auf. Der aus dem Krieg verwundet und verändert zurückgekehrte Vater organisiert die Flucht und hilft der Familie zu überleben, stirbt dann aber 1952. Die Mutter, die bereits vor seinem Tod eine neue Beziehung eingegangen ist, bringt einen jähzornigen, die Mädchen ablehnenden Stiefvater ins Haus; er verbessert allerdings die materielle Situation deutlich. Die ältere Schwester und sie entsprechen nicht den Wünschen der Mutter, die ansonsten ihre eigenen Bedürfnisse altruistisch verbirgt.

Weitere wichtige Bedeutung kommt in der damaligen Situation den delegierten – nur teilweise unbewußt gebliebenen – Familien-Aufträgen zu:

- Die erstgeborenen oder einzig vorhandenen Kinder werden in die Position der »Großen« eingesetzt und dadurch frühzeitig parentifiziert, das heißt, die Jungen zum Mann-Ersatz und die Mädchen zur engsten Vertrauten gemacht. Diese Rollen- und Statuszuschreibung macht die Kinder zunächst stolz und erfreut sie (auch in der Konkurrenzsituation zu vorhandenen Geschwistern), aber überfordert sie aufgrund der Folgen und Anforderungen völlig (Übernahme entsprechender Funktionen und Verantwortungen, Mitarbeit, Sich-Kümmern um Haushalt und Finanzen etc.). Außerdem erfahren sie so teilweise eine große, »normale« Grenzen überschreitende Nähe – unterstützt noch durch die räumliche Enge nach dem Krieg.

- Weiterhin sollen sie als besonders tüchtige, fleißige, artige und gut erzogene Kinder den phantasierten, vermuteten oder auch (während des Urlaubs, durch Feldpostbriefe) geäußerten (Ideal-)Bildern der Väter entsprechen, insbesondere bei lang anhaltender oder dauernder Abwesenheit: »Wenn das dein Vater wüßte«, »Dein Vater wird stolz auf dich sein«. Damit suchten sich diese Mütter natürlich gleichzeitig eine moralische Unterstützung für ihre Erziehungsmaßnahmen.
- Außerdem gab es individuelle Aufträge. Frau Anna sollte durch ihre Zeugung die Existenz des Vaters (im Fall seines Todes) und der gegründeten Familie belegen und wurde später zum »Friedenskind«.
- Von Herrn Dietmar wurde zunächst die Rolle des Erben nach der Idealvorstellung seines Vaters (hart, zäh, aufrecht und tüchtig) abverlangt, dann abgesprochen und schließlich wieder für das weitere Erwachsenenleben auferlegt.

Schließlich darf die allgemeine Situation am Ende des Kriegs und in der direkten Nachkriegszeit nicht vergessen werden. Entwurzelung, Ausbombung, Flucht, Vertreibung und die Ungewißheit über die abwesenden Väter, Eltern, Geschwister und weiteren Verwandten sowie die Nöte der Existenzsicherung schufen offensichtlich im Erleben der Kinder eine Atmosphäre der Verzweiflung und der apathischen Resignation bis Erstarrung; man »funktionierte«. Ihre Väter – wenn überhaupt zurückgekehrt – blieben »Geschlagene und Verlierer« – in deutlichem Gegensatz zu den erlebten Soldaten der Siegermächte. Die zusätzlichen weitreichenden negativen Auswirkungen dieser Zeit auf Partnerschaften und Familienbeziehungen wurden von diesen Kindern ebenfalls deutlich registriert.

Alle Patientinnen und Patienten litten unter einer ausgeprägt beschädigten sowie auffallend eingeengten Identität. Sie verfügten alle über kein sicheres Gefühl im Sinn von »dies bin unverwechselbar ich«. Sich in der Regel nicht selbst mögend, waren sie sich im unklaren über ihre Wünsche und Bedürfnisse; dazu erlebten sie sich in ihren diesbezüglichen möglichen Phantasien deutlich eingeschränkt. Lange Zeit präsentierten sie sich mir zunächst durch ihre *auferlegten*, also delegierten Identitäten. Durch sie erfuhren sie – allerdings wie durch ein »Korsett« oder durch ein »Gefängnis« – eine gewisse Sicherheit. Selbst später, als dieser sie einengende Rahmen aus meiner Sicht nicht mehr bestand, erschien der Schritt »aus diesem Gefängnis heraus« lange Zeit schwer vorstellbar oder sogar unvorstellbar.

Zur Diagnose

Welche Diagnose ist für die Störungen dieser Patientinnen und Patienten zutreffend? Ihre Symptomatik, die sie in die Behandlung führte, erscheint wenig auffällig und insgesamt unspezifisch. Mein Eindruck dieser Patientinnen und Patienten war von Anfang an und für lange Zeit in der *Querschnittsperspektive* bestimmt durch ihr *freudloses bis resignatives, chronisch depressives und dazu altruistisches Funktionieren ohne Zukunftsperspektive – häufig kombiniert mit tiefsitzenden Ängsten.*

Die *Längsschnittsperspektive* zeigt für die Kindheit dieser Patientinnen und Patienten in der Kriegs- und Nachkriegszeit – 1985 schon mindestens 40 Jahre zurückliegend – keine eindeutige Symptomatik. Nach den familiären Erzählungen bestanden häufig Ängste, Angstträume, anklammerndes oder sich abkapselndes Verhalten mit vielfältigen – auch in der Schule sich zeigenden – Auffälligkeiten. Damals wurden offenbar die Verhaltensauffälligkeiten und Schwierigkeiten dieser Kinder teilweise überhaupt nicht wahrgenommen, zumindest rückwirkend in der Erinnerung als nicht wichtig angesehen. Die während der Behandlung noch lebenden Mütter äußerten sich auch bei Rückfragen eher vage; die noch lebenden Väter waren darüber nicht informiert.

Die Biographien verdeutlichen weiterhin, daß die Abwesenheit der Väter und die weiteren Einflüsse der Kriegs- und Nachkriegszeit diese Kinder in unterschiedlichen psychosexuellen und psychosozialen Entwicklungsphasen trafen und entsprechend beeinträchtigten. Die älteren Kinder (Carlberg, Radebold, Dietmar,

Larmek) verfügten noch über sicheres Wissen um eine ungestörte und (trotz bereits begonnenem Krieg) friedliche Kindheit. Die Abwesenheit des Vaters fällt in die ödipale Phase, oder der Vater ist von Anfang an immer nur kurzfristig während der Heimaturlaube anwesend. Für die anderen Kinder (auch für Herrn Geismar, geb. 1938, aufgrund seiner Krankheit) beginnt das Leben bereits in der Kriegssituation bei gleichzeitig abwesendem Vater. Für sie ist die damals erlebte scheinbare Normalität in Wirklichkeit eine von vornherein *pathologische Normalität*.

Zusätzlich weisen sowohl die während des Kriegs allein vorhandenen Mütter als auch die zurückkehrenden Väter vielfältige schwierige bis eindeutige neurotische Verhaltensweisen und Persönlichkeitszüge auf, wobei Ausprägung, Schweregrad und Akzentuierung bestimmt durch die Auswirkungen von Kriegszeit, Gefangenschaft und Nachkriegszeit (mit-)geprägt wurden. Keines dieser Kinder erlebte eine schwere Traumatisierung *direkt* mit, wie etwa schwere eigene Verletzung oder Vergewaltigung, Sterben eines nahen Familienangehörigen, Verschüttung oder Flächenbombardement mit Feuersturm – dagegen in vielfältiger Form und manchmal mehrfach direkten Beschuß, Tieffliegerbeschuß, Ausbombung, ständige Bombenangriffe, Flucht und Lageraufenthalt sowie schwerwiegende bis lebensbedrohliche Krankheiten.

Dieser Rückblick erlaubt zumindestens die folgenden Aussagen.

- Die schädigenden Einflüsse erfolgen in auffallend unterschiedlicher, jeweils sehr individueller Form – dabei fehlen einmalige, direkte, schwere »klassische« Traumatisierungen.
- Diese schädigenden Einflüsse treffen die Kinder in unterschiedlichen psychosexuellen und psychosozialen Entwicklungsphasen ihrer Kindheit – teilweise von Geburt an, in den ersten Lebensjahren oder zwischen dem 5. und dem 10. Lebensjahr.
- Die schädigenden Einflüsse erstrecken sich über lange, größtenteils mehrjährige Zeiträume und während des Verlaufs in wechselnder Intensität, wechselnder Kombination und wechselnden Auswirkungen.

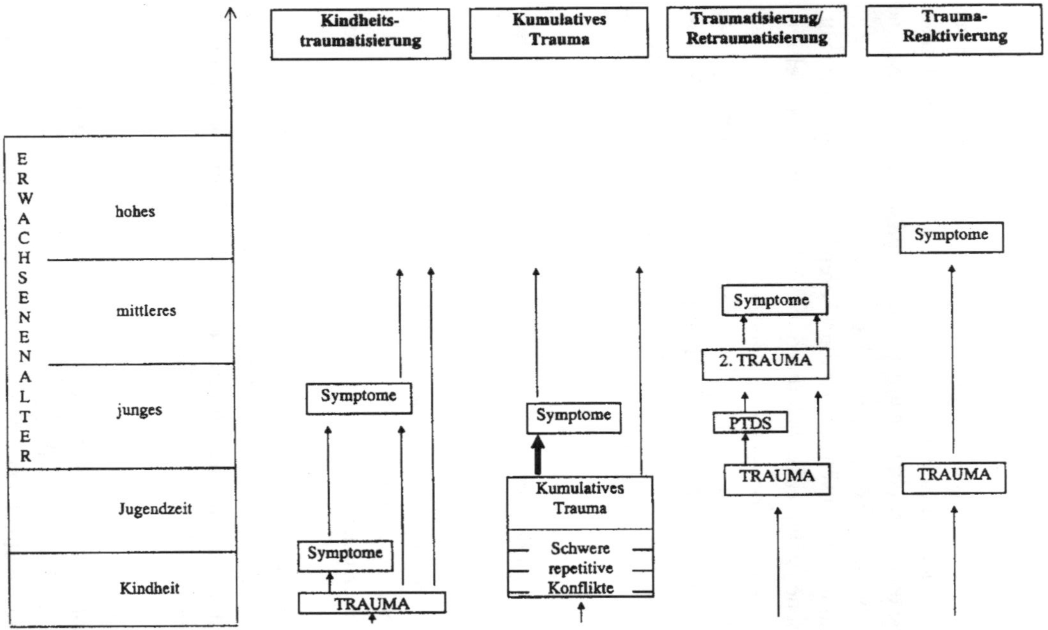

Abbildung 2: Auf den Lebensablauf bezogene Differentielle Psychotraumatologie (Quelle: Heuft 1999, S. 228).

Eine auf den gesamten Lebenszyklus bezogene Differentielle Psychotraumatologie (s. Abb. 2) verdeutlicht als entscheidende zu berücksichtigende Kriterien *kumulative Traumatisierungen* während der Kindheit.

Diagnostisch wurden die gezeigten Störungen früher der Kategorie der »traumatischen Neurosen« zugerechnet. Die jetzt vorliegenden Forschungsergebnisse der Psychotraumatologie und die diagnostischen Kriterien des ICD-10 verlangen den Versuch einer genaueren, wenn auch rückwärts bezogenen Zuordnung.

Die *Posttraumatische Belastungsstörung* (F43.1) wird folgendermaßen definiert: »Diese entsteht als eine verzögerte oder protrahierte Reaktion auf ein belastendes Ereignis oder eine Situation kürzerer oder längerer Dauer, mit außergewöhnlicher Bedrohung oder katastrophenartigem Ausmaß, die bei fast jedem eine tiefgreifende Verzweiflung hervorrufen würde. Prädisponierende Faktoren, wie bestimmte, zum Beispiel zwanghafte oder asthenische Persönlichkeitszüge oder neurotische Erkrankungen in der Vorgeschichte können die Schwelle für die Entwicklung dieses Syndroms senken und seinen Verlauf erschweren, aber die letztgenannten Faktoren sind weder notwendig noch ausreichend, um das Auftreten der Störung zu erklären.

Typische Merkmale sind das Erleben des Traumas in sich aufdrängenden Erinnerungen (Nachhallerinnerungen, Flashbacks), Träumen oder Alpträumen, die vor dem Hintergrund eines andauernden Gefühls von Betäubtsein und emotionaler Stumpfheit auftreten. Ferner finden sich Gleichgültigkeit gegenüber anderen Menschen, Teilnahmslosigkeit der Umgebung gegenüber, Freudlosigkeit sowie Vermeidung von Aktivitäten und Situationen, die Erinnerungen an das Trauma wachrufen könnten. Meist tritt ein Zustand von vegetativer Übererregbarkeit mit Vigilanzsteigerung, einer übermäßigen Schreckhaftigkeit und Schlafstörung auf. Angst und Depression sind häufig mit den genannten Symptomen und Merkmalen verbunden, und Suizidgedanken sind nicht selten.

Der Beginn folgt dem Trauma mit einer Latenz, die wenige Wochen bis Monate dauern kann. Der Verlauf ist wechselhaft, in der Mehrzahl der Fälle kann jedoch eine Heilung erwartet werden. Bei wenigen Betroffenen nimmt die Störung über Jahre einen chronischen Verlauf und geht dann in eine andauernde Persönlichkeitsänderung (F62.1) über.«

Eine derartige posttraumatische Belastungsstörung bezieht sich offenbar auf Menschen, die ihre Traumatisierung erst als Erwachsene erfuhren, das heißt, eine Struktur entwickelt hatten. Die von mir behandelten Patientinnen und Patienten wurden in der Kindheit belastet und zeigen davon abweichende Persönlichkeitszüge. Sie erfüllen aber auch nicht die Kriterien für die *Andauernde Persönlichkeitsveränderung nach Extrembelastung (F62.0).*

Sie wird folgendermaßen definiert: »Eine andauernde, wenigstens über zwei Jahre bestehende Persönlichkeitsänderung kann einer Belastung katastrophalen Ausmaßes folgen. Die Belastung muß so extrem sein, daß die Vulnerabilität der betreffenden Person als Erklärung für die tiefgreifende Auswirkung auf die Persönlichkeit nicht in Erwägung gezogen werden muß. Die Störung ist durch eine feindliche oder mißtrauische Haltung gegenüber der Welt, durch sozialen Rückzug, durch Gefühle der Leere und Hoffnungslosigkeit, ein chronisches Gefühl der Anpassung wie bei ständigem Bedrohtsein und Entfremdungsgefühl gekennzeichnet. Eine posttraumatische Belastungsstörung (F43.1) kann dieser Form der Persönlichkeitsänderung vorausgegangen sein.«

Die weiterhin im ICD-10 beschriebenen *Anpassungsstörungen (F43.2)* werden folgendermaßen definiert: »Hierbei handelt es sich um Zustände von subjektiver Bedrängnis und emotionaler Beeinträchtigung, die im allgemeinen soziale Funktionen und Leistungen behindern und während des Anpassungsprozesses nach einer entscheidenden Lebensveränderung oder nach belastenden Lebensereignissen auftreten. Die Belastung kann das soziale Netz des Betroffenen beschädigt haben (wie bei einem Trauerfall oder Trennungserlebnissen) oder das weitere Umfeld sozialer Unterstützung oder sozialer Werte (wie bei Emigration oder nach Flucht). ... Die individuelle Prädisposition oder Vulnerabilität spielt bei dem möglichen Auftreten und bei der Form der Anpassungsstörung eine bedeutsame Rolle; es ist aber dennoch davon auszugehen, daß das Krankheitsbild ohne die Belastung nicht entstanden wäre. ... Hervorstechendes Merkmal kann eine kurze oder längere depressive Reaktion oder eine Störung anderer Gefühle und des Sozialverhaltens sein.« In der Regel geht man hierbei von einer Dauer unter 6 Monaten aus, wobei verlängerte depressive Reaktionen bekannt sind.

Nach meinem Eindruck lassen sich die von meinen Patientinnen und Patienten gezeigten psychischen Störungen mehrheitlich als *schwere chronifizierte Anpassungsstörungen nach kumulativen Traumatisierungen in der Kindheit* ansehen (im Sinn von »Sonstige Reaktionen auf schwere Belastung« des ICD-10).

Unbeantwortet muß die Frage bleiben, ob diese Patientinnen und Patienten auch ohne diese Einflüsse der Kriegs- und Nachkriegszeit überhaupt und dazu in dieser Form und zu diesem Zeitpunkt erkrankt wären. Manche Persönlichkeitszüge und Verhaltensweisen einzelner Eltern sowie bestimmte Familienkonstellationen legen eine neurotische Entwicklung nahe. Hätten diese Eltern ohne Einflüsse der Kriegs- und Nachkriegszeit – die abwesenden Väter nicht zu vergessen – wirklich derartige ausgeprägte neurotisierende Verhaltensweisen und deutlich veränderte Persönlichkeitszüge gezeigt? Eindeutig bestand die Chance für eine deutlich andere Entwicklung – diese Chance wurde auf jeden Fall durch Kriegs- und Nachkriegszeit eingeschränkt und oft zerstört.

Die Psychoanalysen der in der Kriegs- und Nachkriegszeit Aufgewachsenen

Für mein Anliegen möchte ich nicht einzelne Behandlungsverläufe darstellen, sondern weitgehend übereinstimmende Aspekte beschreiben – differierende Aspekte werden zusätzlich benannt. Meine psychoanalytische Arbeitsweise verdeutlichte ich bereits mit Hilfe des gemeinsam publizierten Behandlungsberichtes über die Psychoanalyse einer bei Behandlungsbeginn 65jährigen Patientin (Radebold u. Schweizer 1996). Unabhängig von diesen hier wiedergegebenen Gemeinsamkeiten der Behandlungen ist für mich jede Psychoanalyse ein einzigartiger Prozeß mit einer jeweils einzigartigen Beziehung.

Behandlungsverlauf

Die *Phase des Mißtrauens als erste Phase* aller Behandlungen erstreckte sich über viele Monate bis sogar Jahre. Äußerlich anwesend nahmen die Patientinnen und Patienten regelmäßig (bezüglich der getroffenen Vereinbarungen sogar auffallend korrekt) ihre Stunden wahr – ich erlebte sie aber nicht als wirklich anwesend im Sinn einer sich entwickelnden (Übertragungs-)Beziehung. Ich wurde – was mir erst allmählich bewußt wurde – als eine mächtige, kontrollierende, beaufsichtigende, in der Regel eindeutig verurteilende und »in Wirklichkeit« ablehnende Instanz bei ständiger Angst vor Bestrafung mit nachfolgender Verstoßung erlebt. Die Patienten befürchteten nicht, so behandelt zu werden; sie waren sich weitgehend bis völlig sicher, so beurteilt und damit verurteilt zu werden. Als »Beweise« dienten mein Verhalten von der Begrüßung bis zur Verabschiedung, meine Bemerkungen, Deutungen und sogar der Klang meiner Stimme. Die Stunden wurden genutzt, Berichte – oft knapp, logisch aufgebaut bei deutlich ausgesparten Gefühlen und eigener vorauseilend entwertender Beurteilung – vorzutragen. So verliefen die Stunden auffallend zäh, mühselig und oft langweilig. Ich fühlte mich zunächst auch nicht aufgefordert, auf die Patientinnen und Patienten zuzugehen oder mich um sie zu bemühen. Ich assoziierte mich immer wieder als »Lehrer« oder sogar »Richter« – wie mir oft nachdrücklich in der Stunde bestätigt wurde.

Allmählich begriff ich: Diese Patientinnen und Patienten gestalteten ihre Analyse weitgehend wie die Arbeit in der Schule mit einem Lehrer. Diese Sichtweise und die davon abgeleitete (unbewußte) Interaktion ermöglichte ihnen auf Dauer, bei untergründig weiter bestehender Vorsicht und immer wieder wach werdendem Mißtrauen, eine geregelte Beziehung zu mir und half zusätzlich durch eingebrachte Leistungen – selbst nicht als gut, geschweige denn als besonders beurteilt – ausreichende Benotungen und im günstigeren Fall meine (positive) Aufmerksamkeit zu bekommen. Mit Lehrern konnte man offenbar in Kindheit und Jugendzeit, selbst wenn sie häufiger wechselten und wenig beeindruckten, als fast einzigen und dazu regelmäßig vorhandenen Männern geregelte Beziehungen aufnehmen und so vielleicht anerkannt werden.

Also »arbeiteten« wir – teilweise eben für auffallend lange Zeit. Allmählich eingebrachte Phantasien, Assoziationen und Träume wurden entsprechend »arbeitsmäßig« angegangen. Unverändert blieb im Hintergrund die sichere Vermutung über mich als beurteilende und verurteilende Instanz. Spontane Gefühle, Reaktionen und der Alltag außerhalb meines Behandlungsraums blieben »vor der Tür« (das heißt, sie schwanden auf der Treppe zum Psychoanalytischen Institut, in dem ich meinen Praxisraum hatte); sie wurden manchmal offenbar im Austausch mit anderen Patienten zugelassen oder erst nach der Stunde auf der Straße wahrgenommen. Auch die üblichen Pausen in den Analysen (Urlaub, Festtage) wurden zunächst eher als »Schulferien«, denn als unerwünschte Trennungen erlebt.

(Wahrscheinlich akzeptierte ich bei denjenigen Patientinnen und Patienten, die bis 1993/94 ihre Psychoanalyse begannen, diese erste Phase zu lange.) Zahlreiche bedrückende, schwierige und kummervolle Erinnerungen an meine eigene Schulzeit, Ausdruck sowohl der Gegenübertragung als auch Übertragung der eigenen Geschichte, stellten sich ein. Offensichtlich nutzte ich dieses Angebot meiner Patientinnen und Patienten zur Abwehr meiner weiteren schmerzlichen Geschichte – insbesondere als diese aufgrund der mehreren parallelen Behandlungen verstärkt wirksam wurde. Durch meine Selbstanalyse verkürzte sich bei der danach beginnenden Gruppe von Patientinnen und Patienten diese Phase deutlich.

Nach vielen Monaten (teilweise sogar Jahren) begann die *zweite Phase der vorsichtigen Annäherung.* Die Welt »außerhalb des Klassenzimmers und der Schule«, wie Ereignisse am Arbeitsplatz und in der Familie, kleinere Sorgen und Kümmernisse, kaum jedoch Spaß und weiterreichende Interessen bereicherten allmählich die Analysen; ich erhielt so langsam ein lebendigeres Bild des Lebens meiner Patientinnen und Patienten. Bruchstücke einer näheren Beziehung wurden spürbar, und ebenso bruchstückhaft erlebte ich mich als Mann wahrgenommen. Die Patientinnen zeigten – nur für kurze Zeit und eher mir bewußt verbergend – eine Flirtphase auf Distanz, wenn auch in ihren Träumen deutlich intensiver.

Wie kam es zu dieser ersten vorsichtigen Annäherung? Entscheidend waren offensichtlich meine verläßliche Anwesenheit, mein Interesse für ihre heutige alltägliche Welt und insbesondere für ihre bisherige Entwicklung, meine Container-Funktion, ihre Wahrnehmung meiner »mütterlichen« Anteile und mein eindeutiges Bestätigen zentraler gefühlsmäßiger Wahrnehmungen.

Meine verläßliche Anwesenheit wurde immer wieder vorbewußt überprüft (teilweise auch durch Zuspätkommen auf die Probe gestellt) und selbst im Rückblick auf bei mir hier gemachte eigene Erfahrungen kaum geglaubt.

Aufgrund der Angebote dieser Phase interessierte ich mich zunehmend für den heutigen Alltag dieser Patientinnen und Patienten außerhalb ihrer Analyse; ich fragte manchmal bei Sorgen oder Krankheiten nach Ausgang und Befinden oder wünschte gute Besserung. Als entscheidender erwies sich jedoch mein Wunsch, ihre gesamte bisherige Entwicklung kennen zu lernen, um mir ein inneres Bild der jeweiligen Biographie zu schaffen, welches ich dann jeweils zurückvermitteln konnte. Ich frage bei bestimmten Datierungen ausführlicher nach, schuf zwischen Daten bis dahin unbekannte Querverbindungen, half, bestimmte Daten in ihrer Wichtigkeit (Alter, Verhalten und Abwesenheit der Eltern während der Entwicklung oder auch die Lebenssituation der Eltern entsprechend dem jeweiligen Alter dieser Patientinnen und Patienten etc.) zu verstehen. Je plastischer, lebendiger und auch vollständiger diese innere Biographie bei mir wurde, desto besser wurde sie vermittelbar. Bis dahin bruchstückhafte Biographien wurden vollständiger – aber dadurch nicht heiler und akzeptabler.

Ebenso wichtig erwies sich meine »Container-Funktion«, das heißt, alle Informationen, Erinnerungen und Gefühle sowohl aus der bisherigen Biographie als auch aus der laufenden Analyse einschließlich der Phantasien und Träume für die Patientinnen und Patienten zu behalten und bei Bedarf jeweils wieder zur Verfügung zu stellen.

Meine mir vertrauten »mütterlichen« Anteile vermittelten sich offensichtlich durch das beschriebene Eingehen auf schwerwiegende Sorgen, Kümmernisse und Erkrankungen sowie durch mein Nachfragen nach Folgen und Befinden. Diese Patientinnen und Patienten erlebten während ihrer Analysen teilweise dramatische und bedrückende Ereignisse: Verlust der Eltern, schwerwiegende Erkrankungen (wie Herzinfarkte mit nachfolgenden diagnostischen und operativen Eingriffen, Krebserkrankung), vorgezogenes Ausscheiden aus dem Arbeitsprozeß und ausgeprägte Abgrenzungen von seiten der jetzt erwachsenen Kinder. Innerlich sorgte ich mich oft um ihr (Wohl-)Befinden und auch um ihr reales Überleben.

Auf diese »mütterlichen« Züge wurde unterschiedlich reagiert: Einerseits förderten sie – nach langen Jahren in der Übertragung wiederbelebt – frühere liebevolle Beziehungen aufgrund langfristiger Bündnisse zwischen Söhnen und Müttern; teilweise reaktivierten sie auch frühere Identifizierungen mit dem mütterlichen Aggressor und weckten so Mißtrauen, Vorsicht oder sogar Ablehnung. So erlebten mehrere Patientinnen und Patienten vorübergehend in der Übertragung einen »Zwei-Fronten-Krieg« gegenüber den sie verfolgenden und bedrohenden Vätern und zugleich den gefühlsmäßig nur wenig zur Verfügung stehenden Müttern oder fühlten sich wieder von ihren Müttern »eingefangen«.

Immer wieder zweifelten diese Patientinnen und Patienten an ihren mir gegenüber empfundenen Eindrücken, Wahrnehmungen und Gefühlen. In einigen für die jeweilige Psychoanalyse zentralen Situationen bestätigte ich diese dann. Zweimal wurde ich als »vaterloser Geselle« erlebt, das heißt, es bestand die Phantasie, daß ich ohne Vater aufgewachsen sei (was zutraf) und daß ich über die betreffenden Patientinnen und Patienten in einer Situation verärgert, verstimmt sei oder mich gekränkt fühlte (was ebenfalls zutraf). So begannen sie zunehmend mehr, eigene Gefühle als zutreffend und verläßlich anzuerkennen. Ebenso benannte ich immer wieder meine in der Gegenübertragung wahrgenommenen Gefühle, um ihnen zu gestatten, sie ihrerseits jetzt zuzulassen. So wurde mehrfach über schwere traumatisierende Ereignisse der frühen Kindheit sachlich berichtet (bekannt durch Erzählungen oder Tagebücher der Eltern, die mich wirklich erstarren ließen). In einer anderen Situation erlebte ich im Gegensatz zur sachlichen Schilderung heftige Vorwürfe, massive Wut oder tiefe Enttäuschungen. Ebenso erreichten mich in der Gegenübertragung offensichtlich nie zugestandene tiefe Traurigkeit, bittere Verzweiflung oder schmerzlicher Kummer – die mich dann hinter der Couch weinen ließen. »Ich werde plötzlich tief traurig (und fange an zu weinen), welchen tiefen Kummer dürfen Sie sich selbst nicht zugestehen?« Manchmal zunächst dadurch erschreckt, konnten gerade die Männer meine Gefühle annehmen und selbst reagieren.

Bei »Not am Mann« versuchte ich, auch außerhalb der psychoanalytischen Situation da zu sein und auch zu beraten. Herr Geismann erlitt ohne Vorboten einen schweren, lebensbedrohlichen Herzinfarkt. Als ich ihm bei meinem Telefonanruf spontan einen Krankenbesuch anbot – offenbar hatte er ein derartiges Angebot von mir nicht erwartet –, freute er sich sehr. Es wurde eine für ihn wichtige Stunde am Krankenbett. Als er sich dann voll tiefgreifender Ängste (aufgrund seiner Erfahrungen mit der »Eisernen Lunge« in der Kindheit) einer Bypass-Operation unterzog, entwickelte er in den ersten zwei Tagen danach wahnhafte Vorstellungen. Seine Lebensgefährtin telefonierte mehrfach mit mir und holte sich Rat.

Die *Suche nach dem Vater* (oder dem väterlichen älteren Bruder) *als dritte Phase* geschah dann in ihrer inneren Welt, in der Realität und zunehmend in der Übertragung. Weitere bis dahin für unwichtig gehaltene oder sogar bis dahin unbekannte Erinnerungen wurden – zunächst wiederum bruchstückhaft und zeitlich kaum zuzuordnen – bewußt; erstmals wuchs das Interesse an den Vätern und auch an ihrer Geschichte. Die noch lebenden Mütter, die Geschwister wie auch ältere Verwandte werden befragt; Fotos erneut oder sogar erstmals angeschaut (auch in die Analyse mitgebracht); erstmals dürfen vorhandene Briefe oder Tagebücher gelesen werden. Dazu wurden Orte möglicher oder erinnerbarer Gemeinsamkeiten mit den Vätern aufgesucht, bis hin zu Reisen in spezifische, mit der eigenen Vergangenheit in Beziehung stehende Orte und Landschaften (z. B. in die Region, in der der vermißte Vater wahrscheinlich begraben liegt). Erstmals werde ich in der Übertragung eindeutig als Mann wahrgenommen: Aussehen, Verhalten, Umgang bis hin zur Sprache, Kleidung, Ausstattung meines Arbeitszimmers, mein auf dem Hof stehendes Auto mit Phantasien über meine Tätigkeit als Hochschullehrer und meine weiteren Interessen.

Meine Wahrnehmung als Mann erfolgte jedoch zunächst – teilweise sogar für lange Zeit – als »Bruder«; das heißt, ich wurde als der »Bruder gewünscht«, nach dem man sich schon lebenslang als beschützendem Helfer gesehnt hatte. Mit diesem »Bruder« zusammen wurde es möglich, die Suche nach dem

Vater zu beginnen, zu intensivieren und sich gemeinsam das allmählich zusammenzufügende Bild anzuschauen.

Dagegen fehlen Phantasien über meine Frau, mögliche Kinder wie auch meine Bedürfnisse, Wünsche oder auch politischen Ansichten lange Zeit weitgehend bis fast völlig. »Geschwister« auf der Couch werden nicht bemerkt; offenbar werde ich unbewußt als alleinige zur Verfügung stehende Beziehung gewünscht.

Diese Suche nach dem Vater verlangt, das bisher durch die Mutter vermittelte Vaterbild zu hinterfragen, zu überprüfen und gegebenenfalls aufzugeben – um endlich ein eigenes Bild des Vaters zu erhalten. Bei gefallenen, vermißten oder bald verstorbenen Vätern verfügten die Mütter als weitgehend einzige Erwachsene über entsprechende Erinnerungen (Aussehen, Verhalten, Ansichten und politische Überzeugungen, Gefühle, frühe Biographie, Verhalten als Ehemann, Verhalten als Vater in der früheren Kindheit oder mögliches Verhalten als potentieller Vater). Die Mütter formten aufgrund ihrer zugelassenen (aber auch aufgrund der geleugneten, verdrängten) Erinnerungen ein bestimmtes Bild des Vaters. Dieses gaben sie weiter und nutzten es in ihrer oft schwierigen Situation nach dem Krieg auch als Erziehungshilfe. »Wenn das dein Vater wüßte«, »Dein Vater wäre jetzt stolz auf dich«. Sie beurteilten und verurteilten seine früheren Handlungen und sein politisches Engagement; ebenso entschieden sie über die in der Familie mögliche und damit zugelassene oder abzuwehrende Trauer. Bei spät aus der Kriegsgefangenschaft und dazu noch krank oder verändert zurückgekehrten Vätern kannten die Mütter diese Männer aus der Zeit davor; sie überbrückten diese Zwischenzeit bis zu seiner (oft ungewissen bis fraglichen) Rückkehr mit ihren Erinnerungen. Schließlich verfügten sie als fast einzige über das Wissen, wie sich diese Väter durch die Kriegs- und Nachkriegszeit verändert hatten.

Bei Vätern, die eindeutig zu den Tätern zu rechnen sind, bestand außerdem eine entsprechende be- und verurteilende öffentliche Sicht.

Schließlich verstanden die Patientinnen und Patienten jetzt, daß ihre Mütter bestimmte durch sie selbst geschaffene Bilder dieser Väter, ihrer Ehemänner, gebraucht hatten, um selbst mit ihrem Verlust, ihren Veränderungen und der gesamten Zeit nach dem Krieg zurechtzukommen. Die in der Familie verbotene Trauer über den Verlust war die Trauer, die sich die Frauen selbst verboten hatten.

Auf der Suche nach ihren Vätern erfuhren die Patientinnen und Patienten jetzt bisher bagatellisierte, lang verdrängte oder wirklich erstmals empfundene Gefühle, so

- heftige und bittere Vorwürfe wegen des allein Zurückgelassenseins als Kind, wegen des fehlenden Schutzes in der Kriegs- und Nachkriegszeit, wegen der dadurch erlebten Kränkungen, Abwertungen durch die Umwelt und in der Schule und auch wegen des Ausgeliefertseins an die Mütter;
- tiefe Enttäuschungen über die fehlenden oder ungenügenden Vorbilder, über die bekannt gewordenen Taten der Väter während des Kriegs, über ihre Handlungen nach ihrer Rückkehr nach dem Krieg (Rückzug von der Familie, Weggabe des Kindes ins Internat, ausschließliche Berufstätigkeit). Alle Bemühungen, die aus dem Krieg zurückgekehrten Väter durch Zuneigung, Liebe, Bemühungen oder zumindest schulische Leistungen zu erreichen, hatten in der Erinnerung kaum genützt;
- endlich zugestandene (wohl am meisten verdrängte) Sehnsüchte nach Vätern zum Anfassen, Umarmen, zum Spielen und Toben, nach Vätern als lehrende, beschützende und vorbildhafte Männer.

Der endlich zugelassene tiefe Kummer, die wiederbelebte damalige Verzweiflung und die zunehmende Trauer erlaubten den Patientinnen und Patienten schließlich, entweder jetzt von den toten Vätern Abschied zu nehmen oder sich nach überprüften früheren Bildern und aufgrund des unverändert als unmöglich erlebten Dialogs von den noch lebenden Vätern abzulösen.

Erst jetzt formulierbare Fragen betrafen eigene Schuld: Habe ich durch meine (ödipale) Rivalität den Vater vertrieben? Fühlte er sich dadurch abgelehnt und nicht mehr willkommen? Hat sich der Vater aufgrund des Verhaltens der Mutter (neue Beziehung nach dem Krieg, pausenlose Vorwürfe oder Verteidigung der erworbenen Autonomie gegen ihn) getrennt oder sogar selbst aufgegeben? Hat meine Mutter ihre eigenen Interessen über meine als Kind gestellt?

Die dargestellten Biographien dieser Väter verdeutlichen, daß es von diesen Vätern kein stimmiges, kohärentes oder sogar (ab-)geschlossenes Bild geben kann. Überprüfte eigene Erinnerungen, zugelassene widersprüchliche Gefühle sowie die Sicherheit eines eigenen, selbst erworbenen und damit stimmigeren Bildes ergeben jedoch einen (Portrait-)Rahmen, der ein *Bild dieses Vaters* mit vielen Farbschattierungen, geschwärzten Stellen und ebenso weißen (also unbekannten) Flecken umschließt. Dieses Bild kann man(n) nach jetzt gewonnener Sicherheit bei entsprechendem Wunsch so in dem inneren Raum aufbewahren – oder sogar weghängen!

Gestützt auf die jeweils individuelle Erfahrung mit einem – in der Übertragung und auch direkt in der Interaktion erlebten – verläßlich anwesenden und offensichtlich den Patienten oder die Patientin akzeptierenden (älteren) Mann (Vater, Bruder, Freund) wird die *vierte Phase der Suche nach erweiterter eigener Identität* in väterlicher Anwesenheit möglich. Diese Suche kreist immer wieder um folgende Fragen:

- Wer bin ich überhaupt, wenn die mir durch meine familiäre Geschichte, durch das frühe Erwachsenwerden nach dem Krieg wie auch durch das gesellschaftliche Verdikt auferlegten Anteile meiner Identität entfallen? Wer bin ich überhaupt, wenn ich nicht mehr die an mich delegierten familiären Aufgaben und Pflichten (z. B. als »große« Tochter, »großer« Sohn, als Mann-Ersatz) übernehmen muß?
- Welche Anteile meiner Identität stammen aus meiner zu weitreichenden Identifizierung oder einer zu weit gehenden Abgrenzung von meinem Vater (ebenso bei den Töchtern von der Mutter)?
- Habe ich meine Entwicklung und meine Welt zu lange, sogar weitgehend bis jetzt mit seinen (bzw. ihren) Augen gesehen?
- Welche Normen und (männliche wie auch weibliche) Ideal-

bilder trage ich aufgrund meiner Geschichte in mir und inwieweit habe mich ihnen ständig angepaßt?
- Was will ich selbst – jetzt und zukünftig?

Zunächst, für lange Zeit und immer wieder versuchten die Patientinnen und Patienten, mit Hilfe ihrer sich erweiternden und sicher werdenden Identität und nach Wegfall ihrer neurotischen Hemmungen jetzt endlich die angestrebten Lebensziele zu verwirklichen und immer mehr sich ihren Idealbildern anzunähern. Gestützt auf den erlebten Zuwachs an Identität und Stärke bewarben sie sich um höhere Positionen, begannen eine qualifizierte Weiterbildung mit dem Anspruch, Familie, (neue) Partnerschaft und Beruf intensiv weiter zu entwickeln, eine vorhandene oder jetzt erhaltene Leitungsfunktionen als Führungskraft kompetent und dynamisch auszufüllen, und ähnliches. Immer wieder fühlte ich mich verführt (wohl in gewünschter Identifizierung mit den Eltern dieser Patientinnen und Patienten und aufgrund meiner eigenen »Vater«position), diese Anstrengungen unreflektiert gutzuheißen oder sogar bejahend zu fördern. Welch (unbewußte) große Chance für diese Söhne und Töchter, so endlich die ihnen lange verwehrte, nicht mehr für möglich gehaltene »väterliche Anerkennung« doch zu noch erhalten. Zunehmend fiel mir dann auf, daß diese Bemühungen fast nur dem beruflichen Fortkommen galten. Weitere Ziele wie eine befriedigende, intensivere Partnerschaft, eine ausgefülltere Beziehung zu den Kindern, ein besserer, verwöhnender und mehr Rücksicht auf sich selbst und den eigenen Körper nehmender Umgang mit sich selbst, die Suche nach Interessen, Aktivitäten und Bedürfnissen (parallel zum Beruf, im allmählichen Rückzug vom Beruf und zumindest in der Phantasie für die Zeit nach dem Ausscheiden aus der Berufstätigkeit) fehlten fast völlig. Der in Kindheit und Jugendzeit vorgegebene (Lebens-)Weg, bisher nur mühsam gegangen, sollte jetzt quasi »gradlinig im Dauerlauf« fortgesetzt werden.

Meine beharrliche Frage: »Was wollen Sie jetzt? Was wollen Sie überhaupt?« ließ allmählich andere, weiterreichende Phantasien und Wünsche bewußter werden – sie wurden zunächst für die Zeit nach dem in der Phantasie weit hinausgeschobenen Ende der Berufstätigkeit als wünschenswert und möglich gedacht. Eigene Krankheiten (zwei Herzinfarkte, eine Krebserkrankung, ein Diabetes), schwerwiegende Krankheiten bei gleichaltrigen Verwandten, Freunden und Arbeitskollegen, wie auch der Tod von nahen Angehörigen (zweimal des Vaters und von Geschwistern) mit zunehmender Wahrnehmung einer möglicherweise nur noch begrenzten eigenen Lebenszeit bewirkten schließlich, sich dieser Aufgabe jetzt zu stellen. Die Patientinnen und Patienten begannen, sich verstärkt auch mit ihrem eigenen Älterwerden und möglichen Altsein auseinanderzusetzen. Wiederum begriffen sie zunehmend, daß die ihnen durch die Eltern (und auch Großeltern) vorgelebten Modelle insgesamt unbrauchbar, aber zumindestens für sie selbst ungeeignet waren. In dieser Situation des Suchens in einem bisher wenig zugelassenen, weitgehend unbekannten Bereich wechselten die Übertragungsangebote deutlich: Teilweise wurde ich als »Vater« gewünscht, der im Gegensatz zu den eigenen, lebenslang den beruflichen und familiären Aufgaben verpflichteten Eltern jetzt diesen Bereich akzeptiert, unterstützt und sogar fördert; teilweise wurde ich wiederum als »älterer Bruder« (in Wirklichkeit war ich ja nur wenige Jahre älter) gesucht, der zeigt, wie man befriedigt mit dem Altern zurecht kommt. Immer wieder wurde ich auch deswegen direkt gefragt. In dieser Zeit wurden mir allmählich eine (Ehe-)Frau, eigene Kinder wie auch weiterreichende private Interessen zugestanden (bestimmt unterstützt durch ein Interview in der Tageszeitung über meine Teilzeitarbeit als Hochschullehrer).

Die *fünfte und letzte Phase* dieser Analysen beinhaltete *Vertrautwerden mit der gewonnenen Identität* und *bewußten Abschied vom Vater*. Die Patientinnen und Patienten wurden sich allmählich ihrer eigenen Wünsche und Bedürfnisse, ihrer Forderungen an Partnerschaft, Kinder, Freunde, im Beruf und bezüglich eigener Interessen oder Aktivitäten und insgesamt ihrer erweiterten Identität sicherer. Sie begannen, diese verstärkt zu benennen, umzusetzen und damit auch einzufordern. So konnten Konflikte und Schwierigkeiten aufgrund des eigenen veränderten Verhaltens nicht ausbleiben. Neue berufliche Anforderungen, durch Krankheiten vorzeitig beendete Berufstätigkeit, Ablösung der erwachsenen Kinder, Beendigung einer Partnerbeziehung bedrohten als charakteristische Ereignisse des mittleren Erwachsenenalters immer wieder die erreichte psychosoziale Stabilität. Parallel dazu befriedigten die Suche nach eigenen Interessen, Bedürfnissen und Wünschen und der allmählich bessere Umgang mit sich selbst deutlich. Dieser Abschnitt der Analyse wurde offensichtlich genossen bei unüberhörbarem Bedürfnis, mit dem Analytiker als »Mentor« möglichst langfristig (um alte Wünsche zusammen mit dem endlich erreichten »Vater« oder zusammen mit dem »älteren« Bruder zu befriedigen) zu tun zu haben, aber auch die Welt gemeinsam zu erkunden. Meine Hinweise auf die anstehende Aufgabe, sich bewußt von mir abzulösen im Sinn einer erstmals bewußt einzugehenden Trennung vom »Vater« wurden lange Zeit überhört. Warum sollten man(n) (natürlich auch frau) sich aus einer Beziehung lösen, die endlich befriedigend und langfristig bestand?

Alle Patienten stellten sich schließlich bewußt dieser Aufgabe, selbst zu gehen, den Abschiedsprozeß gemeinsam mit mir zu durchleben und (jeweils höchst individuell) zu gestalten sowie mit allen wiederbelebten zwiespältigen Gefühlen zu trauern. Wichtig war für alle Patientinnen und Patienten, parallel zu dem bewußt vollzogenen Abschied eine stabile und verläßliche Beziehung zu mir zu behalten (wie erneut die im Sommer und Herbst 1999 durchgeführten Abschlußgespräche belegen).

Die lebenslänglich innerlich abwesenden Väter

Parallel zu den (langzeitig oder dauerhaft) *äußerlich abwesenden* Vätern begegnete ich in den Psychoanalysen mehreren lebenslänglich *innerlich abwesenden* Vätern, das heißt, sie waren äußerlich dauerhaft vorhanden, aber innerlich abwesend und damit für ihre Kinder seelisch nicht erreichbar.

Wie kann eine derartige Feststellung überhaupt und dazu noch aus rückwärts bezogener Sicht gemacht werden? Sie bezieht sich auf zwei nach ihrer Rückkehr aus dem Krieg seit der Geburt anwesende Väter (Anna, Kilian), auf einen sechs Jahre im Krieg abwesenden und dann ab 1945 anwesenden Vater (Dietmar) und einen seit Kriegsende anwesenden Vater (Kurzweg).

Der Befund eines lebenslänglich abwesenden Vaters wurde mir über die in der Behandlung befindlichen Söhne und Töchter vermittelt. Ich stütze mich für diese Annahme auf folgende Befunde:

- Diese Väter sind lebenslang (bei Anna noch bis heute) seelisch für ihre Kinder nicht erreichbar. Von seiten des Vaters (und damit wechselseitig) besteht weder eine nahe gefühlsmäßige Beziehung noch ein individuelles Interesse. Der Kontakt zum Vater wird nicht als eine persönliche Beziehung wahrgenommen – gleiche Schwierigkeiten erleben in der Regel vorhandene Geschwister. Die Väter zeigen sich enttäuscht über das Geschlecht, das Verhalten und das Aussehen ihrer Kinder. Nach ihrem Eindruck erfüllten diese Kinder nicht die an sie delegierten Aufträge. Daher bestand bei diesen Kindern kein sicheres Gefühl »Vater, ich bin dir als dein Kind so recht«.
- Teilweise völlig verstummt, taten diese innerhalb und gegenüber ihrer Familie »ihre Pflicht«, insbesondere durch Geldverdienen – Rückzugsorte waren Gärten, Kollegenkreis oder Ehemaligentreffen.
- Auffallenderweise erschienen diese Väter für die weitere Umwelt als versorgend und hilfreich; sie kümmerten sich um vielfältige Dinge und unterstützten (auch finanziell) andere Jugendliche und andere Personen. Die Beziehung zu ihren Kindern wurde häufig über die Mutter gestaltet, beispielsweise bestraften sie im Auftrag der Mutter, ohne sich bei den Kindern selbst zu informieren.
- Diese Väter entwarfen für diese Kinder kein prägnantes Bild von sich selbst.
- Im Verlauf des langen Behandlungsprozesses erfolgt keine Veränderung dieses Bildes, also keine (positiv oder negativ getönte) Differenzierung oder Erweiterung. Im Gegenteil

wurden rigide Distanz bis hin zu auffallender Kälte sehr viel deutlicher vermittelt und auch von mir wahrgenommen.

- In der Gegenübertragung bleibt das Bild dieser Väter (im Gegensatz zu allen anderen Vätern) völlig unverändert. Dieses Bild wurde nicht lebendig, nicht plastisch und blieb unverändert fremd.

Andere Väter dagegen – auch zurückgekehrte und sich abkapselnde (z. B. bei Geismann) oder später verstorbene (wie bei Gochsheimer) bieten ein anderes, allmählich lebendiger werdendes, differenziertes und sich erweiterndes Bild.

Zur Rekonstruktion der Biographie: Notwendige Fragen

Die dargestellten Biographien und insbesondere die vorhandenen statistischen Angaben über das Ausmaß möglicher Beschädigungen während Kriegszeit und Nachkriegszeit verdeutlichen die Notwendigkeit, als Psychotherapeut bei über 50jährigen spätestens nach dem Erstgespräch durch gezielte Fragen[22] die folgenden Sachverhalte abzuklären.

Das genaue *Geburtsdatum* ermöglicht die präzise Zuordnung zur Vorkriegszeit, Kriegszeit (1939–1945) und Nachkriegszeit.

Der *Geburtsort* weist auf eine mögliche Geburt in schwer und häufig bombardierten Großstädten und Industrieregionen sowie in ehemaligen deutschen Gebieten oder Ostblockländern hin.

Die Schilderung des *Aufenthaltes* in Kriegs- und Nachkriegszeit verdeutlicht Evakuierungen, Internats-, Heim-, Lageraufenthalte, Vertreibung, Flucht sowie Rückkehr an die früheren Heimatorte oder an andere Orte in der späteren BRD oder DDR. Fragen nach damaligen *wichtigen Ereignissen, Erlebnissen und Erfahrungen* belegen das ganze Spektrum möglicher (Mehrfach-)Beschädigungen. So etwa Fliegerangriffe, Ausbombung,

22 Vgl. Heinl 1994, S. 105–111; Scharwiess (1997) weist auf die Möglichkeiten von entsprechenden Genogrammen hin.

Evakuierung, Flucht, direktes Kriegserleben, Not, Hunger, Armut – in jeweils spezifischen Phasen der Kindheit oder Jugendzeit.

Fragen nach Funktion oder Status der Väter im Krieg, Vermißtenstatus, Tod oder Rückkehr (mit schweren Erkrankungen oder dauernden Beschädigungen) nach Kriegsgefangenschaft (Ort und mögliche Dauer) sowie Fragen nach Zivilgefangenschaft oder Verschleppung der Mütter und weiteren Familienangehöriger machen extrem unterschiedliche Lebensverläufe der Väter als *Täter, Mitläufer, Beteiligte* ebenso wie *Verfolgte, Beschädigte* und anscheinend *Unbetroffene* und ihre weiteren Entwicklungen in der Nachkriegszeit sichtbar.

Fragen nach der *sozialen Situation* und *Lebensumständen* am Kriegsende und in der Nachkriegszeit verdeutlichen die Familiensituation.

Fragen zu den noch lebenden (früh verstorbenen) älteren oder jüngeren *Geschwistern* und *weiteren Familienangehörigen* vervollständigen den Überblick über die damalige Zeit.

Diese gezielten Fragen sollen auf der einen Seite – ganz unabhängig von der möglichen und durch die Patientinnen und Patienten zugeschriebenen Bedeutung – die Tatbestände väterlicher Abwesenheit und schädigender Einflüsse von Kriegs- und Nachkriegszeit verdeutlichen und andererseits die gleichzeitig bestehende Möglichkeit einer trotz Kriegs- und Nachkriegszeit weitgehend ungestörten Kindheit abklären.

Auch bei den heute 35- bis 50jährigen interessiert die Biographie ihrer Eltern. Diese Fragen – jetzt bezüglich dieser Eltern gestellt, die ihre Kindheit oder Jugendzeit in der Kriegs- und Nachkriegszeit verbrachten – weisen auf die an die eigenen Söhne und Töchter weitergegebenen Erfahrungen, insbesondere aber auch Schädigungen, Identitätsprobleme sowie delegierte Wünsche hin. Genau erfragt, ermöglichen sie dieser Generation (jetzt endlich?), sich gezielt mit der Entwicklung der eigenen Eltern und ihrer damaligen Lebenssituation zu befassen.

Manchmal wird es während einer laufenden Behandlung erforderlich, die begonnene Suche zusätzlich zu unterstützen und durch eigene Anregungen zu fördern. So erweisen sich Zeichnungen von Fluchtwegen der Familie, wieder angesehene Familienfotos oder gelesene Familienchroniken, die Befragung von Zeitzeugen aus Verwandtschaft und Bekanntschaft, das Aufsuchen von »Landstrichen« der frühen Kindheit, von früheren Aufenthalten sowie von Gräbern oder Orten vermuteter Gräber als hilfreich, Erinnerungen und dazugehörige Gefühle wieder zu beleben oder nachzuerleben. Dazu gehört dann allerdings, daß wir als Psychotherapeutinnen und -therapeuten bereit sind, uns Fotos mit anzuschauen, Briefe und Zeitzeugenberichte zu lesen und uns wirklich im Einzelfall auch umfassend zu informieren.

Damalige Väter

In der zweiten Hälfte unseres Jahrhunderts wurde den Vätern zunehmend nur noch geringe Bedeutung für die psychosexuelle und psychosoziale Entwicklung ihrer Kinder zugemessen (vgl. Mitscherlich 1963). Aus soziologischer und sozialpsychologischer Sicht trugen dazu entscheidend Rollen- und Funktionsverlust, die Anonymisierung der Berufstätigkeit sowie die eigenständige Erwerbstätigkeit der Frauen bei. Die Frauenbewegung offenbarte die tiefgreifende Enttäuschung an der damaligen Männergeneration und beschleunigte die Emanzipation der Frauen – teilweise sogar unter Verzicht auf den Mann als Vater. Dazu machten die nach dem Krieg geborenen Generationen unüberhörbar und zu Recht ihre Väter für das Dritte Reich, den Zweiten Weltkrieg und seine katastrophalen Folgen (auch in den Ländern der Siegermächte) verantwortlich. Die Studentenrevolte von 1968 versuchte schließlich, die Macht dieser Väter zu beseitigen – mindestens aber weitgehend zu schwächen. Erst am Ende dieses Jahrhunderts wird den Vätern erneut zentrale Bedeutung[23] für die Entwicklung ihrer Söhne (und auch der Töchter) zugestanden.

Die Taten und die Beteiligung dieser Männer (als Täter, Mittäter, Mitläufer, Betroffene, Beteiligte, Beschädigte oder Verfolgte) wurden inzwischen weitgehend erforscht – wenn auch immer noch kontrovers diskutiert, man denke nur an die nicht

23 Vgl. Bly 1991, Corneau 1993, Friedman u. Lerner 1991, Ceen 1992, Oliver 1994, Osherson 1993, Petri 1997.

enden wollende Diskussion um die sogenannte Wehrmachtsausstellung. Inzwischen gilt die Zeit zwischen 1933 und 1945 als die am besten erforschte der deutschen Geschichte. Um diese Männer als damalige Väter und dazu während der Psychoanalysen als *unsichtbare und unbekannte Dritte* zu verstehen, bedarf es für dieses Thema zumindest einiger stichwortartiger Hinweise bezüglich ihrer Aufgaben für die kindliche Entwicklung,[24] bezüglich der damaligen Realisierungschancen und bezüglich ihrer eigenen damaligen (psycho)sozialen Entwicklung.

Der väterliche Beitrag zur Entwicklung und Identitätsbildung

Triangulierung, ödipale Konstellation und Identitätsbildung beschreiben entscheidende Stationen, um eine (vorläufige) eigene unverwechselbare Identität zu erreichen.

In der »Separationsphase« (zwischen dem 9. und 14. Monat) beginnt das Kind, sich schrittweise von der Mutter zu lösen und die Außenwelt, zu der jetzt auch der Vater gehört, zu erkunden. In der späteren Wiederannäherungsphase an die Mutter (noch im 1. Jahr) wird der Vater als eigenes, von der Mutter und sich selbst getrenntes Objekt wahrgenommen und gefühlsmäßig besetzt. Zur Überwindung der Ambivalenzspannung braucht das Kind eine weitere Person. Da der Vater in geringerem Maß von der kindlichen Ambivalenz betroffen ist, eignet er sich leichter als gutes und schutzbietendes Objekt, an das sich das Kind anlehnen kann. Dadurch hilft er ihm, seine symbiotischen Wünsche an die Mutter aufzugeben und sich aus den engen Bindungen an sie zu lösen. Mit Hilfe zweier voneinander getrennter Objekte wird die Überwindung der Symbiose möglich. Der mit Hilfe dieser *Triangulierung* erfolgende Reifungsschritt ist die notwendige Voraussetzung zur weiteren Individuation. Dabei

24 Vgl. Bohleber 1996, Friedman u. Lerner 1991, Mertens 1996 u. 1997, Petri 1996.

braucht der Junge mehr als das Mädchen die Identifizierungsmöglichkeiten mit dem Vater und seine Hilfe, sich aus dieser Verschmelzung mit der Mutter zu lösen. Sohn und Tochter erleben jetzt gleichzeitig durch den vorhandenen Vater das erste Modell »Mann«.

Wenn das Kind beide Elternteile als selbständige wichtige Bezugspersonen verinnerlicht hat, besteht weiterhin durch die »Über-Kreuz-Identifikation« die Möglichkeit, sich nicht nur mit dem gleichgeschlechtlichen, sondern auch mit dem gegengeschlechtlichen Elternteil zu identifizieren; das heißt für den Jungen, weibliche Anteile zu entwickeln und zu integrieren.

Aufgrund der (sexuellen) Wünsche an die Mutter erlebt der Sohn gegenüber seinem Vater ihm bisher unbekannte Gefühle von Neid und Rivalität, aber auch von Wut und Zorn. Die *phallisch-ödipale Konkurrenz* konfrontiert ihn sowohl mit den durch seinen Vater als auch mit den durch seine Mutter gesetzten Regeln zur Triebunterdrückung. Auf zunehmende Bestrafungsängste ob seiner sexuellen Wünsche folgen einerseits ihre Verdrängung und andererseits eine allmähliche Entwicklung des Über-Ich als Gewissensinstanz. Erst nach Überwindung des Inzest-Wunsches kann sich der Sohn nach aufgegebener Rivalität mit der Männlichkeit des Vaters identifizieren. Dieser Entwicklungsschritt leitet seine eigene psychosexuelle Identitätsfindung ein. Pubertät und Adoleszenz stellen dem Jungen die nächste (Entwicklungs-)Aufgabe: sich mit seinen aufgrund der Geschlechtsreife schnell anwachsenden und zunächst kaum beherrschbaren intensiven sexuellen und aggressiven Impulsen auseinanderzusetzen sowie gleichzeitig auf die eindeutigen Forderungen der Außenwelt zu reagieren.

Aus der Sicht heutiger psychoanalytischer Entwicklungspsychologie wird die *Identitätsbildung* als ein komplexer, störungsanfälliger Prozeß angesehen, der ein Leben lang eine seelische Integrationsarbeit erfordert: Identität ist nicht etwas, »was wir haben«, sondern etwas, »was wir uns immer wieder neu erwerben« (Leuzinger-Bohleber 1998).

Dabei sind folgende drei Bereiche bestimmend: Identitätsbildungsprozesse finden an der Schnittstelle zwischen äußerer und innerer Realität statt. Das Gefühl der Gleichheit und Kontinuität mit sich selbst ist zum einen abhängig von einem Vergleich mit sich selbst, von früheren Erfahrungen und deren Bewertung und Erinnerung, zum anderen aber auch von der Wahrnehmung von außen als »der immer noch gleichen Person«. Nach den ersten Identitätsbildungsprozessen in der frühen Kindheit im sogenannten »intermediären Bereich« (nach Donald W. Winnicott) bedarf der Jugendliche in der Adoleszenz als zweiter Phase der Individuation eines psychosozialen Moratoriums (nach Erik H. Erikson), um sich von den elterlichen Werten und Vorstellungen zu lösen und zu einer eigenen Identität mit einem eigenen Werteraum zu finden. In diesem Prozeß spielen Größenphantasien eine zentrale Rolle. Zum Beispiel muß der Jugendliche die Illusion ausbilden können, er sei ein wichtiges, aktives, mitgestaltendes Mitglied der Gesellschaft; dazu sollte er in seiner Phantasie seine eigenen »Weltentwürfe« und Wertsysteme entwerfen können, sonst wird er vorschnell auf eigene Ohnmachts- und Wertlosigkeitsgefühle zurückgeworfen. Das allmähliche Abarbeiten und schließlich der Verzicht auf derartige narzißtische Größenphantasien können nur durch die reale Erfahrung des persönlichen Erwünschtseins, des Gebrauchtwerdens erfolgen.

Parallel zu diesem – hier absichtlich zuerst beschriebenen – Prozeß muß der Junge auf seine zahlreichen (körperlichen) Veränderungen reagieren: Sein Körperwachstum nimmt in dieser Zeit sprunghaft zu; die Geschlechtsorgane funktionieren; der eigene Körper wandelt sich zunehmend. Das sinnliche Erleben steht unter dem Einfluß überflutender sexueller Impulse bei ansteigendem Aggressionspegel. Bekanntlich bedarf es eines langen Prozesses von Abwehr und Anpassung, um diesen Prozeß und die ihn begleitenden stürmischen Gefühle unter Kontrolle zu bekommen.

Der erste Vorläufer eines Identitätsgefühls ruht auf der Erfahrung, sich selbst im »Spiegel Mutter«, das heißt, in ihren Reaktionen auf das Selbst, zu erkennen. Es scheint daher zur grundlegenden Struktur von Identität zu gehören, daß sie nur in der Beziehung zu einem bedeutungsvollen Anderen gebildet werden kann. Die Erwartungen, die der bedeutungsvolle Andere an das

Selbst richtet, bilden später als soziale Normen und Werte den »inneren« Spiegel, vor dem sich Identität bilden kann. Daher sind für die spätadoleszente Entwicklung einer tragenden Identität Spiegelerfahrungen mit dem Liebesobjekt, aber auch mit weiteren wichtigen Personen (eben den Vätern) entscheidend.

Schließlich müssen von den vielen Identitätsentwürfen der frühen und der eigentlichen Adoleszenz jene ausgewählt werden, die als zugehörig und relevant für die ureigenste Identität empfunden werden. Diese Auswahl geht mit Trennungsprozessen einher: Man muß sich von früheren oder den ausprobierten Selbst- und Selbstidealentwürfen lösen, auch von »nicht (mehr) genehmen« Identitätsanteilen. Spiegel- sind daher nicht von Separationsprozessen zu trennen, denn sie stellen sogar die notwendige Voraussetzung dafür dar. Identitätsbildungsprozesse können nur gelingen, wenn die Grenzen zwischen Selbst und Objekt stabil entwickelt sind und nicht Gefühle wie Hilflosigkeit, Minderwertigkeit oder die Angst vor endgültiger Trennung und Verlust entstehen.

Bei psychischen Differenzierungs- und Trennungsprozessen spielen eigene aggressive Impulse und ihre Kultivierung eine große Rolle. Sonst würde eine Abgrenzung zwischen dem Selbst und dem Objekt, zwischen innen und außen, Phantasie und Realität nicht möglich.

»Den Sohn zu lieben, ihn zu fördern, Verantwortung für ihn zu tragen, ihn vor Gefahren zu beschützen, ihm Vertrauen zu geben und ihm Vorbild zu sein, war seit dessen erstem Schrei nach der Geburt sein (des Vaters) bewußtes Ziel. Nur so gelingt es ihm, nicht nur die Triebkräfte, sondern ebenso den Narzißmus des Sohnes zu bändigen. ... Voraussetzung dafür ist die ›konstante Führung‹. Die dabei unvermeidbar auftretenden Machtkämpfe fordern den Vater in seiner ganzen Stärke heraus, aber auch in seiner Liebe und Zuwendung, die oft auf eine harte Probe gestellt werden. Dieser Teil der väterlichen Verantwortung ist nicht auf eine bestimmte Entwicklungsphase beschränkt ... vielmehr greift die Autorität des Vaters bereits in der frühen Individuationsphase ein, in der die motorische Funktion und der kindliche Wille sprunghaft expandieren, und muß die folgende Entwicklung bis weit über die Pubertät hinaus ständig begleiten« (Petri 1997, S. 112). Der Vater wird so zum unverzichtbaren Objekt, an dem der Sohn seine Aggressionen erproben kann und mit dem er seine Konkurrenz auszutragen lernt (S. 115).

Die Besonderheiten der Vater-Tochter-Beziehung können hier nicht dargestellt werden. Auch »Töchter wünschen sich warmherzige, tolerante, verständnisvolle, verantwortliche, beschützende, versorgende, unterstützende und verläßliche Väter. Sie sollen stark sein, entscheidungsfreudig und kompetent ... so, wie die väterliche Liebe und Förderung die emotionale, intellektuelle und soziale Reifung begünstigen, sind auch die schmerzhaften Enttäuschungen für die Ausbildung des Wirklichkeitssinnes, die Entidealisierung und die Ablösung vom Vater notwendig« (S. 121).

Wenn der Identitätsbildungsprozeß ein Leben lang eine seelische Integrationsarbeit erfordert, so muß aus der Sicht einer auf den gesamten Lebenslauf bezogenen psychoanalytischen Entwicklungspsychologie (Radebold 1992, 1999) gefragt werden, welche Bedeutung den Vätern anschließend für das gesamte Erwachsenenalter ihrer Kinder im Sinn eines »Good Enough Fathering Throughout the Life-Cycle«[25] zukommt.

Der Vater – jeweils aufgrund des Generationszyklus in der Entwicklung um 25–30 Jahre voraus – zeigt seinen nachfolgenden Söhnen (aber auch seinen Töchtern) ein mögliches reales Modell, wie »man(n)« sich weiter entwickelt, insbesondere dadurch,

- wie er trotz der Wirren und Abgrenzungen infolge ihrer Pubertät und Adoleszenz die Beziehung zu ihnen verläßlich aufrecht erhält, weiterentwickelt und schließlich erwachsenengerechter gestaltet;

---

25 Vgl. Cath. 1991, Diamond 1994, Hinze 1996. Die lebenslange Bedeutung der Väter für die Entwicklung ihrer Söhne wurde bisher kaum erforscht. So führt die Bibliographie von E. Thompson, *Men and Aging* (1996) unter 778 relevanten Publikationen von 1978–1993 lediglich zwei auf, die sich entfernt mit dieser Thematik befassen.

- wie er Freundin und Freund und später Schwiegertochter und Schwiegersohn akzeptiert, in die Familie hineinnimmt und eine eigene Beziehung zu ihnen aufbaut;
- wie er seine Entwicklungsphasen vom mittleren bis zum hohen Alter durchläuft und bewältigt und wie er jeweils die anfallenden psychosozialen und psychosexuellen Entwicklungsaufgaben wahrnimmt;
- wie er sich die jeweils erforderlichen Lebensstrukturen (Levinson 1979) schafft und sich ihnen (im Bedarfsfalle) anpaßt;
- wie er lebenslang die intra- (insbesondere zur Ehefrau oder Partnerin, zu Geschwistern und Freunden) und die intergenerationellen (insbesondere zu seinen Eltern und Schwiegereltern und eben seinen Kindern, aber auch Enkelkindern) Beziehungen gestaltet und verändert;
- wie er bedrohliche Veränderungen (Arbeitsplatzwechsel, -verlust oder Ausscheiden aus dem Arbeitsprozeß oder Krankheiten) erträgt und bewältigt;
- wie er seinen Interessen und Fähigkeiten nachgeht, wie sich diese während des Lebensablaufs ändern und wie er parallel soziale Aufgaben und Verantwortung übernimmt;
- wie er den langen Prozeß seines Alterns gestaltet und dabei sowohl die bestehenden Möglichkeiten erforscht und ausschöpft als auch
- wie er auf die potentiell zunehmenden physischen, psychischen und sozialen Veränderungen reagiert und schließlich
- wie er stirbt.

Dieses durch den Vater vermittelte Modell ermöglicht *eine* Erfahrung. Bestimmt nicht immer als Vorbild anzusehen, gestattet diese Erfahrung jedoch dem Sohn, zukünftige eigene Entwicklungsphasen kennenzulernen, Anteile davon für sich zu übernehmen oder sich umgekehrt davon abzugrenzen sowie in eigenen innerlich unsicheren Situationen auf vorhandene männliche Vorbilder (und Vorbilder der Eltern insgesamt) zurückzugreifen. Bei lebenslang abwesenden Vätern und dazu noch bei ringsum fehlenden geeigneten Männern entsprechenden Alters bestehen diese Möglichkeiten für die notwendigen eigenen weiteren Entwicklungsschritte nicht.

Damalige Realisierungsmöglichkeiten

Welche dieser Aufgaben konnten die damaligen Väter für ihre Söhne (und auch für ihre Töchter) wahrnehmen? Der Mann als zukünftiger Vater fühlte sich verantwortlich für Ernährung, Unterkunft, Versorgung und auch Schutz seiner Frau und der zukünftigen Familie. Bestehende oder sich einstellende Sorgen, Ängste oder Selbstzweifel ebenso wie sich einstellende Schwangerschaftsbeschwerden wurden in der Regel als reale Probleme angegangen – jedoch kaum als seelische Probleme angesprochen.

Die väterliche Anwesenheit bei der Geburt war unbekannt; er wartete in der Klinik vor dem Kreißsaal oder kümmerte sich um die bereits vorhandenen Kinder. Körperliche Nähe zu seinen Kindern sowie anteilige Versorgung in den ersten Lebensjahren blieben ihm weitgehend unbekannt.

Die langen Arbeitszeiten machten es unmöglich, früh zu Hause zu sein und somit in der Woche am Familienleben teilzunehmen – selbstverständlich wurde damals auch am Samstag gearbeitet.

Erst die weitere geistige und motorische Entwicklung seiner Kinder bot dem Vater ab dem 3. Lebensjahr die Möglichkeit, sich aktiv zu beteiligen. Real und symbolisch gesehen – auf dem Schoß des Vaters sitzend, auf dem Platz am Eßtisch neben ihm oder an seiner Hand konnte insbesondere der Junge die Umwelt erkunden, sich erklären lassen, durch das väterliche Vorbild handhaben und schließlich bewältigen. Vom Schoß herunterkrabbelnd, sich zunächst noch am Hosenbein festhaltend, aber dann selbständiger werdend, lernte man die Welt der »Riesen« (der Eltern, der größeren Geschwister, aber auch der großen Tiere von Katze und Hund bis zu den weiteren Haustieren) kennen. War man müde geworden, trug einen der Vater (zumindestens noch zu Anfang) bei Wanderungen auf dem Rücken; war man ängstlich, nahm er einen auf den Arm; die Gefahren wurden geringer, und man befand sich in Augenhöhe – also auch gegenüber der Mutter. Manchmal konnte man mit ihm auch rumtoben, rangeln oder sogar spielen. Oft begleitete er seine Jungen zum Fußballspiel oder auf das Sportfeld, um stolz zuzusehen. Auf den – oft beklagten, angeprangerten und ermüdenden – Sonntagsspaziergängen oder Wanderungen konnten die Kinder weitere väterliche Interessen sowie oft sein (umfangreiches) Wissen kennenlernen.

Während der vielen Jahre der Kindheit und Jugendzeit bot der Vater die Chance, ein reales anfaßbares Modell kennenzulernen, wie man(n) lebt, sich verhält, sich benimmt, sich äußert, Beziehungen zu Ehefrau, Kindern, Eltern sowie Freunden und Arbeitskollegen gestaltet, mit Geld, Politik umgeht und vieles mehr.

Der Vater verfügte über geistige und körperliche, oft auch soziale Stärke; er konnte und vermittelte zahlreiche (praktische und handwerkliche) Fähigkeiten; er verfügte über Macht (zum Bestrafen, zum Belohnen und zum Beschützen) – oft besaß er auch draußen Ansehen und erhielt Anerkennung. So wollte man selbstverständlich auch damals ein »Mann wie Vati« werden oder einen »Mann wie Vati haben«.

»Was schätzen Kinder? Einen Vater, der lachen und spielen und trösten kann; einen, der seinen Kindern Mut macht und der sich Zeit nimmt, mit ihnen zu singen. Unvergessen: die seltenen Augenblicke körperlicher Nähe, die Freude darüber, einmal beim Vater im Bett liegen zu dürfen, die wenigen zärtlichen Umarmungen. In guter Erinnerung auch: Spaziergänge im Wald, das Sammeln von Pilzen und Beeren. Das höchste der Gefühle: einen Vater, der tatsächlich Anteil nimmt am Leben seiner Kinder, der sich ›einfühlen, mitdenken, mitgehen und mitfreuen kann‹. Selbstverständlichkeit ist das keine« (Feigl u. Pablé 1988, S. 11).

Schließlich bot er auch selbstverständlich durch seine Anwesenheit und sein »So-Sein« die Chance, sich abzugrenzen, in seinem Schutz (und dem der Familie) andere Wege zu gehen, Anteile von ihm zu übernehmen und allmählich die eigene Identität zu integrieren und sich letztendlich – wissend um die stabile Beziehung zu ihm – von ihm abzulösen.

Mit diesen Hinweisen auf die damals gegebenen Möglichkeiten dieser Väter sollen diese keineswegs idealisiert werden. Bestimmt gab es damals (wie auch heute) herrschsüchtige, tyrannische, brutale, gewalttätige, übergriffige, ihre Kinder vernachlässigende und häufig auch verlassende Väter, die durch ihre Verhaltensweisen ihre Kinder eindeutig schädigten. Ebenso müssen ihre Erziehungsmethoden – insbesondere unter dem Einfluß des Nationalsozialismus (vgl. Keim 1997) – kritisch hinterfragt werden.

Zur Entwicklung der »Väter«-Generation

Die Einführung einer (psycho)historischen Perspektive verlangt, die Entwicklung dieser damaligen Väter kennenzulernen. Trotz meiner kritischen Anmerkungen zum Generationsbegriff (s. S. 169 f.) ermöglicht seine differenzierte Anwendung, bestimmte historische Phänomene besser zu verstehen.

»In jeder Gesellschaft gibt es zwar eine demographisch beschreibbare Altersschichtung, das heißt, eine im wesentlichen quantitativ faßbare Kohortenstruktur von Gruppen Gleichaltriger. Diese Gleichaltrigen sind aber in unterschiedliche historische Kontexte hineingeboren worden und haben, was noch bedeutsamer ist, ihre entscheidende geistige Prägephase, ihre Adoleszenz unter Umständen höchst unterschiedlich erlebt und verarbeitet. Die damit geschaffene spezifische ›Generationslagerung‹ kann dann je nach der lebenslang wirksamen Durchschlagskraft der in dieser Prägephase erlebten und verarbeiteten Erfahrungen zu einem ›Generationszusammenhang‹, d. h., zu einer identifizierbaren Verhaltensdisposition mindestens bei Teilen bestimmter Kohorten führen. ... Diese mentalitätsgeschichtlichen Strukturen waren in Folge der krassen Brüche und Verwerfungen in der deutschen Geschichte des 20. Jahrhunderts besonders wirkungsmächtig und von zum Teil gravierender Bedeutung sowohl für vielerlei innergesellschaftliche Konfliktkonstellationen und Lösungsstrategien als auch für die lebensbezogene Sinnstiftung großer Teile einzelner, besonders augenfälliger Jahrgänge. ... Die ›Generation von 1914‹, geboren Mitte der 1880er Jahre bis ca. 1900, war stark geprägt zunächst von der Enttäuschung über die Hohlheit und unehrlichen Werte des Spätwilhelminismus, zugleich beunruhigt von den Erscheinungen des modernen Kapitalismus und der Massenzivilisation. Zum Teil romantische Kulturkritik und Ansätze von Aussteigertum, zum Teil auch Begeisterungsfähigkeit für das Konzept eines ›neuen Menschen‹, für Ideen der Eugenik und so weiter, beherrschten viele der zu dieser Generation gehörenden, besonders aus dem Bildungsbürgertum stammenden Personen um 1910; die bürgerliche Jugendbewegung des ›Wandervogel‹ war eine ihrer exemplarischen Ausdrucksformen, aber auch der Expressionismus und ähnliches. Ihre idealistischen Höhenflüge wurden dann jäh im Ersten Weltkrieg beendet; als ›verlorene Generation‹ kehrten die überlebenden, ja noch jungen Männer aus dem Krieg zurück: desillusioniert, voller Haß gegen die Weimarer Republik und gegen ›die Alten‹, die (wie Stresemann, geb. 1878, Erzberger, geb. 1875, Ebert, geb. 1871, Rathenau, geb. 1867) jetzt für den deutschen Niedergang verantwortlich gemacht wurden. ... Diese frustrierte, um ihre Jugend betrogene Generation umwarb dann Ende der zwanziger Jahre massiv die nächstfolgende Generation, die sich selbst um 1930 als ›überflüssige‹ Generation bezeichnete, die Altersgruppe der circa 1902 bis 1913 Geborenen. Als Kinder im Krieg aufgewachsen, vaterlos, erlebten sie die Jahre ihres Heranwachsens im Zeichen von Nachkriegskrise und Inflation und dann von Weltwirtschaftskrise und Massenarbeitslosigkeit. Sie fühlten sich nach Selbstaussagen als ›Enterbte‹, die aber – so redeten ihnen Demagogen und charismatische Führer aus der vorhergehenden Generation ein – eine ›Sendung‹, eine Mission für das deutsche Volk zu erfüllen hätten. Viele von ihnen erlebten die Lebensformen der ›Bündischen Jugend‹ und konnten dann den verlockenden Aussichten einer nationalsozialistischen Revolution nicht widerstehen. Ihnen werden ›Kühle, Härte und Sachlichkeit‹ nachgesagt. An soldatischen Idealen orientiert, versuchten sie ihre nicht vorhandene Fronterfahrung durch die ›Stilisierung des kalten, entschlossenen Kämpferideals‹ und durch das Trachten nach ›reinem, von Kompromissen freiem und radikalem, dabei aber organisiertem, unspontanem, langfristig angelegtem Handeln‹ zu kompensieren. Sie waren dann übrigens durchweg später die Eltern der ›68er‹! Dieser ›Jahrhundert-Generation‹ folgte dann die sogenannte HJ-Generation, geboren circa 1918 bis Ende der zwanziger Jahre, deren zentrale Erfahrungen neben der HJ-Sozialisation durch Krieg, Bombennächte, Flucht, Vertreibung usw. bestimmt waren. Ihr wurde bald nach dem Krieg bei den Alliierten eine Generalabsolution erteilt; sie und ihr jüngerer Ausläufer, die sogenannte ›Flakhelfergeneration‹, waren in West und Ost das wichtigste Aufbaupotential, an das sich die Zukunftsappelle um 1945/50 richteten. Nach der Überwindung der unmittelbaren Nachkriegsjahre waren sie die chancenreiche Erfolgsgeneration beim Wiederaufbau, geprägt einerseits von Bereitschaft zur Loyalität gegenüber den beiden neuen Staaten, andererseits aber auch von diffusen Schuldgefühlen und von Ängsten gegenüber den Kriegsgefahren in der Zeit des Kalten Kriegs. ... Dieser Generation wurde im Hinblick auf deren Haltung nach 1945 das Etikett ›suchender und fragender Generation‹ verliehen, ehe die dann um 1930/35 geborene als ›skeptische Generation‹ auf den Plan trat« (Reulecke 2000, S. 33 ff.).

Insgesamt wissen wir auffallend umfassend und detailliert über die allgemeine politische Entwicklung und über die Sozialgeschichte dieser Väter Bescheid, jedoch bis heute kaum systematisch über ihre Empfindungen, ihre Erlebnisse und insgesamt über ihre Alltagsgeschichte. Berichte über Psychoanalysen mit Männern dieser Generationen sind mir nicht bekannt, insbesondere solche mit Tätern oder überzeugten Nationalsozialisten. Ganz im Gegensatz dazu ist unser Wissensstand über die damaligen Mütter aufgrund der durch die Frauenbewegung angestoßenen Forschungen weitaus größer – inzwischen auch für ihre Alltagssituation und -geschichte.

Eine Chance des Abschieds

Wenn die jetzt erwachsenen Kinder versuchen, gegenüber ihren Vätern nicht nur beim Stadium der massiven Vorwürfe und radikalen Verurteilungen stehen zu bleiben, sondern sie auch in ihrer Entwicklung und der damaligen Situation kennenzulernen, dann besteht eine gewisse Chance für den Abschied.

»Am nächsten Tag fielst Du in eine Bewußtlosigkeit, aus der Du nicht mehr aufwachtest ... Ich wollte nicht mehr in Deiner Nähe sein, ich suchte Entfernung. ... In diesen elf Tagen durchlebte ich noch einmal die elf Jahre, die ich auf Dich gewartet hatte, meine Sehnsucht nach Dir, dann die Freude und bald die Verzweiflung, die immer bleiben wird wie auch meine Liebe zu Dir« (Anhalt 1992, S. 56).

»Als ich die Bücher und Bildbände über den Holocaust, den Zweiten Weltkrieg, die Waffen-SS, die SS, die ›Leibstandarte‹, den Krieg im Baltikum zusammenpackte, um sie in die Bibliothek zurückzubringen, fiel mir auf, daß ich es nicht mehr mit Erleichterung, sondern auch Bedauern tat. Ich hatte eine bestimmte Zeitspanne mit dem Vater verbringen können, weil das ›Jenseits-Büro‹ das ursprünglich vorgesehene, reguläre Zusammentreffen mit ihm übersehen hatte. Ich hatte ihn, wie es sich für eine ordentliche Liebesgeschichte gehört – für versäumte, darum nachgeholte, natürlich erst recht – verehren, verachten, begehren und hassen dürfen. Jetzt war die Frist um; Zeit, vom Vater, wie ich ihn nun kennengelernt hatte, Abschied zu nehmen« (Westernhagen 1987, S. 95).

Die Söhne können ebenso auf diese Weise jetzt noch von ihren Vätern Abschied nehmen – wenn sie sich auf diese lange Reise des (erneuten oder erstmaligen) Kennenlernens machen.

Die abwesenden Väter – ein Systematisierungsvorschlag

Bei den Erstgesprächen für eine gewünschte Psychotherapie oder Psychoanalyse wird häufiger die Bedeutung der Abwesenheit dieser Väter bagatellisiert; teilweise wird sie nur als Fakt erwähnt, teilweise überhaupt nicht benannt. Um sich selbst die Bedeutung und das Ausmaß dieser Abwesenheit bewußt zu machen, bedarf es im nachfolgenden zweiten oder dritten Gespräch der gezielten Nachfrage, um die jeweils spezifische Situation zumindestens bezüglich der äußeren Gegebenheiten genauer zu verstehen und sich über voraussehbare Auswirkungen auf die Behandlung (z. B. wahrscheinliche Übertragungsangebote) klar zu werden. Die Kinder und Jugendlichen wurden je nach Geburtsdatum unterschiedlich durch Kriegs- und Nachkriegszeit betroffen. Zander unterscheidet folgende Gruppen: 1. Die in der Kriegszeit Geborenen, 2. die bei Kriegsbeginn sechs und bei Kriegsende zwölf Jahre alt waren, 3. die 1933 bei Beginn der Hitlerzeit zehn bis dreizehn Jahre alt waren und bei Kriegsbeginn siebzehn bis zwanzig Jahre sowie 4. die Kinder, die gleich nach dem Krieg geboren wurden. »So wuchs von 1939 bis 1955 eine Jugend heran, die in ihren ersten Lebensjahren kein genügendes Vertrauen in die Welt gewinnen konnte und die in späteren Jahren die Zuwendung und Unterstützung der Eltern bei ihren tastenden Schritten ins Leben vermissen mußten« (1992, S. 138). Eine solche Einteilung erweist sich als hilfreich, um die traumatisierenden Einflüsse für die jeweilige psychosexuelle und psychosoziale Entwicklung zu erkennen, bedarf jedoch einer zusätzlichen Erfassung der abwesenden Väter. Dabei hat sich für mich die folgende Einteilung bewährt.

Zu den *endgültig abwesenden* Vätern zählen

- als erste Gruppe diejenigen, die *zwischen Zeugung und Ende des 3. Lebensjahres* ihres Kindes gefallen sind, vermißt wurden oder in der Kriegsgefangenschaft oder im Lazarett verstarben. Dieser Vater bleibt lebenslang ein »Geist«, manchmal sogar ein bedrohliches »Gespenst«. Dieses wird – abgesehen von Fotos und Briefen – in der Regel lediglich durch die Mutter belebt und mit Erinnerungen und Persönlichkeitszügen ausgestattet. Oft handelte es sich um die erste Schwangerschaft bei einer Kriegsheirat (vor dem Feldeinsatz oder während des Fronturlaubs) ohne längere Bekanntschaft oder aufgrund nur sehr kurzer Zeit einer Partnerschaft – diese Mütter verfügen dann selbst über keine längeren Erinnerungen. Sehr selten verfügen die Dreijährigen über vereinzelte – wahrscheinlich durch Erzählungen stabilisierte – Erinnerungen an ihre Väter.
- Die zweite Gruppe der endgültig abwesenden Väter bilden diejenigen, die *zwischen dem 4. und 10. Lebensjahr* ihrer Kinder gefallen sind, vermißt wurden, in Kriegsgefangenschaft oder im Lazarett verstarben. Die erstgeborenen Kinder verfügen über ausreichende bis viele (beim Tod des Vaters in ihrem späteren Alter über entsprechend zahlreichere) Bilder von und Erinnerungen an diese Väter, die allerdings weitgehend aus den kurzen Fronturlauben stammen. Die Mütter hatten entsprechend längere Beziehungen zu den Vätern und ebenso (falls vorhanden) die älteren Geschwister. Dadurch sind in diesen Familien zahlreiche zusätzliche Erinnerungen vorhanden mit oft detaillierten Kenntnissen über das Elternhaus mit den Großeltern und anderen Verwandten, über Kindheits- und jugendliche Entwicklung sowie über Persönlichkeitszüge, Interessen und vieles mehr.
- Die dritte Gruppe der endgültig abwesenden Väter stellen diejenigen dar, die *nach dem 10. Lebensjahr* ihrer Kinder gefallen sind, vermißt wurden oder in Kriegsgefangenschaft oder im Lazarett starben. Diese Kinder verfügen über sichere

eigene Erinnerungen aus der Vorkriegszeit und eher geringere von den Fronturlauben. Spätestens diese Kinder werden jetzt in die verpflichtende, vertraute oder sogar Partnersituation eingesetzt und damit frühzeitig zu Erwachsenen gemacht.

Bei der zweiten und dritten Gruppe schrumpft die mögliche Erinnerungszeit dadurch, daß diese Väter teilweise schon 1939/40 eingezogen wurden und nur noch zu Fronturlauben zurückkehrten.

Zu den *zeitweise abwesenden* Vätern zählen diejenigen, die nach langer Kriegszeit (eingezogen bereits 1939 oder 1940) oder langer Kriegsgefangenschaft (u. U. bis 1951) zu unterschiedlichen Zeitpunkten der psychosexuellen und psychosozialen Entwicklung ihrer Kinder zurückkehrten. Auf jeden Fall sind sie zunächst und oft sehr lange ihren Kindern »unbekannt«; häufig sind sie und bleiben sie chronisch, physisch und psychisch beeinträchtigt oder krank (also Invaliden); der soziale Aufstieg gestaltet sich öfter schwierig oder mißlingt. Sie erweisen sich in jedem Fall als ganz andere: Sie sind ganz anders, als man sie in Erinnerung hat oder sich nach den Erzählungen von Mutter und älteren Geschwistern vorstellt; die Kinder haben sich selbst verändert und befinden sich in heftiger Konkurrenz, ödipaler Auseinandersetzung oder pubertärer Ablösung. Die Väter empfinden sich selbst auch als veränderte Menschen, die den Aufgaben als Ehemänner, Väter und Ernährer so – zumindest für einen langen Zeitraum – nicht mehr nachkommen können. Ein kleinerer Teil dieser Väter stirbt später an den Folgen der im Krieg erworbenen Krankheiten und Verletzungen. Öfter trennen sich auch die Eltern, die Kinder verlieren ihre Väter erneut.

Als fünfte Gruppe lassen sich die *innerlich abgekapselten* und damit auf diese Weise dauerhaft psychisch abwesenden Väter beschreiben. Sie kamen als eher jüngere Erwachsene nach längerer Kriegsteilnahme äußerlich unversehrt zurück und setzten dann ihre berufliche Tätigkeit erfolgreich mit weiterem sozialen Aufstieg fort. Äußerlich erlebten ihre Kinder – auch im deutlichen Kontrast zu anderen Schicksalen – eine »heile Welt« ohne größere Einschränkungen oder Mängel. Diese Väter zentrieren sich auf ihre berufliche Arbeit, gestalten die Beziehungen zu ihrer Frau und ihren Kindern karg und verwirklichen erziehungsmäßig bestimmte, durch ihre Kriegserfahrungen offenbar bestätigte Erziehungsideale, die in fataler Weise an Hitlerjugend und Bund Deutscher Mädchen erinnern. Die gegen Ende des Kriegs oder danach geborenen Kinder können die offensichtlich erfolgten Veränderungen dieser Väter (innere Abkapselung bei äußerlich überspielendem und überaktivem Verhalten, z. T. mit Suchtzügen) nicht erkennen, da sie diese Väter nicht von früher kennen. Nur die Mütter kennen die Männer aus der Vorkriegszeit oder der Anfangszeit des Kriegs als deutlich andere und können diese Veränderung auch teilweise eindeutig benennen.

Behandlungsergebnisse

Ergebnisse aus der Sicht der Patientinnen und Patienten

Die anschließend beschriebenen Behandlungsergebnisse werden aus unterschiedlicher Perspektive dargestellt: aus der Sicht der Patienten aufgrund ihrer (teilweise wörtlich zitierten) Aussagen bei den ausführlichen Abschlußgesprächen im Sommer 1999, aus meiner Sicht als der des behandelnden Psychoanalytikers und in Hinsicht auf die Auswirkungen auf mich selbst.

Herr Geismann: »Der Aufbruch von der Hallig« – »Ich bin nicht nur mein Bein«

In seiner Psychoanalyse bis 1996 begriff Herr G. bald, daß er trotz gut funktionierender und geregelter Kontakte zur Umwelt in Wirklichkeit abgeschieden und behindert auf einer »Hallig« lebte, die immer wieder von beängstigenden Stürmen umtost wurde.

Dieses Bild verdeutlicht den langwierigen und mühsamen Weg, zusammen mit einem Mann den Wunsch nach dem »Fest«-Land zuzulassen, die Überfahrt zu wagen, zu landen und dieses Land bis hin nach Kassel (als heutigem Ort) kennenzulernen.

Die begonnene gemeinsame Reise wurde plötzlich durch einen schweren lebensbedrohlichen Herzinfarkt (keine Risikofaktoren bis auf eine unerkannte Fettstoffwechselstörung) in

Frage gestellt, der eine anschließende Bypass-Operation erforderlich machte. Diese belebte alle lebensbedrohlichen Erfahrungen mit der Kinderlähmung (Eiserne Lunge sowie die zahlreichen Operationen und Krankenhausaufenthalte) der Kindheit wieder. Als wichtig erwies sich, daß ich ihn im Krankenhaus umgehend besuchte und seine Partnerin mehrfach beriet, als er sich nach der Bypass-Operation paranoid bedroht fühlte und schwer depressiv reagierte. Die Folgen des Herzinfarktes erzwangen noch während der Analyse ein vorgezogenes – wenn auch teilweise schon für später gewünschtes – vorzeitiges Ausscheiden aus dem Beruf. Der schwierige Übergang in die Welt ohne Pflichten stellte die zusätzliche Aufgabe, die Beziehung neu zu gestalten und bisherige Interessen weiter zu entwickeln und neue zu erkunden.

Drei Jahre nach Beendigung seiner Psychoanalyse fühlt sich Herr G. insgesamt stabil, innerlich ausgeglichen und befriedigt. »Immer mal wieder gibt es Anflüge von Depressivität, die aber deutlich weniger bedrohlich als vorher sind, und ich kann sie auch besser steuern. Ich kann meine Situation akzeptieren und kann mir auch Gegengewichte schaffen.« Diese depressiv machenden Situationen hängen eng mit ernsthaften, sich jetzt zeigenden neurologischen Erkrankungen seiner Kinder, mit einer Verschlechterung der Bewegungserkrankung seiner Frau und der deutlicher wahrnehmbaren Hinfälligkeit seines Vaters zusammen – alle drei Ereignisse fordern immer wieder auf, sich mit fremder, aber auch eigener Krankheit und Behinderung auseinanderzusetzen, ebenso mit Gebrechlichkeit, Sterben und Lebensende. »Alles rückt näher an einen heran, und ich merke auch deutlicher meine eigene Begrenztheit.«

Die früher bestehende körperliche Symptomatik und insbesondere die schweren Migräneattacken sind weitgehend zurückgetreten (ca. noch in 10 Prozent vorhanden). Er bemerkt selbst, daß sie insbesondere in Situationen auftreten, in denen er sich zu wenig aggressiv wehren, behaupten und abgrenzen kann. Die Beziehung zur Partnerin ist stabiler und ausgeglichener; er konnte jetzt auch ihren Wunsch erfüllen, sie offiziell zu heiraten. Er kann sich ihr gegenüber besser behaupten und auch seine sexuellen Bedürfnisse besser verdeutlichen. Die Beziehung zu den Kindern – auch unter dem Eindruck ihrer Erkrankungen – sind stabiler, nahe und offenbar erwachsenengerecht. Die Beziehung zum Vater verbesserte sich weiter. Er kann mehr die Fähigkeiten und Fertigkeiten des Vaters schätzen, mehr mit ihm über die Vergangenheit reden, aber auch die eigene Sorge über dessen Gebrechlichkeit zulassen. Innerlich hat er sich jetzt auch weitgehend von seiner Mutter abgelöst und kann besser ihre sehr unterschiedlichen Seiten sehen und in das (Gesamt-) Bild von ihr integrieren.

Daneben gab es mehrere vorsichtige Versuche, Männerbeziehungen aufzubauen oder zu Freundschaften umzugestalten.

Die Bedeutung der Gehbehinderung ist weit zurückgetreten. »Ich bin nicht insgesamt behindert, sondern habe ein behindertes Bein.« (Innerlich akzeptiert, passen jetzt endlich nach vielen Jahren die leider notwendigen orthopädischen Schuhe.) »Mein inneres Bild und mein Verhältnis zu meinem Körper hat sich sehr stark verändert – meine Behinderung, also mein Hinken, habe ich so integriert, daß es anderen Menschen nicht mehr als etwas Besonderes auffällt.« (Er konnte seine Behinderung in seine inzwischen sicher erworbene »Zweitexistenz« als Clown – z. B. vor kranken Kindern spielend – gut integrieren.) »Ich bin nicht schuld an meiner Krankheit und muß deshalb auch keine Schuld abtragen.« »Ich darf so sein und auch so leben, ohne daß ich ständig irgendwelche Leistungen nachweisen muß.« Weiterhin kann er sich jetzt uneingeschränkt seinen literarischen Interessen widmen (kürzlich erschien ein weiterer Gedichtband) – »insgesamt sind die bisherigen Fluchten nicht mehr nötig.«

Frau Carlberg: Meine Psychoanalyse – »Das Abenteuer meines Lebens«

Frau C. wollte zunächst die Psychoanalyse keinesfalls bei einem Mann und dazu noch bei mir machen. Sie kannte ihre Beziehungsprobleme zu den Professoren der Universität, besaß manche Informationen über mich aus der Kasseler Szene und assoziierte mich als »unnahbaren Professor mit Rauschebart«. Die von ihr konsultierte Kollegin verweigerte sich jedoch dem Behandlungswunsch und verwies sie an mich. Ihr erster Einfall beim Öffnen der Praxistür war: »ein Psychiater, wie sie typischerweise bei meinem Vater umherliefen«.

Die Psychoanalyse wurde zu Anfang durch vielfältige schwierige Einflüsse und Ereignisse geprägt: äußere Trennung von dem Mann mit der Notwendigkeit völliger Selbständigkeit, Ablösung von den heranwachsenden Kindern bei einer schwierigen Tochter-Mutter-Beziehung, Umzug der alt gewordenen Eltern in ein Kasseler Seniorenheim sowie neue Beziehung zu einem Professor einer auswärtigen Hochschule (gleichzeitig der Aufspaltung der Übertragung dienend). Zwei Jahre später mußte Frau C. wegen einer Brustkrebserkrankung operiert und längerfristig nachbehandelt werden. Dazu erlitt ihr Vater mit 82 Jahren einen schweren Schlaganfall und lebte – nur noch rollstuhlfähig – noch längere Zeit; sie erlebte sein Sterben und seinen Tod intensiv mit. Daraufhin forderte die hinterbliebene Mutter von dieser in der Nähe lebenden Tochter in noch verstärktem Umfang anklammernd tägliche Anrufe, Hilfestellung und Unterstützung.

Frau C. entwickelte und verwandelte sich in ihrer Analyse bis zum 55. Lebensjahr in eine zunehmend selbstsichere, aktive, immer stärker das Leben genießende und erkundende Frau. Sie gestaltete ihre neue Beziehung nach eigenen Bedürfnissen mit ausreichender Selbständigkeit (eigener Wohnung) und erlebte erstmals eine intensive, befriedigende Sexualität. Sie lernte viele eigene Fähigkeiten kennen, entwickelte sie weiter und erprobte auch durch eine psychotherapeutische Fortbildung entsprechende eigene Möglichkeiten im klinischen Rahmen. Sie vermochte sich zunehmend aus ihren bisherigen Beziehungen zu lösen, sich besser abzugrenzen und diese – wenn auch nicht dadurch befriedigender – erwachsenengerechter (zur Mutter, zu den Kindern und den Schwestern) zu gestalten oder Abschied zu nehmen (vom Vater und vom früheren Ehemann). Dazu konnte sie sich adäquat mit der bedrohlichen Krebserkrankung auseinandersetzen. Die schweren Migräneattacken schwanden zunehmend.

Beim Abschlußgespräch im Frühsommer 1999 – 8 Jahre nach Analysenende – nimmt sie als jetzt 63jährige so Stellung: »In der unmittelbaren Folge des Endes der Analyse ging es mir verständlicherweise nicht so gut. Ich fühlte mich allein gelassen und war auch vielfach allein. Dann stellte ich zunehmend fest, ich komme doch gut allein zurecht. Im nachhinein hat die Psychoanalyse eine sehr große Bedeutung für mich gehabt – es war das Abenteuer meines Lebens. Allerdings bin ich davon überzeugt, daß ich viele heikle Dinge nicht ausreichend bearbeitete. Aber ich denke, bei der Fülle der damals anstehenden Themen konnte es gar nicht anders sein. Zu diesen heiklen Themen gehören der Bereich der Sexualität und meine damals sich schon abzeichnende zunehmende Aggressivität, die ich mir heute sehr viel mehr zugestehen kann und zulasse – unverändert ist die Rivalität zu meinen Schwestern. Aber ich weiß, womit es zu tun hat, und kann damit umgehen. ... Normalerweise hätte ich früher gesagt, was soll sich am Menschen noch mit 50 entwickeln. Rückblickend haben sich für mich noch ganz entscheidende Dinge entwickelt. Ich bin selbstsicherer geworden, habe seelisch noch Pfunde in jeder Beziehung zulegen können. Ich fing an, innere Zusammenhänge zu verstehen und bekam noch Freude an der Kunst (eigenes Aquarellieren und Teilnahme an einer Ausstellung). Ich traue mich im Schutz des Altwerdens sehr viel mehr und genieße meine Freiheit.« ... Sie berichtet dann noch von der sich immer anklammernder und schwieriger gestaltender Beziehung zu der jetzt wirklich alt gewordenen hypochondrisch ängstlichen Mutter, von der immer noch schwierig zu handhabenden Beziehung zu den beiden Schwestern und der sich weiterhin in Entwicklung befindlichen Beziehung zu ihrem Partner. Zu der psychosomatisch kranken Tochter besteht eine Bindung in Distanz, dagegen eine befriedigende zu dem jetzt erwachsenem Sohn. Sie ist sich ihrer Ängste vor dem Älterwerden wohl bewußt, fühlt sich aber gut ausgerüstet, diese neue Lebensphase kennenzulernen. – Die Migräne – selbst jetzt gedeutet als Ausdruck unterdrückter Aggressivität und unbefriedigter Sexualität – ist langjährig verschwunden.

Die Psychoanalyse bis 1996 half zunächst in einem langen schwierigen und mühseligen Prozeß, die innere und äußere Welt zu ordnen und allmählich nach eigenen, jetzt zugelassenen Wünschen und Vorstellungen zu gestalten. Dazu zählten insbesondere die endgültige innere und äußere Trennung von der ersten Frau, das vorübergehende Leben in einer eigenen Wohnung als Ausdruck zusätzlicher Selbständigkeit, das Erleben und die Gestaltung der neuen Partnerschaft sowie das Durchleben, Durchleiden, aber auch Formen der Beziehung zu den heranwachsenden Kindern (Sohn und Tochter). Zusätzlich kam entscheidende Bedeutung auch der Regelung der äußeren Welt (Auszug, finanzielle Situation, geordneterer Umgang mit dem eigenen Einkommen) zu.

Die nochmals durchlebte Beziehung zu dem Vater mit Bewunderung, tiefen Sehnsüchten, massiven Enttäuschungen und Vorwürfen und die weitere Suche nach geeigneten, zunächst wiederum idealisierten Männern ermöglichten schließlich, Abschied zu nehmen (selbst wenn die reale Suche nach dem bis dahin unbekannten Grab des Vaters ohne Erfolg blieb) und sich ebenso immer mehr von der noch lebenden Mutter abzulösen und sich auch gegenüber ihren Forderungen abzugrenzen. Gleichzeitig wurde ihm bewußt, in welchem Umfang seinerseits immer wieder Wünsche nach mütterlicher (auch finanzieller) Unterstützung und Hilfestellung vorhanden waren. Er konnte seine Kontakte besser und selbstbestimmter regeln und auch adäquater auf ihre endlosen Vorwürfe, Anforderungen und auch fast paranoiden Vorstellungen über ihre Umwelt reagieren.

In seiner beruflichen Welt gelang es ihm allmählich, sich besser gegenüber anderen Männern und Konkurrenten zu behaupten, eigene Positionen zu übernehmen und vorhandene Führungsqualitäten wahrzunehmen.

Beim Abschlußgespräch geht es ihm als jetzt über 50jährigen körperlich gut. Er berichtet über seine beruflich angespannte und immer wieder durch Veränderungen bedrohte Situation mit zunehmenden Anforderungen. Manchmal fällt es ihm schwer, aufgrund seiner hohen Identifizierung mit seiner Tätigkeit genügend Distanz zuzulassen. Die gleichzeitigen Erfolge kann er endlich genießen und annehmen. Die Beziehung zu seiner zweiten Frau erlebt er als stabil, befriedigend und anregend; er kann ihre Gemeinsamkeit jetzt genießen. In der neuen Familie bestehen wenig Krisen, allenfalls um die Kinder aus beiden Ehen und um das »alte Thema« Geld. Zu dem jetzt in der Adoleszenz stehenden Sohn besteht eine ausreichend stabile Beziehung, während die zur 13jährigen Tochter jetzt durch ruppige Absetzbewegungen ihrerseits gekennzeichnet ist.

»Ich bin mit der Analyse geschlossener geworden, das heißt erwachsener. Ich habe seit dem Ende der Analyse nie mehr das Gefühl gehabt, ich sei praktisch noch jung, Jugendlicher oder halb Erwachsener, sondern ich fühle mich so alt, wie ich bin. Ich kann zu meinem Alter stehen, sehe zwar die Schwierigkeiten, daß man im Falle der Arbeitslosigkeit als über 50jähriger nicht mehr vermittelbar ist, aber ich erlebe mich gesettelt, was mein Sein und damit mein Erwachsenensein angeht. Dazu habe ich auch keine Autoritätsschwierigkeiten mehr mit anderen Männern. ... Ich komme zu meinem Erstaunen, aber auch Erschrecken gut damit zurecht, daß ich jetzt manchmal schon der (Dienst-)Älteste« bin. In den letzten Monaten beschäftigte ihn mehr der Tod des Vaters in dem Sinn, daß er wirklich tot ist, nicht mehr da ist, und daß auch die Mutter in absehbarer Zeit sterben wird.

(Für mich hat Herr R. seit dem Ende seiner Analyse im Auftreten und Verhalten noch weiter an Sicherheit gewonnen, das heißt, er wirkt wie ein stabiler und selbstsicherer Mann mit eigener Identität von knapp über 50!)

Herr Dietmar: »Ich bekam eine Chance«

Im Abschlußgespräch nach seiner Analyse bis 1998 zieht Herr D. folgendes Fazit: »Ich fühle mich heute viel selbständiger, sicherer und eher in der Lage, mit eigenen Schwierigkeiten umzugehen. ... Ich habe deutlich mehr Autonomie und kann mich bewußter verhalten. ... Zu Anfang war ich ein Erbe, eine abgeleitete Persönlichkeit, die den Bedingungen nicht genügte, die auch nicht wußte, wo sie hin wollte und deren Lebensplan darin bestand – wenn überhaupt –, diesem Erbanspruch zu genügen. Ich hatte keinen aktiven und selbstdefinierten Weg. ... Ich habe jetzt einen aktiven Anteil an dem, was ich tue, was um mich herum passiert, stehe zu meiner Identität als Firmeninhaber.«

Herr D. lebt jetzt in einer stabilen, befriedigend gestalteten Beziehung mit seiner Partnerin, die er vor kurzem auch offiziell geheiratet hat. Von seiner ersten Frau hat er sich innerlich abgelöst; die Beziehung zu der Tochter (die ebenfalls mit erheblichen Schwierigkeiten und Symptomen kämpft) hat sich stabilisiert, er kann sie jetzt nach einem langen inneren Ablösungsprozeß in Verbindung mit heftigen Schuldgefühlen erwachsenengerechter gestalten. Er konnte sich innerlich noch von der Mutter und dem während der Psychoanalyse verstorbenen Vater trennen und auch bewußt Abschied nehmen. Endlich dürfen private Interessen zu ihrem Recht kommen (das heißt, er kann sie umsetzen, eigene finanzielle Mittel in größerem Umfang dafür aufwenden und sich freie Zeit dafür nehmen). Dazu ist er dabei, die Firma so umzustrukturieren, daß er mit Hilfe von Holding und Aufsichtsrat deutlich weniger durch die Alltagsgeschäfte in Anspruch genommen wird, und hat sich auch einen Nachfolger gesucht.

Unbefriedigend erscheint ihm weiterhin seine körperliche Situation. Nach Einstellen des Rauchens wurde es noch schwieriger, das Übergewicht zu reduzieren. Bluthochdruck und der inzwischen manifeste Diabetes bedürften einer konsequenteren Behandlung und eigenen Mitarbeit.

Seine lange Psychoanalyse bot ihm die Chance, als jetzt 60jähriger wirklich eine eigene Identität zu finden, selbstsicherer zu werden und sich weiter zu entwickeln – diese Chance konnte er nutzen.

Frau Anna: »Die Frau, die auszog, um das Fühlen (wieder) zu lernen – die Frau, die sich das Blaue vom Himmel wünschte«

Frau A. beurteilt ihren Zustand nach Abschluß ihrer Psychoanalyse bis 1998 als gut. Sie gewann eine sicherere Identität »jetzt fühle ich mich fester zusammengewachsen und kann mich deutlich abgrenzen. Ich bin getrennter von den anderen und kann die anderen dadurch besser wahrnehmen. Ich denke, ich weiß jetzt besser, was ich will und mit welchen Menschen ich etwas zu tun haben will und mit wem nicht.« Ihr Mißtrauen gegenüber anderen Menschen verschwand deutlich, und die Beziehung zu ihrem Mann besserte sich erheblich. »Auch als Frau fühle ich mich jetzt meiner selbst und meiner Wünsche sicherer – trotz aller Störanfälligkeit.«

Die Ängste und die vielfältigen Symptome sind weitgehend geschwunden. Sie kann sich selbst aus ihren ausgeprägten depressiven Erstarrungen – die vereinzelt noch auftreten – lösen. Manchmal zeigen sich noch schwere Kopfschmerzattacken (in Verbindung mit abgewehrter Aggressivität) und Blutdruckschwankungen. Das chronifizierte Ekzem ist weitgehend abgeklungen. »Es war für mich eine vorher unvorstellbare Erfahrung, daß sich ein Mensch viele Jahre geduldig und gütig wirklich für mich interessiert und sich engagiert hat, ohne mich zu bewerten oder mich zu verurteilen oder in eine bestimmte Richtung drängen zu wollen. Ich konnte mich erstmals auf einen Menschen verlassen und überhaupt wahrnehmen, wie sehr ich mich vorher davor geschützt hatte, mich in Beziehungen tiefer einzulassen.«

Die Bilder der noch lebenden Eltern haben sich nicht verändert; sie kann sich jetzt wirksamer gegen sie schützen und sich gegen sie abgrenzen.

Die beiden Leitsprüche weisen darauf hin, daß Frau A. das Fühlen wieder gelernt hat (obwohl die Gefühlslosigkeit noch als Schutzmechanismus zur Verfügung steht) und daß sie auch »das Blaue in ihrer Welt« sehen und genießen kann.

(Sie entwickelte sich für mich selbst zu einer deutlich lebendigeren, vergnügteren und auch vitalen Frau, die sich ihrer Weiblichkeit zunehmend bewußter wurde und gleichzeitig ihre Position als erwachsene Frau jetzt in ihrer sozialen und beruflichen Welt eindeutig wahrnimmt!)

Frau Wagner: »Nach der dunklen Nacht kommt der helle Tag – jetzt bin ich mir dessen sicher«

Durch ihre Analyse von 1992 bis 1997 erreicht Frau W. erstmals in ihrem Leben anhaltende innere Sicherheit, Stabilität und Selbstvertrauen bei verläßlicher Identität als Frau. »Ich habe jetzt wirklich sehr stabilen Boden unter den Füßen, bin sehr kraftvoll und fühle mich den vielen Aufgaben, die hier (am neuen Wohnort) auf mich eingestürmt sind, wirklich gewachsen. ... Ich kann jetzt dazu stehen, du brauchst dich nicht zu verstecken, weder mit deiner Kraft, noch mit deiner Angst. Meine frühere Identität schätze ich so ein, daß ich sehr viel Angst hatte vor Konflikten, vor undurchschaubaren Lebenssituationen, vor Aggressivität. Ich wollte festhalten, ich wollte vor allen Dingen es jedem recht machen. ... Dieses Bewußtsein ist seit Ende der Analyse ständig gewachsen.«

Während dieses Entwicklungs- und Veränderungsprozesses in der Analyse mußte Frau W. einige schwere Bedrohungen bewältigen: endgültige Trennung des Mannes, lebensbedrohlicher, unverschuldeter Autounfall (Intensivstation und längere stationäre Nachbehandlung), dauerhafte Querschnittslähmung der herangewachsenen Tochter nach Unfall. Gleichzeitig starb die zunehmend dement und pflegebedürftig gewordene Mutter.

Sie entschied sich außerdem, die kirchliche Lebensgemeinschaft zu verlassen, und baute sich jetzt in der Stadt ihrer Kindheit selbständig eine neue Existenz auf.

Zentrale Bedeutung kam dabei der Wiederbelebung der Beziehung zum Vater zu. »Zu Beginn meiner Analyse hatte ich überhaupt kein inneres, sondern nur ein sehr diffuses Bild von ihm. Dieses Bild hat sich vollkommen verändert. Ich sehe meinen Vater heute deutlich vor mir und habe ein inneres Bild – ich kann sogar von ihm träumen (in dem Alter, in dem er war, als ich 6, 7 oder 8 Jahre alt war). Dieses Bild vom Vater umfaßt zahlreiche herzliche, nahe Erinnerungen, die Auseinandersetzung mit seinen schwierigen, poltrigen und harten Seiten, die Anerkennung seiner musischen, künstlerischen Fähigkeiten sowie das Wissen um seine politische Einstellung von der anfänglichen begeisterten Zustimmung zum Dritten Reich bis hin zur kritischen Distanz aufgrund der schlimmen Kriegserlebnisse.«

Entsprechend veränderten sich auch die Beziehungen zu den anderen Männern:

- innere (von ihren Verschmelzungswünschen) und äußere Ablösung von ihrem (Ehe-)Mann bei weiter bestehender gemeinsamer Verantwortung für den adoptierten Sohn und die querschnittsgelähmte Tochter;
- stärkere Akzeptanz des jetzt in einem Pflegeheim lebenden Stiefvaters, »ich kann mich abgrenzen, ihn besuchen, ihm ab und zu helfen, aber mich nicht so in die Pflicht nehmen lassen, wie ich es früher bestimmt getan hätte«;
- allmähliche Ablösung von dem idealisierten Onkel väterlicherseits und
- Aufbau einer gleichwertigen Beziehung zu einem gleichaltrigen Mann, die deutlich größere »Lebendigkeit«, Leichtigkeit, mit intensivem Erleben von Gefühlen, von Gemeinsamkeit und von Sexualität, ermöglicht.

Daher konnte sie auch bewußt von den erstgenannten Männern – wie auch von mir als ihrem Psychoanalytiker – Abschied nehmen.

Ebenso veränderte sich die Beziehung zur (zwischenzeitlich verstorbenen) Mutter, deren schwierige Seiten sie besser sehen und deren liebevolle sie jetzt wieder zulassen kann. (Das innere Bild beider Eltern ist jetzt sicher, stabil und in sich abgeschlossen.)

Damit wurde es auch möglich, die Beziehung zu der zwei Jahre älteren Schwester gleichberechtigter zu gestalten und ebenso erwachsenengerechter zu der querschnittsgelähmten Tochter, die mit ihr – sich selbständig versorgend – zukünftig im selben Haus wohnen wird.

Herr Larmek: »Teja«[26] kann seine Rüstung ablegen

Die Psychoanalyse von 1990 bis 1995 erlaubte Herrn L., sich endlich und weitgehend abschließend mit seinem Vater und der Bedeutung für die eigene Lebensgeschichte auseinanderzusetzen. Dieser Prozeß erfolgte mit Hilfe vielfältiger Übertragungen und auftauchender Erinnerungen aus der frühen Kindheit (nie wurden dabei in der Analyse die Taten des Vaters als hoher Offizier der SS in Frage gestellt, abgeschwächt oder sogar geleugnet). Die Analyse schuf einen Rahmen für das Bild des Vaters mit vielfältigen Farben, großen schwarzen Flecken und unbekannten, weiß gebliebenen Regionen. Jetzt konnte er sich vom Vater endgültig ablösen – unverändert von seiner Geschichte betroffen, aber ein innerlich eigenständiges Leben führend.

Die intensive ödipale Beziehung zur Mutter mit ihren vielen Schattierungen konnte zugelassen und ihre Wiederholung in den nachfolgenden Frauenbeziehungen bis heute verstanden werden. Dadurch konnte er die Beziehung zu seiner zum Abschluß der Analyse noch lebenden Mutter erwachsenengerechter gestalten. Als schwieriger erwies es sich, die Position des älteren, fürsorglich versorgenden Bruders gegenüber den jüngeren Brüdern und den älteren Schwestern sowie der jetzigen Partnerin aufzugeben, zumindest deutlich abzuschwächen. Immer wieder erlebte er sich (auch durch reale Schwierigkeiten der Geschwister) aufgefordert, vielfältig, auch seine finanziellen Möglichkeiten übersteigend, zu helfen. Er konnte sich von seiner ersten Frau innerlich trennen und eine stabile Nachehebeziehung gestalten. Ebenso stabilisierte sich die Beziehung zur Tochter. Dagegen veränderte sich die hochambivalente, immer wieder in der Intensität schwankende Beziehung zu der neuen Partnerin nur sehr allmählich und für ihn nicht ausreichend be-

---

26 Teja ist eine Figur aus dem Roman »Kampf um Rom« von Felix Dahn. Als letzter Führer im Kampf der Goten gegen die Römer weiß er von Anfang an um sein Schicksal. Gekleidet in eine schwarze Rüstung, erreicht er durch den zu seinem Tod führenden Zweikampf den Abzug seines (Rest-)Volkes.

friedigend. Erst in einer weiteren Beziehung (bei nicht abgelöster, teilweise weiterbestehender vorhergehender) gelang es ihm, seine vielfältigen (auch sexuellen) Bedürfnisse einzubringen und auch nachhaltig zu erleben.

Das Leben von Herrn L. (und damit auch seine Psychoanalyse) wurde zweimal durch Herzinfarkte erheblich bedroht. Diese erforderten die Beendigung seiner Hochschullehrertätigkeit, aber boten auch gleichzeitig Möglichkeiten einer anderen, freieren Lebensgestaltung mit der Verwirklichung vieler Lebenspläne bei allmählich aufgebender zwanghafter Arbeitsbesessenheit. Die frühe Symptomatik schwand weitgehend.

Das Ende der Psychoanalyse fiel mit Aufgabe der Berufstätigkeit, Wegzug und Intensivierung der bereits eingegangenen Partnerbeziehung (allerdings ohne ausreichende Aufgabe der bisherigen) zusammen.

Beim Abschlußgespräch im Sommer 1999 berichtet Herr L., daß er sich körperlich stabil bei besserer Befindlichkeit erlebt. Nach einer euphorischen Anfangsphase bestanden immer wieder schwierige innere Kämpfe, Befindlichkeitsschwankungen mit stark depressiven Tönungen, die allmählich abnahmen. Er sieht sie in engem Zusammenhang mit den radikalen und weitreichenden Veränderungen seiner Situation: Aufgabe der Berufstätigkeit, Neugestaltung der Beziehung, Tod der Mutter und immer wieder eingeforderte Hilfestellung für einen jüngeren Bruder. Trotz dieser erlebten psychischen Belastungen fühlte er sich in der Lage, zu reagieren und sie zu bewältigen. Er genießt seine jetzt absolut selbstbestimmte Form intellektueller Arbeit mit einem freieren Zustand von Produktivität. »Die Analyse war für mich unverzichtbar. Sie war eine unglaublich bedeutsame Zuwendung an und auf mich selbst. ... Ich bin mit mir insgesamt in einer relativ bescheidenen Form zufriedener. ... Meine schwankenden, stark nach den Polen ausschlagenden Tendenzen, einerseits noch sehr viel zu wollen, andererseits doch ziemlich rigide dann wieder etwas abzubrechen und mich selbst in den Schatten zu stellen, haben sich erübrigt. ... Ich sehe nach wie vor meine Identität auch in den Dimensionen wie Widersprüchlichkeit, Gespanntheit, aber auch in den Einsichten in eine bestimmte Form von durchaus auch negativ empfundener Geprägtheit durch die Lebensgeschichte und Biographie. Das alles ist in meinem Bewußtsein und noch stärker als früher hineingenommen. Das gehört jetzt zu mir, aber es ist doch ein etwas freundlicheres Bild, was ich auch von mir habe. ... Diese etwas kleinformatige Selbstsicht macht mich freundlicher, läßt mich auch besser aushalten.« (Für mich strahlt Herr L. jetzt eine unverwechselbare eigene Identität aus, derer er sich auch sicher ist und die er auch der Umwelt vermittelt. Teja, die Figur aus dem Roman von Felix Dahn, konnte nur das auferlegte Schicksal vollziehen. Herr L. konnte seine schwarze – die Farbe der SS!–, ihn zunehmend einengende und lebensunfähige machende Rüstung endlich ausziehen und ein weitgehend eigenbestimmtes Leben beginnen und allmählich realisieren. Die Beziehungen zu seiner Umwelt – erste Frau, Tochter, Geschwister, Kollegen – wirken erwachsenengerecht; die Problematik der weiterbestehenden Dreiecksbeziehung ist unübersehbar und hält an. Nach überstandener und auch bewältigter körperlicher Krankheit wurden die bestehenden weiteren Lebensmöglichkeiten erkundet und auch allmählich genossen.)

Herr Kilian: »Die Nebel lichten sich«

Nach Abschluß seiner Psychoanalyse im Jahre 1986 beurteilt Herr K. beim Abschlußgespräch im Herbst 1999 seine weitere Entwicklung und seine jetzige Situation so: »Nach der Ablösung hatte ich das Gefühl, ich bin stark geworden, ich kann was, ich bin wer, ich brauche mich nicht mehr vor mir und der Umwelt zu verstecken, und ich brauche mich nicht zu schämen, daß ich da bin. ... Natürlich gab es auch Tiefen, wie meinen Zustand nach der schwierigen Bandscheibenoperation mit langer Nachbehandlung, manchmal auch stimmungsmäßig. Vom Gefühl her bin ich stabil. Ich habe meine Rolle und auch mein Alter von 53 sowohl im Privaten als auch im Beruflichen angenommen und entdecke mich als Mentor für andere. ... Ich glaube schon mit 53 Jahren, daß ich etwas darstelle und etwas innerlich ausfülle, was rund ist und stimmt.« (In einer langfristigen beruflichen Überforderungssituation 1994 holte sich Herr K. noch einmal kurzfristig Hilfe mit einer beratenden Supervision bei einem psychoanalytischen Kollegen.)

»Ich habe in meiner Psychoanalyse etwas Elementares oder Basales nachgeholt. Ich bin knapp, karg und arm an väterlicher Betreuung groß geworden. Bei Ihnen bekam ich das Gefühl, es geht um mich, regelmäßig und verläßlich. ... Da war ein Mann, der hört zu, der wartet auf mich. ... Außerdem wollte ich zu einem Mann, der aufgrund seiner Biographie als Professor gezeigt hat, daß er auch unter Männern etwas darstellt und auch im Leben nicht nur ein Verlierer ist oder so ein gedrückter Mensch, sondern der seinen Platz gefunden hat. ... Ich konnte Ihnen über die Schulter gucken, wie man was macht und daß auch Männer in Ihrem Alter noch Interessen haben. ... Für mich waren Sie jemand, der mehr für klare Verhältnisse oder Kontinuität stand.«

»Meinen Vater habe ich erst richtig während meiner Analyse in Augenschein genommen. Ich fand bei mir Mitleid und Haß, aber ich dachte auch über seine eigenen Nöte nach und warum er so geworden ist, wie er geworden ist. ... Erst allmählich begriff ich seine anderen Seiten, die ich zwar wenig genießen konnte, die aber andere Menschen wahrnahmen, wie seinen Humor oder seine Lockerheit beim Ehemaligentreffen. Ich selbst habe von ihm meine Vorliebe für den Garten und das Fotografieren übernommen.«

Ergebnisse aus der Sicht ihres Psychoanalytikers

Die Informationen über das Befinden der Patientinnen und Patienten (berichtet am Ende der jeweiligen Analyse und bei den Abschlußgesprächen im Sommer 1999, also teilweise in langjährigem Abstand) belegen zunächst die Veränderungen der psychischen und körperlichen Symptome, die zur Behandlung führten.

Die vorherrschende (oft schwere) chronifizierte depressive Symptomatik mit weitgehender Erstarrung, Rückzug aus Beziehungen, Interessen und Aktivitäten mit teilweise deutlicher suizidaler Symptomatik verschwand völlig oder zumindest weitreichend (bei seltenem Wiederauftreten können sie selbst analysiert und in der Regel gut kurzfristig angegangen werden) – ebenso schwanden vielfältigen Ängste und auch hypochondrischen Befürchtungen.

Die körperliche Symptomatik veränderte sich unterschiedlich: Funktionelle Symptome bildeten sich weitgehend zurück, insbesondere die jahrzehntelang bestehenden schweren (migräneartigen) Kopfschmerzen. Die bereits bestehenden weiteren Erkrankungen, insbesondere die Hypertension (Bluthochdruck) besserten sich nur mäßig, blieben aber zumindest stabil. Dazu traten weitere Erkrankungen, wie koronare Herzkrankheiten, Brustkrebs, Diabetes mellitus und Osteoporose auf. Besonders die Männer hatten und haben große Schwierigkeiten, interessiert und systematisch alle medizinisch notwendigen Maßnahmen (regelmäßige Medikamenteneinnahme, Kontrolluntersuchungen und Prophylaxe) durchzuführen. Immer noch soll ihr Körper funktionieren, ohne zu stören oder zu beeinträchtigen. Der gezeigte Abusus (Nikotin, Alkohol und Übergewicht) wandelte sich nur bezüglich des Nikotin-Abusus – drei Patienten gaben das Rauchen vollständig auf.

Viele Störungen, früher von diesen Patienten als ich-synton betrachtet und daher ohne Symptomcharakter, besserten sich entscheidend: insbesondere bei den Beziehungen einschließlich der Sexualität, bei der umfassenden Selbstreglementierung des Alltags und bei der altruistischen Selbstausbeutung.

In den Beziehungen zu den (noch lebenden) Eltern, zu den (früheren und neuen) Partnern und zu den Kindern zeigten sich erhebliche bis weitreichende positive Veränderungen. Erkundete eigene Wünsche und Bedürfnisse erlaubten, sich besser abzugrenzen, diese Beziehungen erwachsenengerechter zu gestalten, dadurch auch, falls gewünscht, selbstverständlicher, befriedigender sowie näher und offener. Phantasierte, bisher kaum verwirklichte sexuelle Bedürfnisse konnten in die Beziehungen integriert werden. Dazu erlebten sich mehrere – insbesondere die Frauen – erstmals intensiv sexuell befriedigt. Bei abgeschwächt weiter bestehenden Beziehungsschwierigkeiten im Partnerbereich wuchs das eigene Verständnis, diese immer wieder erneut anzugehen, zu verstehen, weiter zu klären und damit doch noch langfristig zu ändern. Entsprechend ließen sich auch die neuen Partnerbeziehungen bewußter aktiv (mit-)gestalten. Ebenso deutlich veränderte sich auch die bis dahin auffallend streng reglementierte und der Uhr unterworfene und immer mit zu vielen Aufgaben und Anforderungen ausgefüllte eigene Lebenswelt (sichtbar an vernünftigerer und mehr eigene Bedürfnisse einbeziehender Alltags- und Urlaubsplanung, Zulassen regressiver Verhaltensweisen etc.).

Gleichzeitig verringerte sich die bisher vorhandene weitreichende bis (insbesondere bei den Frauen) extreme altruistische Selbstausbeutung (sich manifestierend in der weiteren Versorgung der erwachsenen Kinder, in der Haushaltsführung bei voller beruflicher Tätigkeit und der teilweisen Versorgung und Pflege von Eltern sowie in der Übernahme umfangreicher sozialer oder freiwilliger Tätigkeiten).

Gerade das mittlere Erwachsenenalter ist charakterisiert durch eine Fülle zur Bearbeitung anstehender psychosozialer Entwicklungsaufgaben: eigene Neuorientierung mit Auseinandersetzung mit den eigenen körperlichen, psychischen und sozialen Veränderungen; Neudefinition der Partnerbeziehung; Ablösung und Trennung von Kindern und krank werdenden und sterbenden Eltern; Erleben und Bewältigen von (schweren bis lebensbedrohlichen) Erkrankungen sowie berufliche Umorientierung oder vorzeitiges Ausscheiden aus dem Arbeitsprozeß.

Parallel zur innerpsychischen Arbeit in der Psychoanalyse mit vorsichtigem Erproben und Erkunden sowie Zulassen neuer Erfahrungen stellten ständig akut zu lösende psychosoziale Entwicklungsaufgaben – sich im Einzelfall massiv und bedrohlich häufend – eine Herausforderung für die Patientinnen und Patienten dar.

Alle Patientinnen und Patienten mit ihrer lebenslang unsicheren Identität standen vor der Aufgabe einer Neuorientierung im mittleren Erwachsenenalter. Fünf von zehn lebten in einer neuen Partnerbeziehung. Alle erfuhren ausgeprägte, lang (teilweise bis heute) anhaltende Schwierigkeiten mit ihren Kindern (aufgrund der Trennungs- und Veränderungssituation, aufgrund des Heranwachsens und Ablösens). Mehrere verloren einen alt gewordenen Elternteil oder erlebten bei ihren Eltern zunehmende Hinfälligkeit, Pflegebedürftigkeit oder dementielle Erkrankungen mit deutlicher Wesensveränderung.

Als schwierig bis bedrohlich wurden die eigenen körperlichen und physiologischen Veränderungen während des mittleren Erwachsenenalters erfahren, insbesondere von den Frauen ihre während der Psychoanalyse eintretende Menopause, sowie die sich allmählich zeigenden Leistungsverminderungen. Drei Patienten erlitten eine schwere Erkrankung (zweimal ein lebensbedrohender Herzinfarkt und eine Brustkrebserkrankung). Dazu traten zusätzliche behandlungsbedürftige Krankheiten. Diese Krankheiten zu erleben (und auch zu überleben), sich mit ihnen auseinanderzusetzen, sie zu akzeptieren sowie ihre langanhaltenden Folgen (Minderung der Leistung, Ausscheiden aus dem Beruf, weiterbestehende Beschwerden) zu bewältigen, erwies sich als mühselige und anhaltende Aufgabe in den Psychoanalysen. Weiterhin bestand die Aufgabe, sich beruflich umzuorientieren und neue (leitende oder selbständige) Funktionen zu übernehmen. Die Erkrankungen bedingten manchmal eine vorzeitige Beendigung einer hochbesetzten (teilweise den Lebensinhalt repräsentierenden) Berufstätigkeit. Dazu forderte das chronologische Lebensalter dazu auf, sich auf die Beendigung der Berufstätigkeit in absehbarer Zeit vorzubereiten.

Wie die berichteten Ergebnisse belegen, wurden diese psychosozialen Entwicklungsaufgaben mit Hilfe der psychoanalytischen Behandlung zusätzlich angegangen und in der Regel gut bewältigt und gelöst.

Die zentrale durch diese Psychoanalysen erreichte Veränderung stellt nach meinem Eindruck die allmählich und jetzt endlich gewonnene sichere psychosexuelle und psychosoziale Identität dar, im Sinn von »dieser Mann/diese Frau bin wirklich und unverwechselbar ich«.

Die Patientinnen und Patienten beschrieben bereits oben ihre selbsterlebten vielfältigen und unterschiedlichen Veränderungen und Entwicklungsschritte; sie verdeutlichten gleichzeitig, daß dieser Prozeß noch ständig anhält. Die erreichte psychosexuelle und psychosoziale Identität dieser Patienten vermittelt sich mir so:

- Sie wurden sich zunehmend ihrer eigenen Person sicher und können sich jetzt insgesamt mit allen schwierigen, aber auch allen positiven, anerkennenswerten Verhaltensweisen und Persönlichkeitszügen annehmen.
- Sie sind sich ihrer (auch sexuellen) Wünsche, Bedürfnisse und Interessen sicherer und können sie aktiv in ihre Lebenssituation einbringen.
- Sie gestalten ihre intra- und intergenerationellen Beziehungen erwachsenengerechter und oft auch befriedigender – ebenso können sie sich besser abgrenzen.
- Ihre Geschichte in der Kriegs- und Nachkriegszeit wurde als prägender Anteil anerkannt mit dem jetzt eindeutigen Gefühl, eine eigenständige Entwicklung durchlaufen zu können.
- Dementsprechend wurden die familiären – zuvor nur teilweise bewußten –, an sie delegierten Aufträge (Übernahme von Pflichten eines Erwachsenen, Versorgung der jüngeren Geschwister, Existenzsicherung der Familie etc.) bewußt reflektiert, weitgehend reduziert oder sogar beendet.
- Sie zeigen allmählich auch vergnügtere bis fröhliche wie auch stärker lebensbejahende und genießende Verhaltensweisen (insbesondere können sie auch regressive Wünsche zulassen).
- Sie sind sich ihrer »inneren« Bilder des Vaters und der Mutter, der Großeltern wie auch der älteren Geschwister sicher, das heißt, sie konnten alle unterschiedlichen Wahrnehmungen, Erinnerungen, Gefühle innerlich zusammenführen und das erreichte Bild akzeptieren.
- Sie nahmen in einem langen, schmerzlichen, beunruhigenden und manchmal auch sie erschreckenden Trauerprozeß von den verstorbenen Vätern und Müttern Abschied.
- Sie veränderten sich auch äußerlich beeindruckend: Unverkennbar sind sie jetzt erwachsene Männer und erwachsene

Frauen (die sich auch ihrer männlichen und weiblichen Anteile voll bewußt sind) im mittleren Erwachsenenalter mit eigenem Profil.

Ihre Entwicklung – wie mir erneut die Abschlußgespräche verdeutlichten – hält weiter an. Ihre neurotischen Hemmungen und Einschränkungen entfielen weitgehend; sie fühlen sich dabei durch ihre jetzt gewonnene Identität unterstützt. Wohin wird diese Entwicklung sie führen?

Die meisten Patientinnen und Patienten stehen noch vor dem Eintritt in ihr Altern (hier definiert als mit dem 60. Lebensjahr beginnend). Ich konnte diesbezügliche Ängste, bestehende Unsicherheit wie auch die befürchtete Schwierigkeit, ein Leben nach dem Ausscheiden aus der Berufstätigkeit mit neu zu gestaltender Partnerschaft zu führen, nicht überhören. Einige werden in absehbarer Zeit den Verlust ihrer Eltern erleben. Unverändert bestehen Probleme und Schwierigkeiten mit den heranwachsenden beziehungsweise erwachsenen Kindern (schwere neurologische Erkrankungen, lebenslange Folgen eines schweren Suizidversuchs, berufliche Unsicherheit, schwierige Partnerwahl etc.). Die aus dem Beruf bereits Ausgeschiedenen sind dabei, sich allmählich in dieser neuen Lebenssituation einzurichten – sie auch zu genießen.

Für alle Patientinnen und Patienten bestand als zusätzliche Entwicklungsaufgabe in ihren Psychoanalysen, nach auferlegten, an sie delegierten Pflichten, endlich eigene Bedürfnisse, Wünsche, Phantasien und Interessen zu erkunden, sie dann zuzulassen und sie zunehmend gegen allmählich abnehmende Schuldgefühle zu erproben. Dabei konnten sie nur teilweise auf Erinnerungen und Erfahrungen aus Kindheit und Jugendzeit zurückgreifen. Man erinnere sich, daß für viele Kinder in der Regel in der Kriegs- und Nachkriegszeit überhaupt keine Möglichkeiten bestanden, diese zu entdecken, geschweige denn auszuprobieren oder langfristig umzusetzen.

Daher suchten und erkundeten wir jeweils im letzten Behandlungsdrittel entsprechende individuelle Möglichkeiten. Sie werden jetzt weiter anhaltend umgesetzt. Nur diese systematische Suche im Sinn einer Entwicklungsförderung – bisher in den Psychoanalysen dieser Altersgruppe immer noch nicht systematisch durchgeführt – erbringt zusätzliche Lebensqualität – für jetzt und für das Älterwerden.

Meine Patientinnen und Patienten wurden aufgrund meiner Behandlung nicht »bessere« oder »heilere« Menschen. Im Rahmen der mir und uns möglichen psychoanalytischen Arbeit erhielten sie eine Chance – nach meinem Eindruck nutzten sie sie gut.

Das über 50jährige Kriegskind hinter der Couch – notwendige Selbstanalyse und Trauerarbeit

1985 wurde ich 50 Jahre alt. Diese symbolische Mitte des (Erwachsenen-)Lebens stellte selbstverständlich auch für mich einen weitreichenden Einschnitt dar: Wie war mein Leben bisher verlaufen? Wie sollte mein und unser Leben weitergehen?

Seit meinem 10. Lebensjahr erlebte ich mich in Verantwortung und Pflicht sowie bezüglich meiner Lebensziele weitgehend durch die familiäre Delegation mitbestimmt (Berufswahl, familiäre Versorgung, akademische Karriere).

Die mit 40 Jahren frühe – eindeutig angestrebte und mich tief befriedigende – Berufung zum Professor wiederholte in Folge eine vertraute Kindheitssituation: Aufbauarbeit, Sich-Kümmern um die Hochschul-»Familie« durch ständige Drittmittelbeschaffung (in 20 Jahren schließlich über 10 Millionen DM) sowie dauernde Verteidigung der damals noch wenig akzeptierten Forschung im Altersbereich überhaupt und gegenüber den Kollegen anderer Wissensdisziplinen in meinem Fachbereich. Bei meinen psychoanalytischen, psychiatrischen und geriatrischen Kolleginnen und Kollegen bestand weitgehendes Desinteresse an meinem Forschungsgebiet der Psychotherapie Älterer.

Mit 53 Jahren (1988) wurde ich älter als mein mit 53 Jahren 1945 aufgrund seiner (Kriegs-)Verletzungen verstorbener Vater.

Meine Frau und ich suchten bewußt neue Lebensmöglichkeiten und hofften, diese durch eine jeweilige Verminderung unserer Arbeitszeiten zu erreichen. Welche Lebensmöglichkeiten bestanden für uns jenseits der uns wohl vertrauten ständigen Pflichterfüllung? Die erste Psychoanalyse für dieses Forschungsprojekt (Frau Carlberg) begann ich im Frühjahr 1988. Bald behandelte ich mehrere Patienten dieser Altersgruppe gleichzeitig im Umfang von bis zu 20 Wochenstunden. Indem ich mich an der Universität möglichst konsequent auf die Pflichten meiner Halbtagsstelle beschränkte, fühlte ich mich zunächst freier.

Der Fall der Mauer in Berlin im Herbst 1989 und die sich bald abzeichnende Vereinigung der beiden deutschen Staaten führten dazu, daß wir uns (ich aufgewachsen in West-Berlin; meine Frau aufgewachsen in Jena und 1958 mit ihrer Familie in den Westen übergesiedelt) erneut intensiv mit unserer Vergangenheit beschäftigten. Tief betroffen und zunächst vor dem Fernseher und später direkt in Berlin an der »Mauer« und unsere Tränen endlich zulassend – nie mehr werde ich das Geräusch der »Mauerpicker« vergessen – erlebten wir, daß das für unsere Lebenszeit nicht mehr Geglaubte geschah. Unser Sohn und unsere Tochter konnten uns damals nicht verstehen; für sie war der Gedanke an mehrere deutschsprachige Staaten viel naheliegender!

Meine damals über 65jährigen Patientinnen und Patienten wurden zu diesem Zeitpunkt durch eine Fülle über sie hereinbrechender Erinnerungen an ihre Kindheit und Jugendzeit (verbracht in Berlin, in der DDR, im heutigen Polen oder in der Slowakei) wie bei einem »Dammbruch« erschreckt. Sie erinnerten sich plötzlich an zahlreiche frühe Details, sogar an Tagesabläufe und Familiengespräche. Sie begannen, sich – auch vor ihren längst erwachsenen Kindern – ihrer verdrängten, geleugneten und damit (auch in ihrer Psychotherapie) »vergessenen« Geschichte zu stellen, ihre bis dahin abgespaltenen Anteile zu akzeptieren und allmählich als ein Stück eigener historischer Identität zu integrieren.

Dieses Phänomen zeigten meine damals gleichaltrigen oder etwas jüngeren Patienten nicht – teilweise tauchte der Tatbestand des Mauerfalls oder der Vereinigung noch nicht einmal bei den Einfällen auf der Couch auf – als ob diese Ereignisse sie bewußt nicht berührten.

1990/91 bemerkte ich bei mir diskrete psychische Reaktionen: Ich empfand mich unausgeglichener, etwas mißmutiger, vorwurfsvoller gegenüber meiner Umgebung und fing an, mich (erneut nach vielen Jahren) abzukapseln. Zunächst bezog ich es auf mein Alter von jetzt 55/56 Jahren (Stichwort: verspätete Midlife-Crisis).

In meinen Träumen begann ich (wiederum erneut nach vielen Jahren und wie damals langjährig nach dem Krieg) verzweifelt, müde und allein auf endlosen staubigen Straßen ohne erkennbares Ziel zu wandern.

Im November 1991 begleitete uns unser damals 21jähriger Sohn auf einer Reise in die südalgerischen Wüstengebiete. Die für die Expedition notwendigen vielen Stunden im Landrover verbrachte ich immer mehr verstummend, Wachträumen nachhängend und immer wieder von mir zunächst grundlos erscheinenden eigenem Weinen aufgeschreckt. Schließlich begriff ich, daß ich mit meinem Sohn die Reise nachholte, die ich mir wohl immer mit meinem Vater gewünscht hatte. Er sprach fließend arabisch und wollte gerade 1939 in die große arabische Wüste zu einer Forschungsexpedition aufbrechen. Bei einem Fronturlaub hatte er damals begeistert von der in Tunesien und Libyen erlebten Wüste erzählt!

Meine Kindheit und meine Beziehung zu meinem Vater hatten mich erneut durch die Geschichten meiner Patienten und die wahr gewordene historische Veränderung eingeholt. Natürlich war mir immer bewußt, daß ich meinen Vater sehr vermißt hatte. Ich erinnere mich gut an immer wieder mit meinem älteren Bruder in den letzten Jahrzehnten geführte Gespräche über die Auswirkungen des Kriegs und der Nachkriegszeit auf unser jeweiliges Schicksal: Er hatte meinen Vater 6 Jahre länger erleben dürfen, mußte aber anschließend die schrecklichen Jahre als junger Zivilgefangener in Rußland erleiden. (Die meisten seiner Gruppe verstarben dort!) Unsere Frauen konnten uns dabei kaum helfen und hörten stumm zu.

Damals begann ich meine Selbstanalyse, indem ich konsequent die fast täglichen Träume, die sich allmählich verstärkt einstellenden Erinnerungen sowie meine Reaktionen, Fehlleistungen und Phantasien in diesen laufenden Psychoanalysen nutzte. Zunächst kapselte ich mich noch weiter ab – meine Frau reagierte verständlicherweise zunehmend beunruhigt und besorgt. Gleichzeitig (er-)spürte ich bei meinen Patienten immer deutlicher ihre unausgesprochenen enttäuschten, vorwurfsvollen, aber auch zunehmend sehnsüchtigen Gefühle über ihre Väter. Allmählich konnte ich diese ansprechen, sie zulassen, ertragen und zusammen mit den Patienten tragen. Zunehmend sensibilisiert empfand ich schnell und eindeutig, wie sie mir bestimmte spezifische Erinnerungen verbargen und wenn sie verzweifelt, bekümmert, allein gelassen und traurig waren. Zunächst schämte ich mich – vor mir selbst und meinen Patienten –, wenn ich hinter der Couch weinte und versuchte, es möglichst zu verbergen. Später konnte ich meine Tränen in meine Deutungen einbringen und dadurch ihren Kummer ansprechen. So wurde es den Männern überhaupt erst möglich, sich ihren traurigen, verzweifelten und sehnsüchtigen Gefühlen zu stellen und sie in Gegenwart eines Mannes zuzulassen.

Der jetzt parallel laufende Weg von Selbstanalyse und psychoanalytischen Behandlungen ließ mich immer stärker erfahren, wie weitreichend ich bis dahin bestimmte Erinnerungen nebst dazugehörigen Gefühle abgewehrt hatte. So fand ich Weihnachten 1994 auf unserer Urlaubsinsel auf den Philippinen unter den wenigen deutschen Büchern einen 600-Seiten-Roman über die Zeit vom Kriegsende bis zum Ende der Berliner Blockade. Ich las und las und las. Wiederum wurde ein Stück meiner verdrängten Geschichte wach, nämlich die ausweglose Zeit mit Hunger, Kälte, Not und Armut.

Die passenden äußeren Anstöße für die eigenen unbewußten Bedürfnisse liegen offenbar immer bereit. Bei dem Vortrag einer Musiktherapeutin im Kasseler Museum für Grabmalskunst über notwendige Trauerarbeit begriff ich dann, daß ich nie von meinem Vater *trauernd* Abschied genommen hatte.

Etwa 10 längere Sitzungen bei dieser Therapeutin halfen mir dann, Abschied zu nehmen. Mit Hilfe unterschiedlicher Musikinstrumente erlebte und durchlebte ich – der ich kein Instrument spielen kann – meine Trauer. Schließlich konnte ich drei Szenarien für eine Trauerfeier für meinen Vater entwerfen:

- Die Würdigung dessen, was er für uns und insgesamt getan hatte – auch eine Würdigung seiner Pflichterfüllung im Lazarett bis zu seinem Ende.
- Die bittere Anklage ob dieser Pflichterfüllung in einem von Deutschland begonnenen schrecklichen Krieg bis zu seinem Lebensende und ob der Selbstaufgabe im Lazarett. Er hatte mich und uns schutzlos, verarmt und nur mit geringer Chance des Überlebens zurückgelassen.
- Die tiefe Sehnsucht nach dem Vater, an dessen Seite ich so gern groß geworden wäre. Wie gern hätte ich mit ihm und durch ihn die Welt in all ihren Facetten kennengelernt.

Durch diesen parallelen und wechselseitigen Prozeß von Selbstanalyse und durchgeführten Psychoanalysen konnte ich meinen (insbesondere den später behandelten) Patientinnen und Patienten helfen, sehr intensive, sehr oft überwältigende, manchmal erschreckende und auch zerstörende Gefühle von Wut und Haß, von Vorwurf und Enttäuschung, von Kummer, Verzweiflung und Trauer, wie von Sehnsucht nach Schutz, Geborgenheit und Nähe zuzulassen, (nach)zuerleben und zu ertragen. Seit dieser Zeit kann ich wieder eindeutig trennen – das war zugegebenermaßen zwischenzeitlich schwieriger –, welche die übertragenen und in der Gegenübertragung wahrgenommenen Gefühle, Phantasien und Reaktionen meiner Patienten und Patientinnen und welche meine eigenen wach gewordenen Anteile sind.

Offensichtlich hatte ich einen zentralen Teil meiner früheren Entwicklung, meiner Erfahrungen, aber auch meiner Beschädigungen abgespalten. Ohne es mir bis dahin in seiner psychischen und symbolischen Bedeutung klar zu machen, hatte ich diesen Prozeß in der äußeren Wirklichkeit nach dem Krieg erlebt. Ein Onkel hatte meiner Familie Ende der zwanziger Jahre ein Gartengrundstück am Rande von Berlin geschenkt. Nach dem Krieg war unser Gartenzaun des noch in Westberlin gelegenen Grundstücks erst die Sektorengrenze und später die Staatsgrenze der DDR. Infolge einer zerstörten Autobahnbrücke fuhren alle Autos, Lastwagen und Panzer auf dem Weg nach Berlin zunächst an unserem Gartenzaun auf einer provisorisch asphaltierten Straße lang. Aufgrund des Sperrgebiets verfiel die Straße und wurde von Kiefern und Birken überwuchert. Längst hatten wir unser Gartentor an die andere Seite Richtung Westen verlegt. Jenseits des Zauns lagen die Wälder meiner kindlichen Abenteuer und die Wälder, in denen ich Hand in Hand mit meinem Vater Pilze suchte. Diese Welt blieb mir bis zum Fall meiner eigenen inneren Mauer versperrt. Im Frühjahr 1999 besuchte ich noch einmal das inzwischen verkaufte und bebaute Gartengrundstück. Ich hatte inzwischen wirklich Abschied genommen.

Während meiner Selbstanalyse fragte ich mich immer, inwieweit Phantasien sowie Vorstellungen, Normen, Ideologien und auch Gefühle von mir aus dem Dritten Reich stammten. Ich sollte im April 1945 zum Jungvolk kommen – immer hatte ich meinen 6 Jahre älteren Bruder ob seiner Insignien der Pimpfe, seiner Teilnahme an Fahrtenspielen und Abenteuern und seiner längeren Schulverschickung nach Österreich (einschließlich der damit verbundenen Möglichkeit, meinen Vater längere Zeit dort im Lazarett zu sehen) beneidet. Meine Mutter zeigte mir noch, daß sie Hemd, Halstuch mit Knoten und Fahrtendolch für mich gekauft hatte, bevor sie diese Gegenstände vor dem russischen Einmarsch in den See warf. Sie verhinderte meine für das zehnte Lebensjahr vorgesehene Aufnahme in eine »Napola« (»Nationalpolitische Erziehungsanstalt«, Eliteschule der NSDAP – vermutlich wurde ich durch einen »Nenn«-Onkel oder Verwandte vorgeschlagen), mit dem Hinweis, daß ihr Mann im Krieg und mein Bruder im Internat seien und sie mich als einziges Kind zu Hause brauchte; sie erreichte eine Verschiebung um ein Jahr. Wäre ich möglicherweise später (lang, blond, mit blauen Augen und ausreichender Intelligenz ausgestattet) auf eine »Ordensburg« gekommen? Noch Jahre nach dem Krieg tröstete ich mich bei allen erlebten Demütigungen, der Verarmung und der wahrgenommenen Verachtung meines Vaters, daß ich einst zu einer »Elite« gehören sollte. Noch später bei den bündisch ausgerichteten Pfadfindern phantasierten wir über die Vorzüge einer Oligarchie. Vermutlich wäre ich für eine Karriere im Dritten Reich gut verführbar gewesen – mein Elternhaus vermittelte mir dagegen keinen Widerstand.

Auf der anderen Seite bin ich mir jetzt sicher, daß die an mich weitergegebene »preußische« Pflichtauffassung aus einer Epoche lange vor dem Nationalsozialismus stammt, die meine (1892 und 1898 geborenen Eltern) prägte. Nie wurde mir zu Hause vermittelt, wie etwa ein »typischer Jude« aussieht. Längst erschreckt mich die Vorstellung immer wieder tief, welche furchtbare Karriere (vgl. Giordano 1989 und Harris 1997) ich wohl bei fortbestehendem Dritten Reich durchgemacht hätte.

Meine Selbstanalyse und mein Trauer- und Abschiedsprozeß brachten mir einen deutlichen Zuwachs an Sicherheit über meine Identität. Lange Jahre lebte ich mit dem Gefühl, »wenn die Leute wüßten, wer du in Wirklichkeit bist und wie wenig du kannst«. Das kollegiale Desinteresse an meinen Forschungsschwerpunkten bis hin zur deutlichen Ablehnung verstärkten oft diese Sicht. Inzwischen bin ich mir sicher, daß ich dieser Mann wirklich bin (mit Fähigkeiten, Stärken und auch Schwierigkeiten), der mich im Spiegel und auf den Fotos anschaut – selbst, wenn mir dieser Anblick nicht immer gefällt!

Die Gespräche mit meinem älteren Bruder haben sich inzwischen weitgehend verändert. Ich habe dieses auferlegte Schicksal akzeptiert und konkurriere nicht mehr mit ihm darum, wieviel jeder von unserem Vater hatte.

Zentrale Beziehungen enden jedoch nur langsam. Nach dieser letzten Wüstenreise 1991 kaufte ich mir ein paar Khaki-Hemden für unsere nächste Reise. Spontan packte ich sie im Herbst 1998 für unsere Libyenreise ein. Ich reagierte irritiert, als der Reiseleiter mich auf mein offenbar aufgrund dieser Hemden irgendwie militärisch wirkendes Aussehen ansprach. Ich erinnerte mich sofort an das wohl letzte Foto meines Vaters aus Griechenland (praktisch alle Dokumente, Fotos, Tagebücher der Familie gingen bei Kriegsende verloren) und betrachtete es umgehend nach meiner Rückkehr. Dieses Bild zeigt meinen Vater als einen auffallend ernsten, eher abwesend in die Ferne blickenden Mann. Erstmals fragte ich mich bewußt, wie er wohl nach dem Krieg innerlich mit diesen schrecklichen Erfahrungen und äußerlich mit seinen Verletzungen weitergelebt hätte und wie er gealtert wäre. (Später erinnerte mich mein älterer Bruder daran, daß es noch ein jüngeres Foto meines Vaters gibt. Es zeigt ihn in seinem Zelt während des Rußlandfeldzugs: abgemagert, müde und resigniert; dieses Bild hatte ich verdrängt.)

Dabei bleiben die unbewußt behaltenen Erinnerungen zeitlos erhalten: Weihnachten 1998 zeigte mir zufällig ein Kollege ein Meßtischblatt über die Gegend unseres damaligen Evakuierungsortes Berlinchen. Nie vorher hatte ich eine Landkarte dieser Gegend gesehen. Meine »innere« Landkarte entsprach bis in weitreichende Details hinein dieser geographischen Karte, so die Lage des Städtchens am See mit Straßen und Bahnhof, unsere Fluchtinsel, die großen Waldgebiete und das Fluchtdorf Wuckensee. Seit dieser Zeit auf meiner »inneren« Karte eingeätzt, bleiben bestimmte Erinnerungen unbewußt lebenslang eingeätzt.

Der innere Widerstand bleibt: Meine eigene Literaturliste[27] belegt, daß ich in der Regel in der Lage bin, umfangreiche wissenschaftliche Texte zu verfassen und zu publizieren – dazu nach meiner Einschätzung in relativ kurzer Zeit. Bei den Entwürfen für dieses Buch hatte ich immer wieder den Eindruck, daß ich ständig innerlich formulierte, ja sogar die Texte auf Tonband diktierte, aber nicht weiterkam. Immer wieder verspürte ich einen inneren zähen Widerstand, Erkenntnisse und Schlußfolgerungen laut auszusprechen und sie damit der allgemeinen und fachlichen Öffentlichkeit mitzuteilen. Ebenso verzögerte ich die Termine für die Abschlußgespräche mit meinen ehemaligen Patientinnen und Patienten. So wurde dieses Buch erst 9 Monate später als geplant fertig. Ein Traum während dieser Arbeit verdeutlichte mir meinen weiterbestehenden Widerstand.

---

27 Meine Literaturliste umfaßt im Herbst 1999 insgesamt 41 Artikel in wissenschaftlichen Zeitungen, 21 geschriebene oder (mit)herausgegebene Bücher sowie 101 Handbuch- und Buchartikel.

In unserem Haus in Escherode (in dem wir 22 Jahre lang bis vor kurzem lebten und in dem unsere Kinder groß wurden) befindet sich im Schlafzimmer eine kläglich miauende kleine graue Katze. Sie stört, und ich setze sie nach einigem Zögern auf den Balkon in die Dunkelheit hinaus. Danach höre ich im Keller Laute, in denen sich ein klägliches Miauen und ein offenbar kindliches Weinen mischen. Meine Frau zögert nachzuschauen. Trotz eigener gewisser Ängstlichkeit mache ich das Licht an und bin dabei, die Treppe in den Keller hinunter zu steigen. (Und wache aus tiefem Traum plötzlich mit Beklemmung auf.)

Ich hatte in den beiden letzten Tagen zweimal versucht, eine Fassung des Kapitels über die damaligen Väter zu diktieren, und merkte, wie schwer es war, alle Facetten dieses Themas zusammenzuführen: die im Dritten Reich und während des Zweiten Weltkriegs handelnden und tötenden Väter, die durch die Auswirkungen des Ersten Weltkriegs, die Inflationszeit und Massenarbeitslosigkeit beeinträchtigten Väter, die den Krieg in aller Grausamkeit und allem Schrecken erlebenden, verletzten und sterbenden Väter, die durch ihren Tod vom weiteren Leben abgeschnittenen Väter. (Schon während ich es eben diktiere, passiert mir eine erneute Fehlleistung: anstelle von Gedankenstrich diktiere ich zunächst Gedankenschnitt – also soll dieser Gedanke abgeschnitten werden.) In dieser Nacht lag ich lange wach und überlegte, wie ich dieses Kapitel anders und mich befriedigender verfassen konnte.

Als ich abwehrend diesen Traum am nächsten Morgen meiner Frau erzählte, interpretierte sie das kleine Kätzchen als einen Kindheitsanteil von mir und die Äußerungen im Keller als die eines kummervollen, verlassenen kleinen Wesens; normalerweise gut im tiefsten Keller von mir verborgen und sich nur in der Nacht rührend. Offenbar wollte ich diesen Anteil in unserem gemeinsamen Schlafzimmer nicht dulden; ich kannte die Sorge meiner Frau um mein Wohlbefinden. (Sie wollte nicht in den Keller gehen.) Ich wies diese Interpretation zunächst irritiert zurück, bemerkte dann aber zunehmend, wie genau sie zutraf!

Resümee

Die Biographien meiner zwischen 1935 und 1947 geborenen Patientinnen und Patienten belegen, daß sie fast alle unter schädigenden (meist mehrfachen und sich somit kumulierenden) Einflüssen aufgrund von direkten und indirekten Kriegsauswirkungen und -folgen aufwuchsen. Alle brachten die Erfahrung eines zeitweilig oder dauerhaft äußerlich oder innerlich und somit bezüglich der Auswirkungen lebenslänglich abwesenden Vaters mit – unter ihnen überwogen auffallenderweise die Männer.

Die wenigen verfügbaren (sich allerdings erst auf die Jahre nach 1949/50) beziehenden statistischen Daten sowie alle weiteren Angaben aus Forschungsberichten, Interviews und Autobiographien belegen, daß die *Kindheit in der Kriegszeit und der direkten Nachkriegszeit extrem unterschiedlich erfahren* und durchlebt wurde bei ebenso extrem unterschiedlichen Sozialisations- und Entwicklungsbedingungen. Die von mir beschriebenen und behandelten Patientinnen und Patienten gehören offensichtlich bestimmten Teilgruppen an, die sich danach unterscheiden, ob der Vater zeitweilig oder dauerhaft abwesend war und ob ihre Lebensbedingungen zeitweise oder dauerhaft schädigend waren.

Die erste Gruppe der *ungestört aufgewachsenen Kinder mit anwesendem Vater* umfaßt diejenigen Kinder, die in dieser Zeit unter weitgehend sicheren stabilen familialen, sozialen, materiellen und wohnlichen Verhältnissen ihre Kindheit verbrachten. Ihre Väter waren nur kurz abwesend; im Gegenteil waren sie häufig oder dauernd (auch innerlich) anwesend. Ihre Versorgung war ausreichend bis sogar gut. Bombenangriffe, Zerstörung oder Evakuierung wurden nicht durchlebt. Sie wuchsen insbesondere in ländlichen Regionen oder Kleinstädten, häufiger im süddeutschen Raum, auf. Sie lernten den Krieg und seine Folgen durch die Wirren bei Kriegsende, den Einmarsch der Siegermächte, die Besatzungszeit sowie durch die Aufnahme von ausgebombten oder flüchtenden Verwandten sowie weiteren Flüchtlingen und Vertriebenen kennen. Die Erinnerungen an diese Zeit umfassen eher abenteuerliche Erfahrungen. Aufgrund ihrer eigenen Erlebnisse besteht bei vielen Angehörigen dieser Teilgruppe bis heute die Vorstellung, daß auch die allermeisten Gleichaltrigen diese Zeit wie sie selbst durchlebt haben.

Diese erste Teilgruppe umfaßt wahrscheinlich 45–55 Prozent dieser Altersgruppe.

Die zweite Teilgruppe umfaßt die *Kinder mit zeitweiliger väterlicher Abwesenheit und zeitweilig eingeschränkten Lebensbedingungen.* Ihre Väter waren kurzfristig (während des Kriegs oder nach dem Krieg) abwesend. Ihre Lebenssituation wurde unterschiedlich beschädigt: Bombenangriffe, Zerstörung der Wohnung, Evakuierung und Rückkehr in eine zerstörte Heimat. Ihre Versorgung (Nahrung, Kleidung, Wohnverhältnisse etc.) war eine Zeitlang ungenügend bis mangelhaft. Diese Kinder wuchsen in Mittelstädten mit Industrieanlagen oder Verkehrsknotenpunkten, in Großstädten oder Industrieregionen auf.

Diese zweite Teilgruppe umfaßt wahrscheinlich 25–30 Prozent der Angehörigen dieser Jahrgänge.

Die dritte Teilgruppe umfaßt die *Kinder mit lang anhaltender oder andauernder väterlicher Abwesenheit* bei in der Regel *gleichzeitig lang anhaltend schädigenden Lebensumständen.* Die Väter waren viele Jahre lang kriegsbedingt abwesend (Kriegsteilnahme, lange Kriegsgefangenschaft) und kehrten oft körperlich und psychisch dauerhaft beeinträchtigt zurück oder sind gefallen oder vermißt. Kriegsumstände oder Kriegsfolgen bedingten langanhaltende Verarmung und sozialen Abstieg. Häufig handelte es sich um Flüchtlinge mit Vertreibung und Aufwachsen in einer durch Sprache, Religionszugehörigkeit und sozialer Position der Eltern unbekannten Welt unter in der

Regel verarmten Lebensbedingungen. Ihre Versorgung (Nahrung, Kleidung, Wohnverhältnisse etc.) war lange Zeit oder sogar bis zu einem Jahrzehnt ungenügend bis lebensbedrohlich mangelhaft. Mögliche protektive Einflüsse fehlten weitgehend.

Diese dritte Teilgruppe umfaßt wahrscheinlich 20–25 % dieser Altersgruppe.

Aus sozialwissenschaftlicher Sicht wurden diese Kinder bald nach dem Krieg und bis heute unterschiedlichen Jugendgenerationen zugeordnet. Die jeweilige Generation ist durch ihren Eintritt in eine spezifische (jeweils die Jugendzeit zwischen dem 15. und 25. Lebensjahr umfassende) Phase definiert. Nach den früheren Generationen bildeten die zwischen 1930 und 1940 Geborenen die *Skeptische Generation*[28]; sie wurde später in der Öffentlichkeit mehr als *Rocker-Generation*, insbesondere als *68er Generation* wahrgenommen. Die zwischen 1940 und 1950 Geborenen wurden aufgrund ihres Hineinwachsens in die Nachkriegszeit mit Wiederaufbau und beginnendem Wirtschaftswunder teilweise bereits zur *Nachkriegs*generation gezählt (vgl. Jaide 1988, S. 311–314).

Die Befunde der bereits ab 1947/48 durchgeführten sozialwissenschaftlichen Untersuchungen dienten zunächst weitgehend dazu, charakteristische Merkmale dieser zwischen 1945 und 1955 in ihre Jugendphase eintretenden Generation zu beschreiben. Die in diesem Lebensabschnitt – auslaufende Pubertät, Adoleszenz und jüngeres Erwachsenenalter umfassend – gewonnene und allmählich erprobte soziale Identität erschien geeignet, durch charakteristische Schritte der Entwicklung bis hin zu dieser Phase, durch typische Merkmale eines angenommenen gemeinsamen Identitätsgefühls und durch ihre jeweils prägende Kraft sie als Generation für die nachfolgenden Jahrzehnte zu beschreiben. Diese Annahme wurde spätestens seit Anfang der achtziger Jahre zunehmend kritischer diskutiert (Bengtsson u. Schütze 1992, Jaide 1988, Preuss-Lausitz et al. 1983). Das führte dazu, daß jetzt verstärkt Teilgruppen der je-

---

28 Vgl. Schelsky 1957; interessanterweise war zunächst der Titel *Die schweigende Generation* vorgesehen.

weiligen Jugendkohorten berücksichtigt und der jeweiligen Kindheit(sentwicklung) entscheidendere Bedeutung zugemessen wurden. So unterschied man nun die 1940 geborenen *Kriegskinder* von den 1960 geborenen *Konsumkindern* (vgl. Preuss-Lausitz et al. 1983).

Unabhängig von dieser aus entwicklungspsychologischer Sicht unbedingt erforderlichen Perspektivenverschiebung von der Jugendzeit zur Kindheit besteht die Frage, ob historisch-politischen Ereignissen (z. B. wie hier dem Zweiten Weltkrieg) als möglichen generationskonstitutiven Ereignissen wirklich prägende Bedeutung für die Entwicklung einer jeweiligen (gesamten) Politischen Generation (Fogt 1982) zukommt.

Die zwischen 1932/35 und 1945/48 Geborenen durchliefen so extrem unterschiedliche Kindheiten, die von weitgehend ungestörter Kindheitsentwicklung bis hin zu schweren (Poly-) Traumatisierungen reichen, daß über die notwendige Perspektivenverschiebung von der Jugendzeit zur Kindheit hinaus diese weitere Gruppeneinteilung zwingend für Diskussion, Forschung und Verständigung notwendig wird. Außerdem habe ich den Eindruck, daß diese Kinder als Erwachsene aufgrund ihrer unterschiedlichen Entwicklung kaum ein Zusammengehörigkeitsgefühl, geschweige denn eine gemeinsame soziale oder politische Identität entwickelten – die sich artikulierenden Mitglieder der studentischen 68er Generation waren zahlenmäßig eben nur wenige (vgl. Bude 1994, Preuss-Lausitz et al. 1983).

Warum wissen wir über diese drei Teilgruppen (insbesondere die zweite und dritte) so wenig und warum ist selbst das wenige vorhandene Wissen kaum in dem Bewußtsein der allgemeinen und der fachlichen Öffentlichkeit verankert?

Dieser Sachverhalt läßt sich nur auf der Grundlage eines langen, schon in der Kriegszeit beginnenden und sich über die direkte Nachkriegszeit bis heute fortsetzenden Prozesses verstehen, der bei diesen Kindern zunächst bewußtes Verschweigen und indirekte »Gesprächsverbote« und später unbewußte Abwehrreaktionen, insbesondere Identifizierung, Verdrängung, Verleugnung und Spaltung umfaßt.

Entscheidend waren offenbar Vorbild und Verhalten der Mütter. Sowohl aus ihrer Sicht als auch aus der Sicht ihrer Kinder und der weiteren Umwelt reagierten sie in den katastrophalen Situationen von Bombenangriffen, Ausbombung, Tieffliegerangriffen, Elend, Hunger, Verarmung sowie bei Nachrichten über schwere Verwundungen, Tod oder Vermißt-Sein ihrer Männer eher »heldenhaft«. Sie erstarrten innerlich oder flüchteten sich (begünstigt durch und erforderlich in der jeweiligen realen Notsituation) in dauerhafte Aktivitäten mit Übernahme lebenslanger Pflicht. Gefühle wie Trauer, Kummer, Verzweiflung, geschweige denn Vorwürfe ob des Verlassenseins konnten überhaupt nicht gezeigt werden, mußten verdrängt und geleugnet werden und wurden im günstigsten Falle heimlich, das heißt, nachts, während ihre Kinder schliefen, zugelassen. Viele Kinder sahen ihre Mütter nie verzweifelt oder weinend. Die Kinder zeigten dann in Identifizierung mit den Müttern, gemäß den Erwartungen der Umwelt und aufgrund ihrer Delegation als kleine »Erwachsene« entsprechend ebenfalls keine Reaktionen. Viele konnten und können sich an keine erlebte Trauer über ihre schwer verletzten, gefallenen oder vermißten Väter erinnern. Überall wurde über die Ereignisse, Erfahrungen und Gefühle dieser Kriegs- und direkten Nachkriegszeit weitgehend geschwiegen: Zwischen den Partnern, unter den zurückgekehrten, verwundeten Männern, zwischen den Frauen und insbesondere zwischen den Kriegswitwen, vor den Kindern, unter den Kindern (insbesondere unter den Jungen), in der Familie, auf der Straße, in der Schule und ebenso in den Jugendgruppen. Alle versuchten, sich – gemäß innerem und äußerem Auftrag – »vernünftig« zu verhalten und »heldenhaft« mit andrängenden sogar überflutenden Gefühlen umzugehen. So blieben bewußt nur die bekannten Geschichten über die Kriegs- und Nachkriegserlebnisse übrig: bei den Männern als Kriegsteilnehmern und aus Gefangenschaft Zurückkehrenden, bei den Kriegswitwen, bei den Kindern und insbesondere bei den Jungen. In der Regel war das Verbot, Gefühle zuzulassen oder sogar über sie zu sprechen, unausgesprochen, wurde jedoch nicht selten auch laut und eindeutig verhängt.

Dazu wollte man zunehmend in der Wiederaufbauphase nach

1948/49 nichts mehr von der bisherigen Vergangenheit des Dritten Reiches und des Nationalsozialismus und ebenso nichts mehr von Elend, Hunger, Not, Vertreibung und Verzweiflung wissen – wie etwa die spät aus Rußland zurückkehrenden Kriegsgefangenen schmerzlich erlebten (vgl. Lehmann 1986).

Die mit den traumatisierenden Ereignissen zusammenhängenden *Gefühle* von panikartiger Angst, völligem Alleingelassen-Sein, ohnmächtigem Zorn und bitteren Vorwürfen sowie verzweifelte tiefe Trauer und ebenso tiefe Sehnsucht sowie die Existenz der mit dieser *pathologischen Normalität* einer unvollständigen Familie zusammenhängenden konflikthaften Beziehungen mußten von diesen Kindern (wie auch von ihren Müttern und von den unvollständigen Familien insgesamt) aus Selbstschutz mit Hilfe vielfältiger Prozesse abgewehrt werden, um seelisch und auch in der damaligen Wirklichkeit zu überleben. Die Erinnerungen an die Väter und zunehmend auch an die traumatisierenden Erlebnisse wurden verdrängt oder zumindest eingeschränkt. Sogar die Existenz bestimmter Ereignisse und ebenso die Existenz bestimmter früherer Gefühle wurden geleugnet. Spaltung half, nur die erfreulichen, interessanten und abenteuerlichen Ereignisse – als entsprechende »Geschichten« erzählbar – im Bewußtsein zu lassen oder die Gefühle von den traumatisierenden Ereignissen abzutrennen. Diese Kinder blieben auch als Erwachsene stumm. Selbst über bewußt in Erinnerung gebliebene Ereignisse und Gefühle sprach man nicht (mehr), weder während der Ausbildung oder im Studium, noch gegenüber Partnerin, Partner, Freunden oder Kollegen und später auch nicht gegenüber den eigenen Kindern. Immer wieder machten die Mitglieder der zweiten und dritten Teilgruppe die Erfahrung, daß niemand ihre Geschichten auf Dauer anhören und ertragen wollte und konnte – so blieben sie wiederum stumm und wiederum damit allein.

Wenn sich heute Mitglieder der zweiten und dritten Teilgruppe äußern, so betonen sie auffallend häufig ihre Normalität, vergessen aber den notwendigen Zusatz »vaterlos aufgewachsen und früh beschädigt«.

Wer hätte auch der Chronist ihrer Beschädigungen sein können? Diese Menschen fielen lange Zeit in den professionellen Hilfesystemen kaum auf. In ihrer Kindheit und auch Jugendzeit gab es noch keine, nachfolgend keine umfassende[29] oder auch nur überall erreichbare professionelle Hilfestellung. Später erhielten sie aufgrund der von Psychotherapeuten gesetzten Altersgrenze oder ihrer Biographie mit den traumatisierten Anteilen nur teilweise Zugang zu den jetzt immer mehr zur Verfügung stehenden diesbezüglichen professionellen Angeboten. Trotz der sich allmählich zeigenden Verschiebung der Altersgrenze für Behandlungen besteht aufgrund ihres parallel zunehmenden Lebensalters diese Situation begrenzter Hilfestellung weiter.

Außerdem »funktionierten« diese Kinder der zweiten und dritten Teilgruppe während Kindheit und Jugendzeit und auch weiterhin während ihrer Erwachsenenzeit gut (z. B. benötigte nur ein Teil meiner Patienten vorher professionelle Hilfe, speziell bei akuten Krisensituationen und Beziehungskonflikten). Erst zusätzliche spezifische und sich kumulierende Einflüsse führten jetzt zur Notwendigkeit einer psychotherapeutischen Behandlung. Ihre bestehende Symptomatik (chronisch depressiv verstimmt, funktionelle oder psychosomatische Beschwerden und Dekompensation aufgrund akuter Beziehungskonflikte) war weder auffallend noch spezifisch. Beispielhaft ließ sich diese Altersgruppe in der zitierten Mannheimer Kohorten-Studie (Franz 1997) erst jetzt aufgrund einer Sekundäranalyse statistisch erfassen und darstellen.

Seit Anfang der achtziger Jahre wird allmählich zunehmend über Erstinterviews, kürzere psychotherapeutische Kontakte und länger dauernde Behandlungen von Mitgliedern der zweiten und dritten Teilgruppe berichtet – jedoch weitgehend unter der Perspektive verdrängter und unbewußt weiterhin hoch wirksamer

29 Die Deutsche Psychoanalytische Vereinigung (DPV) hatte 1962 insgesamt 45, 1970 insgesamt 112 und erst 1980 insgesamt 293 Mitglieder (persönliche Mitteilung). Die Dachgesellschaft DGPT hatte 1960 254, 1970 413 und 1990 insgesamt 827 Mitglieder, außerdem hatten sich Psychiatrie und Kinderpsychiatrie durch ihre (Mit-)Tätigkeit im Dritten Reich verdächtig gemacht.

nationalsozialistischer Ideologie. Bei um 1930 Geborenen, die als Hitlerjungen oder BDM-Mädchen oder sogar als Schüler einer Napola oder Ordensburg das Dritte Reich bewußt erlebten und zunächst begeistert als Jugendliche aktiv teilnahmen, ist es bestimmt erforderlich, ihre unbewußt verbliebene nationalsozialistische Ideologie (und damit das in dämonischer Form unbewußt weiterlebende Dritte Reich) zu erkunden (Moser 1996).

Vermutlich führten zunächst Schwierigkeiten bei der Sicherung der ersten Lebensstruktur (Beendigung des adoleszenten Moratoriums mit Erwerb einer ersten beruflichen Identität, Aufbau einer Partnerbeziehung mit Ablösung aus der intensiven Mutterbindung u. a.m., siehe z. B. Rabenstein, Larmek) bei den damals 25- bis 30jährigen zu einer ersten psychotherapeutischen Behandlungsnotwendigkeit. Schwierigkeiten beim Erwerb einer zweiten Lebensstruktur bedingten vermutlich eine zweite Behandlungsnotwendigkeit zwischen dem 35. und 45. Lebensjahr (s. Kilian). Meine dargestellten Patientinnen und Patienten benötigen jetzt erst (also 10–15 Jahre später) umfassende psychotherapeutische Hilfe.

Das gesamte Ausmaß in der Bevölkerung der durch die beschriebenen Umstände des Kriegs und der Nachkriegszeit bedingten psychischen Beeinträchtigungen, Schädigungen, Störungen oder Erkrankungen ist schwer abzuschätzen; es zeigte sich bisher teilweise nur diskret und vorübergehend, blieb teilweise jahrzehntelang latent, scheint sich teilweise jetzt erst zu manifestieren und wurde dazu von professioneller Seite nicht auf die traumatisierenden Ursachen zurückgeführt. Die zitierte Mannheimer Kohorten-Studie zeigt ein auffallend hohes Ausmaß an erst mit Beginn des mittleren Lebensalters auftretenden Auswirkungen von Krankheitswert.

Auf keinen Fall darf nun umgekehrt von vornherein allein aufgrund des Geburtsdatums und bei angenommener Zugehörigkeit zur zweiten und dritten Teilgruppe auf eine anhaltende psychische Beeinträchtigung, Schädigung, Störung oder Krankheit geschlossen werden. Erst die genaue biographische Anamnese mit gezielter Nachfrage nach den dargestellten Umständen (das heißt, einer länger anhaltenden oder dauerhaften Vaterlosigkeit und weiterer schädigender Einflüsse) bringt eindeutige Hinweise. Parallel dazu müssen auch damalige mögliche protektive Umstände (baldige Wiederverheiratung der Mutter, Vaterersatz durch Großvater, älteren Bruder, bald einsetzende und anhaltende stabile weitere Sozialisationsbedingungen u. a.) erfragt und bezüglich ihrer möglichen positiven Auswirkungen abgeklärt werden. Erst dann läßt sich eine entsprechende Genese heutiger manifester psychischer oder psychosomatischer Störungen vermuten. Auf jeden Fall lautet die erste psychotherapeutische Aufgabe bei zwischen 1930/32 und 1945/48 Geborenen, an eine mögliche Zugehörigkeit zu der zweiten und dritten Teilgruppe zu denken und diese bestehende Möglichkeit systematisch zu untersuchen.

Wer hätte außer den Müttern (auch später den Vätern) und den professionellen Helferinnen und Helfern sonst Chronist der Situation und Entwicklung dieser Kinder sein können? Sie selbst?

Die Kinder dieser Jahrgänge versuchten erst nach Jahrzehnten, mit Hilfe einer *retrospektiven Literatur* (Kümmerlin-Maibauer 1999) versuchten, ihre Erfahrungen, ihre Erlebnisse, ihre Geschichte und auch ihre Gefühle darzustellen (s. Exkurs S. 207 f.).

Aufgrund der mir bekannten Fachliteratur ist zu konstatieren, daß unser wissenschaftlicher Kenntnis- und quantitativer sowie qualitativer Forschungsstand über die zwischen 1932/35 und 1945/48 Geborenen in praktisch allen Wissensdisziplinen lückenhaft und somit insgesamt als mangelhaft zu beurteilen ist. Es fehlen insbesondere repräsentative, statistisch relevante Untersuchungen und zusätzlich eine die weit verstreuten, vereinzelten Befunde zusammenführende und durch eine ausreichende Anzahl von Interviews ergänzte Darstellung – wie sie jetzt endlich für die damaligen Frauen (Dörr 1998) vorliegt! Wiederum lassen sich vielfältige Gründe ausmachen: Während der Kriegszeit verbot offensichtlich die Politik, die Verluste dieser Kinder und ihre vielfältigen psychischen Reaktionen darauf zu untersuchen. Leitbilder waren vielmehr die »heldenhaften« HJ-Jungen oder die BDM-Mädel – pervertiert in Form der

»Werwölfe«. Nach dem Krieg bestanden zunächst kaum personelle und materielle Forschungsmöglichkeiten – dazu interessierten die Kinder und Jugendlichen angesichts der Situation der Erwachsenen nicht als besondere Gruppe, sondern lediglich als Teil der sich verändernden oder zerstörten Familien. 1960 angesichts allmählich zur Verfügung stehender Forschungsmöglichkeiten und -mittel befanden sich diese Kinder und Jugendlichen bereits im jüngeren Erwachsenenalter oder. kurz davor: Sie interessierten jetzt im Generationenvergleich als Jugendliche der späteren Nachkriegszeit und der Aufbauphase der Bundesrepublik. Als Aktive der studentischen 68er Revolte fanden sie dann deutliche Aufmerksamkeit.

Dazu wies der Mainstream der damaligen Forschung andere Wege: Nach der aggressiven Auseinandersetzung und Abrechnung mit den Vätern, der Konstatierung einer zunehmend »vaterlosen Gesellschaft« und unter dem Einfluß der Frauenemanzipation fehlte jahrzehntelang eine Männerforschung und insbesondere eine Forschung zur (nicht mehr gesehenen oder nicht mehr akzeptierten) Bedeutung der Väter für die Entwicklung ihrer Kinder, insbesondere für die ihrer Söhne. Die Psychoanalyse beschäftigte sich fast ausschließlich mit innerpsychischen Prozessen. Außerdem wurde *Entwicklung* sowohl aus der Sicht der allgemeinen und insbesondere der psychoanalytischen Entwicklungspsychologie spätestens mit Abschluß der Pubertät als abgeschlossen angesehen. Entsprechend wurde der Realität traumatisierender Einflüsse wie auch sozialer und historischer Bedingungen nur wenig Bedeutung zugemessen und damit auch das bekannte Konzept der *traumatischen Neurose* für unwichtig erklärt. Lange Zeit wurde die Annahme weiterer wichtiger und prägender Entwicklungsschritte während des gesamten Lebenszyklus verworfen.

So resultierte eine irritierende Situation: Die damaligen Söhne mit abwesenden Vätern interessierten jetzt als (Ehe-)Männer. In ihren Biographien wurden zwar abwesende Väter und traumatisierende Kriegserlebnisse erwähnt, kaum aber in ihrer möglichen Bedeutung bezüglich der von den (emanzipierten) Frauen heftig kritisierten Persönlichkeitszügen und Verhaltensweisen diskutiert, geschweige denn gewürdigt (beispielhaft Dierichs u. Mitscherlich 1980).

Mehrere Forschungsrichtungen führten dann schließlich zur eindeutigen Anerkennung traumatisierender Einflüsse auf die (lebenslange) Entwicklung:

- Psychoanalytische Forschungen über die lebenslang anhaltenden schweren Folgen des KZ-Aufenthalts sowohl bei Erwachsenen als auch insbesondere bei dorthin verschleppten, von ihren Eltern getrennten, überlebenden Kindern und über die Folgen in der zweiten Generation von Opfern und Tätern;
- die psychotraumatologische Forschung und
- die jetzt eine lebenslange Entwicklung akzeptierende allgemeinpsychologische und psychoanalytische Entwicklungspsychologie.

Forschung in einzelnen Wissensdisziplinen wird nicht nur durch sich aufdrängende Themen, Mainstreams, Förderschwerpunkte und ähnliches bestimmt, sondern ebenso durch die Ansichten, die Biographie, das Geschlecht und das Alter der Forschenden. Damit stellt sich die Frage: Wie reagierten die Psychoanalytikerinnen und Psychoanalytiker auf diese in den Psychoanalysen und Psychotherapien unüberhörbaren Tatbestände einer durch den Krieg und seine Folgen eingeschränkten Kindheit mit zeitweiliger oder andauernder väterlicher Abwesenheit? Zweifelsfrei brachten viele, die zwischen 1960 und 1985/90 psychotherapeutisch behandelt wurden, eine derartige Biographie mit: als Patienten oder als um psychoanalytische Weiterbildung Nachsuchende. Selbstverständlich wurden sie auch behandelt oder durchliefen die psychoanalytische Weiterbildung. Aufgrund meiner eigenen und der Erfahrungen von Kollegen und der mir immer wieder berichteten Erfahrungen von Patienten dieser Alterskohorte kann ich sagen, daß diese biographischen Gegebenheiten damals und über einen langen Zeitraum hinweg weder ausreichend berücksichtigt noch für die Genese vorliegender Störungen als relevant angesehen wurden. Sie wurden auch nicht bezüglich ihrer Auswirkungen auf eine eingeschränkte oder auferlegte Identität untersucht. Wie der zitierte Registerband der Zeitschrift »Psyche« belegt, fehlen entsprechende Publikationen fast völlig. Erst ab 1980 bekommt (deutsche) Geschichte Bedeutung.

Allmählich »begann sich die Aufmerksamkeit der Analytiker zwar dem Schicksal der von der nationalsozialistischen Gewaltherrschaft rassisch und politisch Verfolgten zuzuwenden, dabei wurde aber für mein Empfinden das Leid deutscher Mütter und Kinder während des Kriegs und der Nachkriegszeit weitgehend übersehen. An sich waren diese unmittelbar durch den Krieg erlittenen Traumatisierungen verhältnismäßig leicht zu erkennen. Verletzung oder Tod eines Elternteils oder eines Geschwisters waren in ihren Folgen schwerwiegend genug. Aber bereits Flucht oder Vertreibung wurden nicht als etwas Außergewöhnliches gewertet – war es doch so vielen ähnlich ergangen. Vieles wurde in seiner jeweiligen individuellen Bedeutung zwar gesehen, auf einer allgemeinen Ebene jedoch fast unmerklicherweise verharmlost. Das war nichts anderes als Ausdruck einer jeweils partiellen Verleugnung und hatte letzten Endes einen Bedeutungsentzug zum Ziel. Mit der Zeit wurde die unliebsame Erinnerung ganz offen abgewiesen. ... Die Auswirkungen der jeweiligen historischen Konstellation auf die örtliche, zeitliche und familiäre Situation wurde in der Psychoanalyse immer vernachlässigt. Meine Patienten haben ihre Leiden eher *an traumatisierenden Gesamtkonstellationen, die nur vor dem geschichtlichen Hintergrund interpretierbar sind, erworben.* Sie kannten oft gar nicht erst einen ›Normalzustand‹« (Eckstaedt 1989, S. 9 f., 205, 231).

Für diese Verleugnung sind bestimmt theoretische Schwierigkeiten und damalige psychoanalytische Mainstreams (Ich-Psychologie, Narzißmus) *mit*-verantwortlich – aber auch die damals behandelnden Psychoanalytikerinnen und Psychoanalytiker. Diejenigen, die etwa die Deutsche Psychoanalytische Vereinigung (DPV) nach dem Krieg aufbauten, hatten Vorkriegszeit und Kriegszeit sowie direkte Nachkriegszeit miterlebt und in vielfältiger Form auch miterlitten (Richter 1986). Vermutlich war und wurde für sie damals das alltägliche und weitreichende Elend »Normalität«. Diese *pathologische Normalität* war von ihnen nicht änderbar – davon fühlten sie sich aufgrund ihrer geringen Anzahl (s. Fußnote 29) wohl auch überfordert. So zentrierten sie sich in der Mehrheit bereitwillig auf die innerpsychische Welt und die Aufbauarbeit an ihren Psychoanalytischen Instituten. Dazu orientierten sie sich an den durch das Ausland, speziell die USA, vorgegebenen theoretischen psychoanalytischen Ansichten. Die von ihnen weitergebildeten Psychoanalytiker meiner Altersgruppe und anschließend die noch Jüngeren gehörten zu diesen zwischen 1932/35 und 1945/48 Geborenen. Längst sozialisiert im Umgang mit unserer Geschichte, identifizierten wir uns mit der These der weitgehenden Bedeutungslosigkeit realer traumatisierender und dazu noch lebenslang beeinträchtigender Einflüsse und beschäftigten uns ebenfalls intensiv und fast ausschließlich mit unserer innerpsychischen Welt.

Mit dieser Sichtweise – quasi mit der psychoanalytischen Muttermilch vermittelt – begegneten wir wiederum unseren Patienten und behandelten sie. Sie – fast gleichaltrig oder nur wenig jünger – brachten (gerade in Berlin, wo ich meine psychiatrische Weiterbildung absolvierte und meine psychoanalytische begann) eine gleiche Biographie mit. Ich hörte die entsprechenden Tatbestände, beschrieb sie in den Krankenblättern und Krankenkassenanträgen, verstand sogar ihre Chiffren. Nach meiner Erinnerung erreichten mich diese Botschaften jedoch gefühlsmäßig zu wenig und erhielten auch nur relativ geringe Bedeutung für ihre Behandlung: Wie hätte ich aufgrund meiner Biographie mit meinen nicht zugelassenen Gefühlen von Trauer, Vorwurf, Sehnsucht und Verzweiflung reagieren können?

Die jüngeren dieser jetzt weitergebildeten Gruppe von Psychoanalytikern – eindeutig durch die 68er studentische Revolte angeregt – fingen dann ab Anfang der achtziger Jahre an, sich intensiv mit der (deutschen) Geschichte zu befassen, um nicht weiterhin als ges(ch)ichtslose Psychoanalytiker eine ges(ch)ichtslose Psychoanalyse (Speier 1987) zu vertreten. Unter der dargestellten Perspektive »Nationalsozialismus und Psychoanalyse« versuchten sie, das damalige Verhalten ihrer Eltern, aber insbesondere ihrer psychoanalytischen »Väter«

(und auch »Mütter«) zu verstehen. Diese heftige, scharfe, unerbitterliche und dadurch oft verletzende und kränkende Diskussion in der DPV (vgl. »Psychoanalyse unter Hitler« 1984, Platta 1986) bewies für mich immer wieder die tiefgreifende Enttäuschung dieser Altersgruppe von Kollegen an den früher so idealisierten und eben als Ersatz genommenen psychoanalytischen »Vätern«.

Für die nächste psychoanalytische Alterskohorte (geboren ab 1950) gehört nach meinem Eindruck diese (persönliche) Geschichte längst zur (allgemeinen) Geschichte. Sie haben sie nicht miterlebt, und schon ihre gleichaltrigen, aber in der Regel jetzt aber doch eindeutig jüngeren Patienten bringen eine völlig andere biographische Entwicklung mit. Wenn Väter fehlten, dann in einem anderen Kontext und in anderer Form.

Der psychotherapeutisch mögliche Weg, eine derartige persönliche Geschichte und damit die allgemeine Geschichte kennenzulernen, wurde bei uns nicht beschritten: In Deutschland (ebenso in Österreich) wurden im Vergleich etwas oder sogar deutlich Ältere ganz im Gegensatz zu den USA auffallend lange Zeit nicht behandelt. Dieses Phänomen läßt sich weder durch die mit der »psychoanalytischen Muttermilch« eingesogene Altersgrenze von 40/45 Jahren für psychoanalytische Behandlungen noch durch die lange Zeit nicht zu befriedigende Nachfrage nach Behandlungsplätzen erklären. Es spiegelt sich auch darin wider, daß in diesen beiden Ländern bezüglich (psycho-, sozio-) gerontologischer, geriatrischer und gerontopsychiatrischer Forschung, Lehre und qualifizierter ambulanter Versorgung im internationalen Vergleich ein deutlicher Rückstand besteht (vgl. Jansen et al. 1999).

Alle Jüngeren wollten vorbewußt bis unbewußt vermutlich keinesfalls einer sie erschreckenden und beunruhigenden traumatisierten Kindheit und Jugendzeit begegnen – weder bei den älteren Patientinnen und Patienten noch bei den (eigenen oder psychoanalytischen) Vätern und Müttern wie auch Großeltern. Dazu bestand der Vorwurf an diese Alterskohorten (unbewußt und unreflektiert inzwischen auch auf die Altersgruppe dieser Kinder und Jugendlichen übertragen; vgl. Peters 1997) ob ihrer

Schuld an dem Dritten Reich sowie am Zweiten Weltkrieg und seinen Folgen weiter. Man kann eine Alterskohorte auch dadurch (vorbewußt) bestrafen, daß man ihr qualifizierte gerontologische Forschung, Lehre und Versorgung vorenthält.

Darüber hinaus gab es wohl zusätzlich schwierige Behandlungserfahrungen: Die Publikationen[30] beschreiben häufiger nur ein- bis zweimalige Kontakte mit Angehörigen dieser Altersgruppe bei spezifischen Kursen und bei Erstinterviews. Vollständige kürzere oder sogar längere Behandlungsberichte fehlen weitgehend. Zusätzlich wird über spezifische eigene Erfahrungen sowie über Behandlungsschwierigkeiten berichtet. Fast völlig fehlen Informationen über Behandlungsdauer, Behandlungszeitpunkt und insbesondere über die erzielten Behandlungsergebnisse – sowohl aus der Sicht der Behandler als auch insbesondere der Patienten. Verstehen sich erreichte (positive) Behandlungsergebnisse so von selbst, daß sie überhaupt nicht publiziert zu werden brauchen? Ich befürchte aufgrund der vereinzelten Hinweise auf gemachte Erfahrungen und erlebte Schwierigkeiten sowie aufgrund der von seiten der Patientinnen und Patienten erhofften Beziehungen (alleinig und langfristig verläßlich zu einem »Vater«; vgl. Zielen 1988), daß die Behandlungsergebnisse eher unbefriedigend blieben. Außerdem wurden diese Patienten bisher kaum katamnestisch befragt.

Diese meine kritischen Anmerkungen über frühere und heutige Forscherinnen und Forscher (selbstverständlich kenne ich einige wenige von mir sehr geschätzte, die entgegen dem Mainstream qualifiziert forschen) beziehen sich auf Angehörige aller Wissensdisziplinen. So mangelt es in Deutschland bis heute an weiteren Untersuchungen über Situation und Entwicklung der damaligen (Kriegs-)Väter und über chronifizierte posttraumatische Reaktionen bei Männern und Frauen (erste Untersuchungen werden erst seit 1999 vorgelegt). Über die Entwicklung dieser damaligen Kinder und Jugendlichen und ihre jetzige Situation im mittleren Erwachsenenalter wird in absehbarer Zeit die Inter-

---

30 Vgl. Eckstaedt 1989; Heimannsberg u. Schmidt 1988; Heinl 1994; Müller-Hohagen 1988.

disziplinäre Langzeitstudie des Erwachsenenalters (ILSE) informieren. Sie schloß 1996 einen ersten Untersuchungsdurchgang mit insgesamt 1384 Teilnehmern der Jahrgänge 1930/32 und 1950/52 aus fünf Regionen Deutschlands ab (Heidelberg-Mannheim-Ludwigshafen, Großraum Leipzig, Bonn, Erlangen-Nürnberg und Rostock). Sie untersucht in Kooperation von Medizinern, Psychologen, Psychiatern und Sportwissenschaftlern die Bedingungen eines gesunden und zufriedenen Alterns. Durch den Einbezug der Jahrgänge 1930/32 werden zum ersten Mal repräsentative Daten über diese Alterskohorte vorgelegt werden – spezifische hier interessierende Aspekte, etwa die Art väterlicher Abwesenheit, wurden anscheinend jedoch nicht erfaßt.[31]

Insgesamt gilt jedoch, daß wir immer noch zu wenig über die damalige psychosoziale Situation, die weitere Entwicklung dieser Kinder (insbesondere der Söhne) und ihr heutiges Befinden wissen. Untersuchungen über die Auswirkung des Kriegs auf die damaligen Kinder aus deren Sicht stehen noch aus (vgl. Dörr 1998, S. 490).

Das Fazit ist sowohl bezüglich unserer Vergangenheit als auch bezüglich unserer Gegenwart eindeutig: Ein langer Prozeß führte bei vielen (wahrscheinlich den meisten) Mitgliedern der Teilgruppen 2 und 3 dazu, daß sie als »Normal-Geschädigte« ihre Situation in Kindheit und Jugendzeit im Rückblick weitgehend ich-synton im Sinn einer (sich selbst so nicht zugestandenen) pathologischen Normalität verstehen. Ihre Geschichte beinhaltet eine beeinträchtigte Kindheit mit eingeschränkten psychosozialen Entwicklungsmöglichkeiten, abwesende Väter, Parentifizierungen verbunden mit Delegationen sowie aufgrund

31 Der benutzte »soziodemographische Fragebogen« erfaßt die Dauer der und den Grund für die Abwesenheit der Eltern. Außerdem wird das Geburtsjahr und das Sterbealter der Eltern erfaßt, jedoch nicht die Todesursache. (Erst beim gerade laufenden zweiten Meßpunkt erfragt.) »Die Abwesenheit der Väter im Sinn Ihrer Definition (gefallen, vermißt, schwer verändert aus dem Krieg heimgekehrt) wird nicht explizit erfaßt.« (Persönliche Mitteilung von M. Schmitt, Deutsches Zentrum für Alternsforschung, Heidelberg)

der fehlenden oder eingeschränkten Triangulierung fortbestehende oder erneute (häufig in neurotischem Ausmaß) intensive Beziehungen zu ihren Müttern. Dieser Prozeß umfaßt – für die verschiedenen Altersgruppen unterschiedlich kombiniert – das bewußte Vergessen möglichst aller diesbezüglicher Erfahrungen einschließlich der dazu gehörigen Gefühle, das Nicht-Kennen unbeschädigter Familienstrukturen und Lebenssituationen und das Verdrängen dieser Aspekte aus Kindheit und Jugendzeit, um die Abwehr zu stabilisieren und möglichst lebenslang aufrechtzuerhalten. Viele Kinder blieben so lebenslang stumm oder verstummten; entsprechend schweigen sie auch heute untereinander.

Eingeschränkte oder ungenügende Startbedingungen können später durch große eigene Bemühungen (wie viele Biographien dieser Altersgruppe verdeutlichen) ausgeglichen, zumindestens abgeschwächt werden. Sich wiederholende neurotische Beziehungsstörungen werden mit Hilfe einer Psychotherapie klärbar und bearbeitbar. Als unbewußt lebenslang entscheidend und damit beeinträchtigend erweisen sich jedoch die abwesenden Väter sowie die Parentifizierungen mit entsprechenden Delegationen, die eine lebenslang anhaltende, auffallend auferlegte und insgesamt unsichere psychosexuelle und psychosoziale Identität bedingen.

Die unverändert ungenügende oder fast fehlende Wahrnehmung dieser Angehörigen der Teilgruppen 2 und 3 in der allgemeinen und fachlichen[32] Öffentlichkeit läßt sich nur zum klei-

32 Nur wenige diesbezügliche Untersuchungen liegen bisher vor. Vergleicht man entsprechende Publikationen (Overbeck u. Wirth 1986; Dierking u. Wirth 1988/89; Tas u. Wiesse 1995 und Schlösser u. Höhfeld 1998), so wird deutlich, daß sowohl die Thematik *Erinnerung* als auch die sich jetzt anschließende Thematik *Trauma* weitgehend oder sogar ausschließlich unter der Perspektive Weitergabe des Nationalsozialismus und Opfer-Kinder/Täter-Kinder gesehen wird. In der letzteren Publikation beziehen sich lediglich Reemtsma (1998) auf einen jahrelang in sowjetischer Gefangenschaft gewesenen ehemaligen Wehrmachtssoldaten mit zugestandener Traumatisierung sowie Moser (1998) mit dem vierfachen Vaterbild einer nach dem Krieg geborenen

neren Teil durch diesen beschriebenen gemeinsamen Prozeß begreifen, der ein entsprechendes (vor- bis unbewußtes) Angebot an die allgemeine, die forschende und im Bedarfsfall auch untersuchende Umwelt darstellt. Offenbar besteht für die in diesem Bereich untersuchenden, behandelnden und forschenden Gleichaltrigen, aber insbesondere Jüngeren das vor- bis unbewußte *Gebot* sich mit dieser Zeit weitgehend oder ausschließlich unter der dargestellten Perspektive *Nationalsozialismus* oder *Kinder der Opfer und Täter* zu befassen und das (wiederum vor- bis unbewußte) *Verbot* Ausmaß und Folgen *lebenslänglich abwesender Väter und beschädigter Kriegskindheit* anzuerkennen. Offenbar bewirkt nur eigene Betroffenheit[33] – wie auch bei mir –, dieses Gebot und damit das Schweigen zu durchbrechen.

Tochter und Affeld-Niemeyer (1998) mit einer »kopfabreißenden, herzzerreißenden Kinderkriegsgeschichte« – auffallend wenig für einen Kongreßband von 494 Seiten zum Thema »Trauma und Konflikt« im Jahr 1998 in Deutschland! Selbst Franz (1997) bezieht in seiner ersten Darstellung des auffallenden Befundes des Einflusses der Vaterlosigkeit in der Mannheimer-Kohorten-Studie diesen bedeutungsmäßig keineswegs auf die Kriegskindergeneration, sondern lediglich auf die derzeit abwesenden Väter. Selten wie z. B. bei Moser (1996) und Schmidbauer (1998) werden beide Aspekte gewürdigt.

33 Die eigene Betroffenheit zeigt sich entweder in knappen biographischen Hinweisen, z. B. Schmidbauer (1998, S. 15–18) oder in intensiv zugelassenen und auch beschriebenen Gefühlen, wie z. B. bei Heinl (1994, S. 59–63).

Weiterführende Fragen

Welche weiteren psychotherapeutischen Behandlungschancen bestehen?

Die zwischen 1932/35 und 1945/48 Geborenen befinden sich heute im mittleren und höheren Erwachsenenalter: Die 1935 Geborenen sind heute 65, die 1940 Geborenen 60 und die 1945 Geborenen 55 Jahre alt. Die noch älteren Männer und Frauen erlebten und erlitten den Krieg als Flakhelfer oder junge Soldaten, in der Fabrik oder auf dem Bauernhof helfend.

Direkt nach dem Krieg und noch lange andauernd stand für diese Gruppen bei gezeigten Verhaltensauffälligkeiten, Störungen und auch psychischen Erkrankungen keinerlei Betreuung, Beratung oder gar Psychotherapie zur Verfügung (ebenso wenig wie für die Mütter). Lediglich verwaiste, »verwahrloste« oder »schwer erziehbare« Jugendliche wurden in entsprechende (dazu nur in geringem Umfang zur Verfügung stehende) Heimplätze eingewiesen – weniger zur Resozialisierung denn zur Bewahrung. Das studentische psychotherapeutische Beratungsangebot wurde erst auf Forderungen der 68er-Studentengeneration eingerichtet.

1968 bei Einführung der Übernahme psychotherapeutischer Behandlungskosten durch die gesetzlichen Krankenkassen waren die 1935 Geborenen bereits 33 Jahre alt und näherten sich damit bald der damals gesetzten Behandlungsgrenze von 40 Jahren. Dazu beschränkte sich das psychotherapeutische Behandlungsangebot auf einige wenige Großstädte – insbesondere auf diejenigen, in denen ein psychoanalytisches Weiterbildungsinstitut existierte. Erst ab 1985 bestand eine zunehmend bessere psychotherapeutische Versorgung. 1985 waren die 1935 Geborenen allerdings schon 50 und die 1945 Geborenen 40 Jahre alt – nach damals noch vorherrschender Lehrmeinung schon jenseits oder gerade an dieser angenommenen Altersgrenze – somit bestanden wiederum keine bis nur geringe Behandlungschancen.

Wie stellt sich die Situation heute dar? Die psychotherapeutische Versorgung der Bevölkerung der Bundesrepublik – insbesondere nach der Verabschiedung des Psychotherapeutengesetzes 1999 – kann als umfassend, auf jeden Fall ausreichend bei entsprechend vielfältigen Möglichkeiten (unterschiedliche Konzepte, unterschiedliche Behandlungsformen, ambulante und stationäre Versorgung) angesehen werden.

Aufgrund der (insbesondere auch meiner, vgl. Radebold 1992, Radebold u. Schweizer 1996) Forschungsergebnisse und Behandlungserfahrungen in den vergangenen 20 Jahren ist längst – nun auch im deutschsprachigen Bereich – sicherer Wissens- und Kenntnisstand, daß Erwachsene mit entsprechenden psychischen Störungen bei positiver Indikationsstellung selbstverständlich auch mit 50, 60, 70 oder 80 Jahren (auch noch später) psychotherapeutisch gut mit lang anhaltenden Erfolgen nach unterschiedlichen Konzepten behandelt werden können (vgl. Heuft u. Marschner 1994, Radebold u. Hirsch 1994). Dieser Sachverhalt gehört leider noch nicht im ausreichenden Umfang zum allgemeinen Wissensbestand von Ärzten, Psychologen sowie ärztlichen und psychologischen Fachpsychotherapeuten. Erfreulicherweise hat sich die Altersgrenze für entsprechende Behandlungen allmählich verändert, so werden fast selbstverständlich inzwischen auch 50- bis 60jährige ambulant und insbesondere stationär behandelt. Ab dem 60./65. Lebensjahr erfolgen noch immer in minimalem Umfang psychotherapeutische Behandlungen – mit Veränderungen der Zeitdauer (20 Minuten anstatt 50 Minuten pro Stunde), der Behandlungsdauer (10–20 Stunden anstelle langfristiger notwendiger Behandlungen), der Behandlungsfrequenz (statt ein bis zwei Wochenstunden eine Stunde alle 14 Tage oder 3 Wochen) und der Behandlungstiefe (Angehen bewußter Schwierigkeiten und psychosoziale Begleitung anstelle Bearbeitung unbewußter bis vorbewußter Konflikte).

Die Anzahl der langfristig beeinträchtigten Angehörigen der von mir beschriebenen 2. und 3. Teilgruppe ist insgesamt als groß einzuschätzen (vgl. Franz et al. 1999). Nach meinem Eindruck, gestützt auf Supervisionserfahrungen und Berichte von Kollegen, zählt ein erheblicher Teil der in den letzten Jahren insbesondere in Psychosomatischen und Psychotherapeutischen Kliniken stationär behandelten Patienten dieser Altersgruppen dazu. Werden diese Mitglieder der 2. und 3. Teilgruppe noch eine adäquate Behandlungschance erhalten?

Aufgrund der jetzt vorhandenen ausreichenden psychotherapeutischen Behandlungsmöglichkeiten und des gegebenen Forschungs- und Erfahrungsstandes über die Behandlung über 55-/60jähriger hängt die Antwort dafür von zusätzlichen Aspekten ab. Auf seiten der Mitglieder der 2. und 3. Teilgruppe bedarf es zunächst der Bereitschaft, ihre bisher eher geleugneten, bagatellisierten und abgespaltenen Erlebnisse und Erfahrungen und ihre daraus resultierende Entwicklung in Kriegs- und Nachkriegszeit als wichtig und damit als prägenden Teil ihrer Biographie anzuerkennen als auch als (mit)verantwortlich für ihre heutige psychische und psychosomatische Erkrankung zu akzeptieren. Dann bedarf es des Mutes, sich auf einen langen, oft beängstigenden und bedrohlichen Behandlungsprozeß einzulassen, der gleichzeitig langes, intensives Trauern einfordert. Gerade für Männer – bisher lebenslang »funktionierend« – bedeuten dieses Ansinnen und diese Aufgabe eine hohe Kränkung ihres bisherigen eigenen Ich-Ideals. Meine Erfahrungen sprechen allerdings dafür, daß viele Männer sich aufgrund ihrer Geschichte als bedrückt und verzweifelt erleben; sie ist ihnen sehr nahe, und sie fühlen sich ihr zunehmend im eigenen mittleren Lebensalter hilflos ausgeliefert.

Die überweisenden oder behandelnden Ärzte sowie die begutachtenden Ärzte bei den Landesversicherungsanstalten bedürfen des Wissens und des Bewußtseins um die Möglichkeiten einer spezifischen gestörten Entwicklung bei dieser Altersgruppe. In der Regel erbringt die nur kurz erhobene Anamnese zunächst keine Auffälligkeiten. Die befragten Patienten (oft zusätzlich durch ihre Vorerfahrungen mit einer gespürten ablehnenden Einstellung vorsichtig bis resigniert) geben entweder keine Hinweise oder bagatellisieren mögliche Ereignisse. Nur eine genaue systematisch erfragte Anamnese mit Zuordnung entsprechender Daten klärt zumindest die möglichen äußeren, traumatisierenden und sich kumulierenden Einflüsse ab. Ein ausführliches Gespräch unter Bezug auf diese Biographie, eine eindeutige Beratung und Empfehlung einer angemessenen Behandlung und die notwendige Überweisung an geeignete kooperierende ärztliche oder psychologische Fachpsychotherapeuten stellen notwendige weitere Schritte dar.

Die (diagnostizierenden, allgemein oder fachspezifisch behandelnden) Ärzte und Psychologen waren früher eher gleichaltrig und werden jetzt in der Altersrelation zunehmend immer jünger. Für sie besteht die schwierige Aufgabe, zu einem zumindest gleichaltrigen, in der Regel aber älteren Menschen eine gefühlsmäßige Beziehung aufzunehmen – kurzfristig zur Anamneseerhebung, Kennenlernen der Biographie, Diagnose, Beratung und Überweisung und langfristig für ihre psychotherapeutische Behandlung.

Die Schwierigkeiten dieser Beziehungskonstellation wurden in den letzten 20 Jahren auch im deutschsprachigen Raum intensiv erforscht (vgl. Hinze 1987, Hirsch 1997, Radebold 1992). Sie schafft von Anfang an eine in wesentlichen Teilen unbewußte und im Gegensatz zur typischen Behandlungssituation *umgekehrte Übertragungskonstellation*. In der regelhaften Übertragungskonstellation werden die gleichaltrigen oder in der Regel älteren Behandler in die Position von Elternteilen oder anderen wichtigen Beziehungspersonen eingesetzt, auf die einerseits alle Gefühle, Interaktionsmuster und Konflikte unbewußt übertragen werden und bei denen andererseits trotz aller Befürchtungen Schutz, Sicherheit, Hilfestellung sowie Anerkennung gesucht wird. Diese Konstellation wird durch die Autorität des Behandlers, seine gegebene Fachkompetenz und das in der Regel gleichaltrige bis höhere Lebensalter gefördert. Jetzt begegnen die Jüngeren in der Person von Älteren erneut ihren »Eltern« und anderen wichtigen älteren Beziehungspersonen. Unbewußt werden sofort wiederum alle diesbezüglichen Gefühle, Interaktionsmuster und Konflikte wiederbelebt und entsprechend wird – wiederum unbewußt – reagiert. So lassen sich vielfältige Verhaltensweisen der Behandler beobachten (vgl. Radebold 1996): von schroffer, rationalisierender Abwehr über allgemeines Desinteresse bis hin zu intensiven gefühlsmäßigen Behandlungsangeboten unter Vernachlässigung aller notwendigen diagnostischen und indikativen Kriterien. Bei der hier beschriebenen Patienten-Gruppe begegnen die Behandler außerdem der individuellen und allgemeinen *Geschichte ihrer Eltern und Großeltern* – möglicherweise sogar ihrer bedrückenden, beängstigenden und kummervollen Kindheit und Jugendzeit in Kriegs- und Nachkriegszeit. Diese wurde kaum berichtet, blieb verschwiegen, ist unbekannt und interessierte darüber hinaus bewußt die Jüngeren wenig.

In der Situation von *Diagnose, Beratung und längerfristiger Behandlung* muß man sich als Behandler dieser Vergangenheit mit all ihren andrängenden Anteilen stellen – wer kann etwa ältere weinende Frauen und weinende oder erstarrende ältere Männer unberührt erleben?

Weiterhin verlangt die Begegnung, sich für die Geschichte der damaligen Zeit zu interessieren (erstmals oder erneut nach der Schulzeit), um diese Patienten und ihre Entwicklung überhaupt verstehen zu können, um den historischen Kontext herzustellen und ihre durch Chiffren[34] vermittelten Erlebnisse zu begreifen.

Schließlich wirft die Begegnung mit Älteren immer wieder die Frage auf: »Wie will ich überhaupt selbst altern, und will

34 Im Sinn von benutzten Begriffen, die auf bestimmte damalige soziale/historische Sachverhalte hinweisen. Sie entstammen dem damaligen alltäglichen Sprachschatz und können nur aufgrund guter bis umfassender Kenntnisse der damaligen Alltagsgeschichte verstanden werden.

ich so altern wie diese Älteren?« Damit eng verknüpft ist die Frage des Alterns und der Lebenssituation der eigenen Eltern und Großeltern.

Nach allen Erfahrungen bedingt gerade diese spezifische umgekehrte Übertragungskonstellation, daß Therapeuten oft kein Interesse für die Geschichte und Entwicklung von Älteren zeigen, sie lediglich diagnostisch abklären, ihnen kaum Behandlungschancen einräumen und sie erst recht nicht in Behandlung nehmen. Dadurch erscheint mir die jetzt noch gegebene eindeutige Behandlungschance für diese Mitglieder der 2. und 3.Teilgruppe leider erheblich eingeschränkt. Hoffentlich begreifen die jüngeren Behandlerinnen und Behandler jedoch noch, daß die – zugegeben oft schwierige und langwierige – Behandlung dieser Teilgruppen eine einmalige Chance bietet, unsere zurückliegende allgemeine und ihre eigene Familiengeschichte kennenzulernen – damit auch aus einer anderen Perspektive die Einflüsse, die sie selbst prägten.

Wie werden diese damaligen Kriegskinder altern?

Die Gesellschaft der Bundesrepublik wird seit mindestens 15 Jahren mit dramatischen demographischen Veränderungen konfrontiert, die sich in dem dreifachen Phänomen des Alterns manifestieren: Immer mehr Menschen werden alt, immer mehr Ältere werden noch älter und die Relation von Jüngeren zu Älteren verschiebt sich ausgeprägt zu Gunsten der letzteren. Zur Zeit macht der Anteil der über 60jährigen bereits über 20 Prozent der Gesamtbevölkerung aus; nach der mittleren Bevölkerungsprognose des Statistischen Bundesamtes werden sie im Jahr 2030 ein Drittel der Gesamtbevölkerung stellen.

Die gerontologischen wissenschaftlichen Teildisziplinen (vgl. Jansen et al. 1999) gehen von einer immer stärker differenzierenden Sicht dieser Altersgruppe aus. Sie betrifft die unterschiedlichen Abschnitte des Lebensablaufs (wie sie die *jungen Alten* und die *alten Alten* repräsentieren) sowie von aufgrund von Bildung, Einkommen, Gesundheit zu unterscheidenden Gruppen unter dem Einfluß der Phänomene Entberuflichung, Singularisierung und Feminisierung. Insgesamt wird von der Herausbildung einer *bunten Gesellschaft* ausgegangen mit vielfältigen, bisher nicht bekannten und erprobten Lebensformen bei einer zunehmenden Tendenz zur Individualisierung (vgl. Rosenmayr 1996).

Unter dieser Perspektive einer zunehmend längeren Lebenszeit und erforderlichen differenzierenden Sicht tritt jetzt mit der Gruppe der zwischen 1932/35 und 1945/48 Geborenen allmählich eine weitere Gruppe in ihre Alterssituation ein oder ist schon in sie eingetreten.

Bei meinen sowie vielen anderen mir aus Behandlungen, Klinik und Supervision bekannt gewordenen Patienten dieser Altersgruppe zeig(t)en sich auffallende Befunde. Nimmt man aus psychoanalytischer Perspektive als Kriterien die Bereiche *psychische und körperliche Gesundheit einschließlich Körperbiographie, Umgang mit Triebimpulsen und -bedürfnissen, inter- und intragenerationelle Beziehungen, außerberufliche Interessen* sowie *Identität*, so lassen sich diese Befunde folgendermaßen beschreiben und interpretieren.

Das mittlere Erwachsenenalter (45–60 Jahre) führte bereits in größerem Umfang zur Manifestation von psychischen oder psychosomatischen Störungen und schwerwiegenden (sich teilweise chronifizierenden) Krankheitsfolgen. Eine weitere Zunahme psychischer und psychosomatischer Dekompensation läßt sich vermuten. Körperbild und damit Körperbiographie insbesondere der Männer sind geformt durch die in ihrer Jugendzeit vorherrschenden und in die Identifizierung übernommenen Erziehungs- und Familienideale, das heißt, hartes, zähes, durchhaltendes Verhalten mit wenig Rücksichtnahme auf körperliche Reaktionen geschweige denn Bedürfnisse mit dem Anspruch ständigen Funktionierens (der Körper als Maschine, als Diener oder sogar als nicht-existenter, aber auf jeden Fall unwichtiger Bestandteil des Selbst). Entsprechend resultieren mangelnde Fürsorge (wenig Vorsorgeuntersuchungen, zu wenig systematische Durchführung von Behandlungsmaßnahmen) bis Vernachlässigung und Schädigung (Unterlassen entsprechender diagnostischer, behandlungsmäßiger und kurativer Maßnahmen, Fortführung von Nikotin-, Alkohol- und Tablettenabusus). Auch die Frauen wurden teilweise unter diesem Erziehungsideal groß.

Eigene Bedürfnisse, insbesondere prägenitale Wünsche nach Nähe, Geborgenheit, Zärtlichkeit sowie regressive Verhaltensweisen blieben weitgehend unbekannt. Sie wurden zumindest kaum anerkannt, geschweige denn systematisch erprobt. Die Frage »Was will ich?« war ebenso unbekannt und wurde meistens nur altruistisch versteckt gelebt. So können wahrscheinlich bestehende oder sich sogar neu ergebende Befriedigungsmöglichkeiten nicht genutzt oder müssen abgewehrt werden. Das bewährte Verhalten des *Funktionierens* wird vermutlich langfristig fortgesetzt.

Außerberufliche Interessen, Aktivitäten und Fähigkeiten (insbesondere auch schöpferischer, musischer oder künstlerischer Art) sind aufgrund der Kriegs- und Nachkriegssozialisation, des schnellen Erwachsenwerdens und der damals fehlenden Möglichkeiten (kein Spielzeug, keine Musikinstrumente, keine schulischen Möglichkeiten, kein eigener Lebensbereich) nicht bekannt, nur mangelhaft ausgeprägt oder wurden aufgrund der delegierten Pflichten weitgehend verdrängt. In den durchgeführten Psychoanalysen und langfristigen Psychotherapien erwies es sich immer wieder als notwendig, spätestens im letzten Drittel gemeinsam mit den Patienten diese Bereiche systematisch zu erkunden und zu erproben. Die teilweise noch vorhandenen, lebenslang gehegten Phantasien »Wenn, dann ...«, also nach Abschluß von Schule, Ausbildung, Studium, nach Familiengründung und Existenzsicherung, nach beruflichem Aufstieg (und das alles innerhalb eines kurzen Zeitraumes) können jetzt »nach der Pensionierung«[35] nicht mehr realisiert werden.

---

35 Vgl. Opaschowski (1998): »Viele Beschäftigte im Ruhestand zeigen deutliche Ritualisierungstendenzen; sie geben dem Alter Stabilität und Normalität. Formal gesehen weisen die Ruhestandstage viele Parallelen zum Arbeitstag auf: Durchstrukturierung, bestimmte Zeiteinteilung, feste Verhaltensgewohnheiten. Diese Lebensweise erscheint nur

Männer und Frauen *ohne Funktion* setzen dann aufgrund ihrer innerlichen Bedrohung durch den Statusverlust ihre »berufliche Tätigkeit« in außerberuflichen Feldern fort.

Die partnerschaftlichen Beziehungen wirken oft erstarrt, ritualisiert mit Beschränkung beider auf eigene berufliche oder familiäre Aufgabenbereiche – häufiger bestehen sie nicht mehr. Neue Beziehungen verdeutlichen dann unverändert die anhaltende Beziehungsproblematik (vgl. Jaeggi 1996). Die Beziehungen zu den eigenen Kindern wurden entscheidend bestimmt durch den Wunsch, sie materiell, sozial und psychisch besser und freier aufwachsen zu lassen. Vorliegende Untersuchungen zur transgenerationellen Weitergabe traumatisierender Erfahrungen aus den Gruppen der Opfer und Täter (vgl. Massing 1988, Rosenthal 1997) lassen allerdings vermuten, daß auch in diesen Familien eine entsprechende, die nächste Generation beeinträchtigende Weitergabe erfolgte. Sie wird die Beziehung zwischen den Generationen während der Erwachsenenzeit entsprechend problematisch prägen.

Unverändert bleibt für diese Mitglieder der zweiten und dritten Gruppe die Schwierigkeit, bisher verdrängte, abgespaltene oder geleugnete Gefühle zuzulassen und sie für sich und die eigenen Beziehungen zu nutzen. Eine zentrale (Entwicklungs-) Aufgabe der zweiten Hälfte des Erwachsenenalters (vgl. Pollock 1981) stellt das Durchleben und Annehmen von Verlusten und damit das Trauern dar, um anschließend erneut innere Freiheit zu erreichen. Wir müssen uns von den alten Eltern und anderen Verwandten, von Partnern, Geschwistern, Freunden, Berufskollegen (manchmal sogar schon von Kindern und Enkelkindern), von physischen und psychischen Funktionen und Fertigkeiten, von Berufstätigkeit, Rollen und Status trennen. Im

bedingt frei, sie entsteht letztlich aus einem inneren Zwang heraus. Das verleiht schließlich Sicherheit und bringt Ordnung in das Leben. So selbstbewußt sich die Ruheständler nach außen auch geben, so verunsichert wirken sie teilweise nach innen. Stabilität und Ordnung werden bewußt gesucht, um von der eigenen Labilität und Wechselhaftigkeit der Stimmungslagen ein wenig abzulenken« (S. 63).

mittleren Lebensalter beginnend, wird dieser Abschied immer häufiger eingefordert. Wem Abschied und Trauer in der Kindheit über die Mutter nicht vermittelt wurde, ja sogar durch sie verboten wurde, kann sich ihnen jetzt nicht überlassen; er oder sie wird sie im Gegenteil noch stärker abwehren müssen – die bekannten Folgen sind chronische Verstimmungszustände und innerliche Erstarrung.

Auch die Beziehungen zu den alt gewordenen und jetzt wirklich alten Elternteilen gestalten sich schwierig. Die enge Beziehung zu den verwitweten oder verlassenen Müttern bleibt erhalten. Diese Söhne und Töchter können sich auch jetzt von ihnen innerlich und äußerlich nicht ablösen, sie »übersehen« ihre körperlichen und hirnorganischen Veränderungen mit zunehmender Hinfälligkeit und übernehmen in altruistischer Weise dauernde Hilfs- und Pflegeaufgaben, während sie die Beziehungen zum Partner und zu eigenen Söhnen und Töchtern vernachlässigen. Manchmal lassen sich schwere Vorwürfe, weitgehender Rückzug bis hin zum Abbruch der Beziehungen beobachten. Entweder handelt es sich um eine jetzt aufgrund des Altwerdens der Eltern eintretende Entidealisierung, oder ihre wahrgenommene Schwäche erlaubt endlich die lange vorbereitete Revanche und ihre Bestrafung durch Liebesentzug. Somit werden Beziehungen zu Geschwistern und zu Freundinnen und Freunden zunehmend wichtiger – vorausgesetzt, sie wurden lebenslang gepflegt und immer wieder befriedigend gestaltet.

Welche sichere, verläßliche und in sich ruhende psychosexuelle und psychosoziale Identität als jetzt älter werdender Mann oder als älter werdende Frau besteht? Diese Kinder aus der zweiten und dritten Teilgruppe bringen oft eine weitgehend auferlegte, delegierte Identität mit. Sie sind sich ihrer Fähigkeiten, Möglichkeiten und Wünsche unsicher. Ihre nach außen vermittelte Sicherheit stützt sich dabei auf eine Vielzahl übernommener Funktionen und Aufgaben, unterstützt durch ein häufig fast extrem altruistisches und dadurch die Umwelt fürsorglich versorgendes Verhalten. Spätestens nach Wegfall der Berufstätigkeit und weiterer Funktionen und Aufgaben wird eine innere, kaum überbrückbare Leere spürbar bei zunehmender Selbstunsicherheit. Chronifizierte, resignative Verstimmungszustände oder eine verstärkte Abwehr mit ständiger Suche nach neuen Funktionen und Aufgaben sowie verstärkt altruistischen Tätigkeiten resultieren.

Für die Männer aus der zweiten und dritten Gruppe fehlte lebenslang wie auch insbesondere für das eigene Altern das direkte Vorbild – ebenso fehlten die Vorbilder ringsum. Lange Zeit lebende, gesunde und 70 bis 80 Jahre alt werdende Väter bieten nicht immer ideale oder zumindest brauchbare Modelle für das jüngere, mittlere und höhere Erwachsenenalter an. Bestimmt können Beziehungen zu Vätern in der Erwachsenenzeit enttäuschend, konflikthaft, versagend und nur in Distanz ertragbar erlebt werden – ebenso auch später zu Vorgesetzten, Professoren, Schwieger-Vätern und anderen wichtigen Männern (z. B. in einer erwünschten Mentor-Funktion). Aber die vorhandenen Väter und Männer der vorhergehenden Generation ermöglichen, lebenslang *ein* Modell vorgelebten Lebens im mittleren und höheren Erwachsenenalter kennenzulernen und dieses während der gesamten weiteren Entwicklung aus der Nähe zu begleiten. Der Jüngere sammelt so Erfahrungen aus zentralen Bereichen: Gestaltung der Ehe und Partnerschaft in der nachelterlichen Phase; Gestaltung der Beziehung zu den erwachsenen Kindern (insbesondere Söhnen); Umgang mit Enkelkindern; Ausüben der Berufstätigkeit; Umgang mit Vorgesetzten, Freunden und anderen Jüngeren; Entwicklung und Wahrnehmung von Interessen, Aktivitäten; Ausscheiden aus dem Arbeitsprozeß; Gestaltung des eigenen Alterns; Umgang mit dem eigenen Körper sowie Durchleben und Ertragen von Krankheiten bis hin zum Sterben und dem Tod. Dieses durch die Person des Vaters vermittelte Modell (ebenso wie die durch andere Männer vermittelten Modelle) muß nicht nachgeahmt oder nachgelebt werden. Die erlebte reale Erfahrung erlaubt jedoch, viel sicherer eigene Modellvorstellungen zu entwickeln – sei es in Reaktion darauf, sei es in teilweiser Übernahme, sei es in Weiterentwicklung dieses Modells. Alle diese Möglichkeiten fehlen diesen Söhnen und Töchtern, deren Väter lebenslang und damit auch während ihrer gesamten Erwachsenenzeit nicht vorhanden sind.

Dazu fanden die durch den Krieg (Verwitwung, Scheidung, Verlassensein) zu alleinerziehenden Müttern gewordenen Frauen häufig keinen Partner mehr. So vermittelten sie ihren Söhnen quasi als Norm einer älter werdenden Frau das Bild einer lebenslang pflichtbewußten, versorgenden und dazu asexuellen, partnerlosen Frau. Gleichzeitig schufen sie damit ein unübersehbares, sich aufdrängendes Modell, ja sogar Vorbild für das Altern ihrer Töchter.

Die Prognose ist wohl leider relativ eindeutig: Die Männer und Frauen der Teilgruppe 1 werden als »junge« Alte die sich bietenden Möglichkeiten in einer bunten Altersgesellschaft größtenteils nutzen können und nutzen sie schon. Für die Männer und Frauen der Teilgruppe 2 und insbesondere 3 wird bereits der Eintritt in die Alternssituation erhebliche Schwierigkeiten mit sich bringen. Diese werden aufgrund ihrer Identitätsproblematik, ihrer fehlenden oder eingeschränkten Trauerfähigkeit und der ihnen unbekannten eigenen Bedürfnisse, Wünsche und außerberuflichen Interessen sowie der Schwierigkeit der Gestaltung einer befriedigenden Partnerbeziehung vermutlich andauern oder noch zunehmen. So wird ihr Altern mindestens ebenso schwierig wie das bisherige Leben verlaufen.

Abwesende Väter – Entwicklungschance?

Immer wieder werde ich – allerdings ausschließlich von Frauen im jüngeren und mittleren Erwachsenenalter – gefragt, ob die Abwesenheit dieser Väter nicht gerade eine Entwicklungschance für die Söhne (aber auch Töchter) geboten hätte. Diese Frage habe ich immer verneint und werde sie auch zukünftig immer verneinen (dabei klammere ich die auch damals vorhandenen sadistischen, gewalttätigen, dauerhaft delinquenten, langfristig alkohol- oder medikamentenabhängigen Väter aus, deren schädigender Einfluß mir wohl aus Behandlungen bekannt ist).

Damals anwesende *durchschnittliche* Väter hätten in vielfältiger Form ihren Söhnen (und ebenso ihren Töchtern) helfen können, Schutz und Sicherheit bieten sowie Identität vermitteln können.

Weil so viele Männer gefallenen sind, vermißt wurden sowie physisch oder psychisch krank oder beeinträchtigt (und dazu oft noch spät) zurückgekehrt sind, mangelte es eben insgesamt an Männern, so in der Familie (ältere Geschwister, Onkel, Großväter), im elterlichen Bekannten- und Freundeskreis, in der Nachbarschaft, in der Schule (Väter von Schulkameraden, Lehrer), in der Kirche sowie in den Jugend- und Sportgruppen. Die vorhandenen Männer zogen sich zurück oder kapselten sich ab und wirkten in vielfältiger Hinsicht wenig vorbildhaft und boten keine Möglichkeit für eine brauchbare Identifizierung. Männer fehlten nicht nur damals als Väter, sondern auch aufgrund der Verluste im Krieg als mögliche Stiefväter wie auch später als Lehrer, Vorgesetzte, Universitätsprofessoren, als Schwieger-Väter, als Mentoren und insgesamt immer wieder als Vorbilder und Berater während des gesamten weiteren Lebenszyklus.

Hinzu kommen die indirekten Folgen der Abwesenheit der Väter: Fortbestehende intensive Beziehungen zu den Müttern mit noch größerer Schwierigkeit, sich von ihnen abzulösen; schwierige materielle und soziale Situation für die damaligen Teilfamilien, oft verbunden mit einem familiären sozialen Abstieg. Protektive Einflüsse lassen sich in der Regel für diese Jungen (und auch Mädchen) nicht auffinden.

Bei allen bekannten Schwierigkeiten für die heutigen alleinerziehenden Mütter (nach den Angaben des Mikrozensus 1996 wuchsen 1,8 Millionen Kinder unter 18 Jahren in Einelternfamilien auf, davon 85 Prozent bei ihren Müttern; vgl. Franz 1997) stellt sich die heutige Situation im Vergleich zu damals in mehrfacher Hinsicht völlig anders dar.

- Die heutigen Väter sind trotz Trennung in vielfacher Weise weiterhin anwesend (Kontakt- und Besuchsmöglichkeiten, gemeinsame Aktivitäten oder Urlaube, weiter anhaltende Beziehung in vielfältiger Form etc.).
- Überall gibt es jüngere Männer und dazu noch gesunde, aktive, interessante, vergnügte, anerkannte und teilweise vorbildhafte Männer: in der Familie, in der Nachbarschaft, unter

den Vätern der Freunde, in der Schule, in vielfältigen Berufen als Vorgesetzte.

- Diese Männer stehen diesen Müttern potentiell als neue Partner zur Verfügung.
- Aufgrund der dramatischen demographischen Veränderungen und der verlängerten Lebenszeit gibt es viel häufiger als früher ebenso noch aktive, gesunde, interessante (und auch zur Mithilfe bereite) Großeltern.
- Schließlich ist die soziale und materielle Situation der alleinerziehenden Mütter heute in der Regel deutlich besser und insgesamt anders als für die damaligen Kriegswitwen.

Was wurde weitergegeben?

Die psychoanalytische Forschung aus den USA weist spätestens seit 1982 (Bergmann u. Jucovy 1982 – auf Deutsch erst 1995!) nachdrücklich darauf hin, in welch beängstigendem, bedrohlichem und zerstörerischem Umfang sich psychische Folgen bei der zweiten Generation, das heißt, bei den Kindern der Opfer, aber auch bei den Kindern der Täter auffinden lassen. Inzwischen wurde die weitere transgenerationelle, wiederum beschädigende bis zerstörerische Weitergabe jetzt schon an die Kinder der dritten Generation der Opfer (und der Täter) erforscht (Rosenthal 1997).

Seit langem wohl bekannt und (inzwischen auch im Längsschnitt; Bude 1995) belegt, sind die Reaktionsbildungen der sogenannten 68er, insbesondere bezüglich Normsetzungen und Erziehung ihrer Kinder sowie gegen die Weitergabe von Ansichten, Normen und Idealen des Nationalsozialismus (Rotgardt 1993). Inzwischen wurden auch die Auswirkungen der unsicheren und eingeschränkten Identität für anstehende väterliche Aufgaben beschrieben (Petri 1997, S. 15–34).

Dagegen fehlen nach meinem Kenntnisstand sichere Aussagen über die Auswirkungen des aufgrund von Parentifizierung und Delegation übernommenen altruistischen Verhaltens und über die Durchführung der Aufgaben im jüngeren Erwachsenenalter (Erlernen und Ausüben eines Sicherheit bietenden Berufes, Schaffung einer »heilen« Ehe- und Familienstruktur sowie ständiger Absicherung der gegenwärtigen Lebenssituation) sowie über die Auswirkungen der eingeengten unsicheren männlichen Identität auf die Partnerbeziehungen.

Die immer wieder berichtete Weitergabe der schrecklichen Erlebnisse der untersuchten Altersgruppe an die eigenen Kinder verlangte auf jeden Fall von diesen, eine Container-Funktion für die elterliche Geschichte zu übernehmen, und mißbrauchte sie gleichzeitig im Sinn einer *holding function*.

Meine Patientinnen und Patienten übermittelten mir während ihrer Psychoanalysen und im Abschlußgespräch vielfältige Schwierigkeiten und Konflikte mit ihren Kindern sowie weitergegebene neurotische Beziehungsstörungen. Ein weiteres spezifisches Muster wurde für mich jedoch nicht erkennbar.

Da viele diesbezügliche Verhaltensweisen, Erziehungsmaßnahmen und Reaktionen lange Zeit ich-synton blieben und dadurch nicht als »anders« wahrgenommen werden konnten, dürften ihre weitergegebenen Schwierigkeiten nur außenstehenden Verwandten, Freunden[36] oder gleichaltrigen anderen Älteren aufgefallen sein. Die Söhne und Töchter meiner Patienten befanden sich während der Psychoanalysen ihrer Eltern in der Ablösungs- und Abgrenzungsphase der späten Adoleszenz oder des frühen Erwachsenenalters. In dieser Situation war der Dialog zwischen den Generationen und dazu noch bezüglich derartiger Fragen leider eingeschränkt.

Auswirkungen auf das öffentliche Geschehen?

Inzwischen verfügen die zwischen 1932/35 und 1947/48 Geborenen über großen Einfluß in Politik, Wirtschaft und Wissenschaft, teilweise gestalten sie diese maßgeblich. Die Altersgliederung der Mitglieder des Deutschen Bundestags weist für die

36 So fiel z. B. einem unserer Freunde auf, daß ich kaum mit unserem Sohn herumtollte oder mich mit ihm auf dem Fußboden raufte.

1998 abgelaufene 13. Wahlperiode (vgl. Bundestagshandbücher) aus, daß die Gruppe der zwischen 1936 und 1945 Geborenen insgesamt 319 von 672 umfaßt (bei der Gruppe der zwischen 1931 und 1950 Geborenen insgesamt 492 von diesen 672); entsprechend finden sich unter den 669 Mitgliedern des derzeitigen Bundestages (14. Wahlperiode) in den Altersgruppen 1936 bis 1945 275 Mitglieder (und in den Altersgruppen 1931 bis 1950 insgesamt 443 von 669).

Die Biographien von bekannten Politikern[37] belegen, daß einige von ihnen zu der von mir beschriebenen zweiten und dritten Teilgruppe gehören. Welchen Einfluß mag ihre Biographie auf ihre Ansichten, Verhaltensweisen, Umfangsformen, (politischen) Beziehungen und Reaktionen gegenüber ihrer eigenen Alterskohorte und insbesondere gegenüber den vorausgehenden Alterskohorten haben?

Diese Frage bekam 1999 einerseits durch den abrupten Rücktritt von Oskar Lafontaine und andererseits durch die Spendenaffäre von Helmut Kohl aktuelle Bedeutung.

---

37 Gerhard Schröder wurde im April 1944 als zweites Kind (eine 5 Jahre ältere Schwester) geboren. Der Vater fällt wenige Tage später in Rumänien. Die Mutter muß mit ihren Kindern überleben: Hungerszeit, Behelfsbaracke, ständiges Umziehen, Mitarbeit bei Ernte/Stallarbeit. 1947 Wiederheirat der Mutter (Stiefvater Hilfsarbeiter, drei Halbgeschwister). Das Verhältnis zum Stiefvater ist schlecht (wegen der TBC ab 1954 muß er die meiste Zeit im Sanatorium verbringen). G. als der »älteste Mann im Haus« übernimmt häufig die Vaterrolle und verhandelt unter anderem mit den sich immer wieder einstellenden Gerichtsvollziehern. Mit 14 ist seine Kindheit endgültig vorbei. »Ich habe jahrelang Fensterkitt gefressen« (Anda u. Kleine 1998).
Joschka Fischer, geb. 1948, wird 1955 aus dem »Garten Eden vertrieben«. Der Vater (bis 1955 selbständig tätig) muß dann als Hilfsarbeiter tätig werden. Er wird als zurückgezogener, ruhiger Mann geschildert, bei einer sehr engen Beziehung von J. zu seiner Mutter (Krause-Burger 1997).
Auch der Regierungssprecher Uwe-Karsten Heye wächst aufgrund beiderseitiger Fehlinformationen völlig ohne Vater auf und lernt ihn erst mit 16 Jahren als fremden Mann kennen (»Die Zeit« 29. Juli 1999).

Aus familiendynamischer Sicht lassen sich Lafontaine (geboren 1943) und Gerhard Schröder (geboren 1944) als durch die politische Situation zunächst als zusammengefügte »Brüder« verstehen. Erträgt jedoch ein parentifiziert aufgewachsener Junge, dem durch Vaterlosigkeit und soziale Situation ein frühes Erwachsensein abgefordert wurde, auf Dauer einen »älteren Bruder« – selbst wenn er ihn sich manchmal in der Kindheit gewünscht hätte?

Das aufgrund der verschwiegenen Geldspenden letztendlich in Verruf gekommene »patriarchalische« Führungssystem von Helmut Kohl (geboren 1930) wird fast nur bezüglich der »väterlichen« Perspektive diskutiert. Seine Bedeutung für die (sich selbst auch so verstehenden) »Söhne« Volker Rühe (geboren 1942), Jürgen Rüttgers (geboren 1951) und Matthias Wissmann (geboren 1949) und insbesondere für den »Zieh-Sohn« Wolfgang Schäuble (geboren 1942) bleibt in der Öffentlichkeit unhinterfragt. Registriert werden die Versuche ihres ambivalenten Rückzugs, der schweigsamen Distanz und insbesondere der tiefen verbitterten Enttäuschung. Ein »Großvater« Konrad Adenauer stand ihnen nicht mehr zur Verfügung. Vorstellbar ist doch, daß sie aufgrund ihrer eigenen Biographie deswegen bei Helmut Kohl Unterstützung, Anerkennung und Förderung suchten und erhielten. Er verkörperte vermutlich gerade aufgrund »der späten Geburt« nicht die belastete und wegen ihrer Geschichte attackierte Generation der eigenen Väter.

Anhaltende Auswirkungen auf die Entwicklung der Alternswissenschaften

Unverändert stellt sich die Situation von Forschung und Lehre in den Alternswissenschaften in Deutschland (auch in Österreich) als ungünstig dar (vgl. Jansen et al. 1999): Unverändert mangelt es an entsprechenden qualifizierten Aus- und Weiterbildungsangeboten für unterschiedliche Berufsgruppen auf der Fachhochschul- und Hochschulebene; so erhalten zum Beispiel bisher die angehenden Ärzte keine curricular verankerte Information geschweige denn Ausbildung in Geriatrie oder Gerontopsychiatrie. Professuren für Gerontologie, Geriatrie und Gerontopsychiatrie fehlen fast überall. So mangelt es – im Vergleich zu den anderen westlichen Industrienationen, insbesondere zu den USA – auch an umfassender, vielfältiger Forschung (sich ausdrückend in wissenschaftlichen Institutionen, personellen und finanziellen Ressourcen etc.).

Als ebenso ungenügend erweist sich die psychosoziale, psychiatrische und psychotherapeutische Versorgung über 60jähriger in der Bundesrepublik: Angebote, möglichst noch integriert und abgestuft, stehen immer noch nicht im ausreichenden Umfang zur Verfügung (vgl. Hirsch 1999); die Pflegeversicherung erlaubt bisher keine adäquate Versorgung von dementen oder depressiven Kranken.

Solange unsere Gesellschaft nicht realisiert, daß die jetzt 70jährigen die Gruppe der damaligen Flakhelfer und jungen Soldaten und der Fabrikmädchen und BDM-Mädchen repräsentieren und die jetzt 60jährigen die Gruppe der damaligen Kriegskinder, so lange wird sie diesen Älteren eine adäquate Unterstützung verweigern. Die für das Dritte Reich und den Zweiten Weltkrieg und seine Folgen maßgeblich verantwortlichen Älteren leben dagegen größtenteils schon nicht mehr.

Möglicherweise werden die sich jetzt im mittleren Alter Befindlichen erst dann bereit sein, entscheidende Hilfestellung für die Älteren zu geben, wenn sie sich selbst im Alter zwischen 65 und 70 Jahren befinden. Dann werden sie jedoch nicht mehr über genug Einfluß und (politische) Macht verfügen. Die nachdrückenden Altersgruppen werden sich dann sicher – dazu jetzt im dritten Jahrtausend lebend – um ihre eigenen Interessen und Bedürfnisse kümmern.

Wie weit hilft »Erinnerungsarbeit«?

Die Fülle der in den beiden letzten Jahren öffentlich gemacht Erinnerungen (Zeitungsartikel, Rundfunksendungen, Fernsehberichte wie auch Selbstzeugnisse in Büchern und Anthologien) war einerseits wohl durch den für erforderlich gehaltenen historischen Rückblick angesichts der Jahrtausendwende bedingt. Andererseits weist sie auf unverändert bewußtseinsnah vorliegende und damit abrufbare Erinnerungen hin, mit denen sich die jetzt über 70jährigen (geboren bis 1930) befassen können.

»Eine Lebensgeschichte, die rückblickend nicht mehr richtig in Worte gefaßt und erzählt werden kann, ist eine individuelle Katastrophe: Nur eine erzählbare Biographie hält das Leben und damit das Individuum zusammen« (vgl. Daniel 1998, Lohmann u. Heuft 1995).

Erinnern wird außerhalb Deutschlands als wichtiges Hilfsmittel in der Arbeit mit älteren und alten Menschen angesehen, sei es in psychotherapeutischer Form als life-review-therapy (Heuft u. Radebold 1999), sei es in pädagogischer Form als Biographiearbeit. Diese Ansätze wurden bei uns erst spät und dazu noch zögerlich aufgegriffen (vgl. Osborn et al. 1997 u. Trilling 1998). Warum?

Im Altersbereich tätige Jüngere befürchten immer wieder, durch gezielte Fragen oder bei diesbezüglichen Themen bei Älteren Erinnerungen an Kriegs- und Nachkriegszeit »aufzurühren« oder sogar »aufzuwühlen«; sie befürchten, daß diese Älteren anschließend, von ihnen nicht mehr auffangbar, dekompensieren oder sogar psychisch »zusammenbrechen«. Bestimmt können reaktivierte schwere Traumata aus der Kriegs- und Nachkriegszeit im heutigen Nacherleben zu schweren psychischen Auswirkungen mit tiefster Beunruhigung, zu wiederauftauchenden schweren Angstzuständen mit anhaltenden ausgeprägten depressiven Verstimmungszuständen (manchmal auch mit anhaltenden suizidalen Tendenzen) sowie körperlichen Auswirkungen (z. B. Blutdruckkrisen) führen. Wenn sie in bestimmten Situationen (laufende ambulante oder stationäre Psychotherapie, themenzentrierte Seminare oder Selbsterfahrungsgruppen) auftreten, benötigen diese Älteren eine spezifische therapeutische Hilfestellung (vgl. Heuft 1999). Für angebotene Gesprächsrunden oder Seminare lassen sich die durch eine Traumareaktivierung gefährdeten Teilnehmer vorher mit Hilfe entsprechender Fragen relativ sicher ausfindig machen und können bei entsprechender Vermutung gezielt im Einzelgespräch beraten werden.

Bestimmt führt die angebotene oder sogar eingeforderte Erinnerung oft zurück zu bedrückenden, beängstigenden und erschreckenden Erlebnissen, zu Erfahrungen mit vielfältigem Leid und insbesondere zu den damit verbundenen Gefühlen. Selbst wenn diese Erinnerungen zunächst sehr bedrohlich (manchmal auch beschämend oder kränkend) wirken, können sie uns jedoch heute nicht mehr zerstören oder sogar umbringen. Die bisher verdrängt gebliebenen Anteile der persönlichen Geschichte werden in der Regel verdrängt bleiben – nur eine Psychotherapie wird bei Bedarf einen Zugang erlauben. Dennoch sind für die bewußt vorhandene eigene Geschichte wichtige Schritte möglich: vorhandene Erinnerungen zuzulassen, sie sich mit Hilfe von Fragen und Berichten anderer Gleichaltriger im Gespräch bewußter zu machen, sie in Worte zu fassen und sie laut für sich und vor anderen Menschen auszusprechen und schließlich bewußt über das Verlorengegangene zu trauern. Als »Erinnerungsmüll« (Trilling 1998) lassen sich diese Erinnerungen allerdings nicht wegwerfen. Die Berliner Altersstudie (Linden et al. 1997) weist darauf hin, daß der Lebenszufriedenheit (einen positiven Lebensrückblick einschließend) zentrale Bedeutung sowohl für das Wohlbefinden im Alter insgesamt als auch für die Prävention gegen (chronifizierte) subklinische, eindeutig behandlungsbedürftige Depressionen zukommt.

Die in den letzten Jahren verstärkt angemahnte lebendige Erinnerung (vgl. Herzog 1998) bietet auch jetzt noch unverändert die Chance, durch Wiederbeleben und Auseinandersetzen mit der eigenen Geschichte und durch nachfolgende Trauer(arbeit), *alle* Anteile (vgl. z. B. Walb 1997) dieser eigenen Geschichte zusammenzuführen. Allerdings werden dadurch nicht automatisch aus »schlechten« jetzt »gute« Erinnerungen (vgl. Weinrich 1997, S. 228–256).

Erinnern und erben (vgl. Schulz-Jander et al. 1999) gehören eindeutig zusammen. Sich zu erinnern heißt gleichzeitig, alle Anteile der persönlichen Biographie, also auch das auferlegte Schicksal als zugehörig und zusammengehörig anzunehmen und dazu zu stehen – so schwer es jedem einzelnen auch fällt. Wir haben die uns als Kinder, Jugendliche und junge Erwachsene durch Krieg und Nachkriegszeit auferlegte Biographie unwiderruflich geerbt.

Exkurs: Alle haben Schwierigkeiten, sich an dieses Thema anzunähern

Die Kriegskinder und ihre Familien – damals und heute

Heute wird aufgrund der Forschungsergebnisse und Erfahrungen der Psychotraumatologie (vgl. Fischer u. Riedesser 1998) anerkannt, daß beschädigte Kinder Unterstützung durch *Gespräche* sowie Sicherheit vermittelnde und sie beschützende Maßnahmen benötigen. Diese Chance zum Austausch bestand damals nach allen vorliegenden Berichten eindeutig nicht.

Wer wollte und will davon wissen?

Natürlich wurde in der Kriegszeit von den Erwachsenen über viele Dinge geredet: so über die üblichen Alltäglichkeiten, das »Organisieren« von Essen, Kleidung, Heizung und Wohnmöglichkeiten, über Wehrmachtserfolge und Bombenangriffe, Ausbombungen und Evakuierungen. Die politische Kontrolle und die Bespitzelung durch die »Volksgenossen« erlaubten kaum, über politische Verhältnisse zu sprechen; persönliche Sorgen und Kümmernisse wurden selten außerhalb der Familie erwähnt. Um schwer verletzte, vermißte oder gefallene Ehemänner, Söhne und Väter wurde entsprechend dem damals offiziell vermittelten Idealbild eher »heldenhaft«, »tapfer«, auf jeden Fall aber »mit Fassung« getrauert. Der notwendige lange Trauerprozeß mit Kummer, Bedrückung, Verzweiflung, Klagen und Anklagen durfte überhaupt nicht oder nur »im stillen Kämmerlein«, abgeschottet von den anderen und insbesondere den eigenen Kindern, stattfinden.

Dazu fehlten immer häufiger die Gesprächspartner: Die Männer waren im Krieg, in Kriegsgefangenschaft, im Lazarett, vermißt oder gefallen – den Feldpostbriefen durfte man wegen der Zensur keine persönlichen Sorgen oder kritische Bemerkungen anvertrauen. Die zurückgebliebenen Frauen – oft durch Evakuierung zusätzlich von ihren Müttern, Schwestern und anderen Verwandten getrennt – blieben mit sich allein. Ihre Kinder konnten und wollten sie nicht mit Sorgen, Kümmernissen und Trauer belasten. Auch bei den kurzen Heimaturlauben wollte man sich gegenseitig nicht zu sehr das Herz schwer machen – bestimmt blieben viele Frauen aufgrund der Gespräche mit ihren Männern hinterher noch bedrückter und verzweifelter zurück. Gemäß diesem Vorbild reagierten die Kinder – über Verzweiflung, Kummer und Sorgen wurde mit ihnen nicht gesprochen. So blieben sie schon in den traumatisierenden Situationen allein. Später wollte man nicht »dran rühren« und hoffte, daß sie es »noch nicht so richtig verstanden« hätten oder »schnell vergessen« würden. So blieben die jüngeren Kinder wie auch ihre älteren Geschwister in der Kinderlandverschickung und sogar im Lager stumm für sich allein.

Die Wirren des Kriegsendes führten dazu, daß sich die Überlebenden noch weiter abkapselten, noch schweigsamer wurden und schließlich auf Dauer verstummten. Beschäftigt mit dem Überleben, bemühten sich die Mütter, ihren Kummer, ihre Sorgen, Verzweiflung und Nöte sowie Schmerzen nicht vor ihrer Umwelt und insbesondere vor ihren Kindern zu zeigen – oft erstarrten sie. Die Familien waren noch stärker auseinandergerissen, unvollständig; es gab kaum Kontaktmöglichkeiten (keine Briefbeförderung, keine Reisemöglichkeiten). Die noch lebenden Männer waren zunächst größtenteils in Kriegsgefangenschaft – so fehlten wiederum mögliche Gesprächspartner.

Wenn diese Männer dann aus der Kriegsgefangenschaft zurückkehrten, versuchten sie, sich wieder einzuleben, und kapselten sich oft ebenso ab. Teilweise schwiegen sie über alle schrecklichen, traumatisierenden, wirklich unerzählbaren Erlebnisse (sog. Stacheldrahtkrankheit) – die Frauen erlebten dann in der Nacht ihre schreienden, angstvoll aufschreckenden, weinenden und ständig unruhig schlafenden Männer.

Besonders Frauen in einem engen Verhältnis zu ihren Männern und Vätern wollten und konnten aus Rücksichtnahme gegenüber ihren geliebten Menschen diesen keine weiteren Beweggründe für das Schweigen zutrauen. »Die Frauen, mit sich selbst und dem mühsamen Überleben übermäßig belastet, wollten in ihren eigenen Leiden und Leistungen ernst genommen werden und nicht nur immer die der Männer zu hören bekommen. Sie scheuten sich auch davor, Dinge auf- und anzurühren, die zu erfahren unerträglich gewesen wären. Sich dem zu stellen, was in diesem Krieg wirklich passiert ist, den eigenen Mann da drin verstrickt zu sehen; ihnen als jemand, der getötet hat, vielleicht sogar als Mörder sehen zu müssen, hätte die eigene Lebensgrundlage, auch die Familienehre, in Frage gestellt oder doch die Einstellung zum Krieg, besonders zum nationalsozialistischen Krieg ändern müssen« (Dörr 1998, Bd. 3, S. 47).

So wurde wenig oder nichts erzählt (Dörr 1998, Bd. 3, S. 45–55, Schmidbauer 1998, S. 190–193). Die zurückgekehrten wenigen Männer, die ihrer Umwelt wirklich von ihren Erfahrungen, ihrem Leiden aus dem Krieg und aus der Gefangenschaft berichten wollten, erlebten – je später ihre Rückkehr erfolgte, um so stärker – eine weitere Situation: Keiner wollte und konnte mehr zuhören. So verstummten auch sie. Von den Ereignissen, Schrecken, Not, Hunger und Elend wie der zerstörten Welt blieben nach außen bei Männern und Frauen nur die berüchtigten, immer wieder und wieder erzählten Erfolgs- oder Abenteuer-Storys, die Geschichten über Kameradschaft, Disziplin und Härte sowie die über schöne Erinnerungen wie auch Erlebnisse aus der Kriegsgefangenschaft berichtenswert (Dörr 1998, Bd. 3, S. 50 ff.). Die Jugendlichen erzählten sich gegenseitig stolz ihre früheren und jetzigen »Heldentaten«, sie erzählten über »Organisieren« und »Hamstern«, vom Spielen in den Ruinen und von gefundener Munition oder Waffen (z. B. Forte 1998). Nach meiner Erinnerung (bei Kriegsende gerade 10 geworden) redeten wir weder in der Schule noch auf der Straße noch später in meiner Jugendgruppe über unsere schlimmen Erlebnisse und unsere Gefühle – allerdings fragte auch niemand danach!

Schweigsam geworden oder von Anfang stumm geblieben, wurde allmählich so von diesen Müttern, Vätern und eben auch Kindern und Jugendlichen die direkte Nachkriegszeit bewältigt. Nur die jüngeren Mütter konnten teilweise mit ihren eigenen Müttern, mit ihren Schwestern und Freundinnen über ihre Erlebnisse sprechen. Über viele schlimme und schreckliche Erfahrungen, wie Verschüttet-Werden, direktes und ständiges Erleben von schweren Verletzungen, Verhungern, ständigem Sterben und Tod wie auch von Vergewaltigungen wurde den Männern nicht berichtet, oder es wurde zwischen den Frauen nicht darüber gesprochen (vgl. Psychologie Heute 1999: 9, S. 33).

Für diese Kinder – stumm bleibend und dazu in einer spätestens jetzt schweigsam gewordenen Welt – gab es außerdem kaum eine Möglichkeit, wirklich zu trauern und damit von den verlorenen Vätern Abschied zu nehmen. Die Mütter schlossen sie aus ihrer Trauer aus, soweit sie sie sich überhaupt selbst zugestanden; sie »verboten« (das eigene Verhalten als Vorbild nehmend) so das Trauern ihrer Kinder. Dazu gab es in dieser Zeit des letzten Kriegsjahres und insbesondere bei Kriegsende sowie in der direkten Nachkriegszeit häufig keine formalisierten Abschiede mehr, beispielsweise keine Trauerfeiern auf dem Friedhof oder in der Kirche.

Aber auch die spätere Erwachsenensituation ähnelte auffallend der Kindheitssituation in Kriegs- und Nachkriegszeit. Keiner wollte und will etwas von den bewußt gebliebenen Erinnerungen und Gefühlen dieser Kinder hören: Partnerin oder Partner ziehen sich bei diesen – fast zwanghaft immer wiederholten – Erzählungen tief beunruhigt, erschreckt und deutlich überfordert zurück. Die eigenen Kinder wollen und können von dieser schrecklichen Zeit nichts (mehr) hören. Die Partnerin, der Partner wünschen sich für ihren Partner, ihre Partnern wie auch die Kinder für Vater und Mutter eine von Anfang an gute, zumindestens befriedigende und stabile Kindheit und Jugendzeit – sie wollen und können sich aufgrund ihres jetzigen (Wunsch-)Bildes eine so beschädigte, bedrückende oder verzweifelte Kindheit nicht vorstellen.

Erst allmählich wird deutlich[38], daß ein (größerer?) Teil der damaligen jungen Erwachsenen wie auch der damaligen Kinder und Jugendlichen später ihre eigenen, in der Regel ab 1950/1955 geborenen Kinder als Container für ihre ständig erzählten schrecklichen Erinnerungen gebrauchten. Gleichzeitig überforderten sie sie oder mißbrauchten sie sogar dadurch, indem sie ihnen eine *holding function* zuwiesen, das heißt, sie jetzt in zweiter Generation parentifizierten.

Mit den eigenen Eltern ist oder erscheint ein Gespräch über die damalige Zeit auch jetzt wiederum nicht möglich. So bleibt nur die Rückkehr zu den früheren Kameraden, Schulfreunden und Bekannten, mit denen man wenigstens über »Abenteuer« und eben »Heldentaten« reden kann – nur dort fühlt man sich verstanden und in seiner persönlichen Geschichte begriffen.

Die Wissenschaftler und Schriftsteller

Durch alle Fachpublikationen zieht sich wie ein verbindendes und dabei ständig berichtetes Element die Darstellung des ausgeprägten Widerstandes gegen die Erinnerung. Dieses Widerstandsphänomen zeigt sich auf seiten der Psychotherapeutinnen und Psychotherapeuten sowohl bei den zwischen 1935 und 1948 Geborenen als auch bei den deutlich älteren.[39] Das Wider-

38 Vgl. Heimannsberg u. Schmidt 1992, Müller-Hohagen 1988. Dazu berichten immer mehr jetzt 35–50jährige Kolleginnen und Kollegen im Einzelgespräch und in Selbstreflexionsgruppen über Altern und Alter anläßlich von entsprechenden Weiterbildungsveranstaltungen über ihre von ihren beschädigten/traumatisierten Eltern an sie weitergegebenen Erinnerungen, z. B. Petri (1997, S. 113). Diesbezügliche Hinweise bringt auch die derzeit in Auswertung befindliche Katamnesestudie der Deutschen Psychoanalytischen Vereinigung (DPV), (Referat von Leuzinger-Bohleber am 9.12.1999 in Kassel).

39 Die in dem Band *Das kollektive Schweigen* (1988) publizierenden Psychotherapeuten wie auch Heinl (1994), Müller-Hohagen (1988) und

standsphänomen zeigt sich ebenso bei den kurz vor, während und nach dem Krieg geborenen Patienten und Klienten.

Selbst diejenigen, die in erhoffter wissenschaftlicher Distanz[40] über diese Vergangenheit forschen, erleben entsprechende gefühlsmäßige Schwierigkeiten.

Auch die Schriftsteller sehen diese Aufgabe als schwer oder sogar unmöglich an. »In der Vergangenheit, die alle zusammen haben, kann man herumgehen wie in einem Museum. Die eigene Vergangenheit ist nicht begehbar. Wir haben von ihr nur das, was sie von sich selbst preisgibt« (Martin Walser, geb. 1924, *Ein springender Brunnen,* 1998, S. 9).

Die später angeführten Autorinnen und Autoren der Nachkriegszeit aus der Bundesrepublik, der DDR und aus Österreich verdeutlichen durch ihre Bücher, daß sie diesen Weg zurück – wenn auch unterschiedlich weit und unterschiedlich tief das Verschüttete suchend und ausgrabend – gehen konnten. Wiederum nur wenige berichten über eingeschlagene Wege und Erfahrungen:

Christa Wolf (geb. 1929) beschreibt in ihrem 1976 erstmals erschienenen Roman *Kindheitsmuster* eine (ihre) Reise (1972) nach langem zeitlichen Abstand zurück an den Wohnort ihrer Kindheit – begleitet von der fast erwachsenen Tochter und im Schutz des Ehepartners. In der dritten Person als Nelly erkundet sie Straße um Straße, Platz um Platz und damit mühsam die Vergangenheit als Kind. So kann sie Personen, Ereignisse, Ge-

---

Schmidbauer (1998) gehören gemäß Angaben zur Altersgruppe der zwischen 1935 und 1948 Geborenen. Auch die deutlich älteren Kollegen erleben ähnliche Schwierigkeiten: So berichtet Zander, geb. 1922, von seinem deutlichen Widerstand, ein diesbezügliches Manuskript fertigzustellen (1992), und Zielen, geb. 1922, über die bei den Behandlungen erlebten Schwierigkeiten (1988).

40 Vgl. Schneider et al. (1998). Die drei Autorinnen und Autoren (geb. 1943, 1951, 1951) berichten, wie ihre Forschungsgruppe vorübergehend »zerbrach« und erst aufgrund einer langfristigen Supervision verstand, daß Forschungsprozeß und Forschungsergebnisse die unterschiedlichen Aspekte der eigenen (Familien-)Geschichte massiv angesprochen hatten (S. 15–27).

fühle wie auch die Temperaturen des Sommers und die Gerüche wiederbeleben. Schließlich begegnet sie auch so dem aus der Kriegsgefangenschaft völlig verändert zurückkehrenden Vater.

»Das Vergangene ist nicht tot; es ist nicht einmal vergangen. Wir trennen es von uns ab und stellen uns fremd. Frühere Leute erinnerten sich leichter: eine Vermutung, eine höchstens halbrichtige Behauptung. Ein erneuter Versuch, dich zu verschanzen. Allmählich, über Monate hin, stellte sich das Dilemma heraus: Sprachlos bleiben oder in der dritten Person leben, scheint zur Wahl zu stehen« (Christa Wolf 1979, S. 9).

Peter Härtling, geb. 1933, versuchte zunächst in *Zwettl. Nachprüfung einer Erinnerung* (1973), die eigene Erinnerungsfähigkeit mit allen erreichbaren amtlichen und privaten Mitteilungen zu konfrontieren, um dadurch verschüttete Details seiner Vergangenheit ans Licht zu bringen. Es gelang ihm nicht, eine wahrheitsgetreue Autobiographie zu verfassen. Die drei Perspektiven – die des Kindes, die der Außenperspektive der befragten Zeugen und die Dokumente sowie die Erzählerperspektive des Erwachsenen – erbrachten zu ein und derselben Situation völlig unterschiedliche, nicht zur Deckung zu bringende Bilder.

Er schildert in *Nachgetragene Liebe* (1980) dann seinen mühsamen, schmerzlichen, nie zu Ende gehbaren Weg: »Mein Vater hinterließ mir eine Nickelbrille, eine goldene Taschenuhr und ein Notizbuch, das er aus grauem Papier gefaltet und in das er nichts eingetragen hatte als ein Gedicht Eichendorffs, ein paar bissige Bemerkungen Nestroys und die Adressen von zwei mir Unbekannten. Er hinterließ mich mit einer Geschichte, die ich seit 30 Jahren nicht zu Ende schreiben kann. Ich habe über ihn geschrieben, doch nie von ihm sprechen können« (S. 7).

»Nach einem Jahr ... erhielten wir die Nachricht, daß mein Vater am 21. Juli 1945 im Gefangenenlager Döllersheim gestorben sei«.

»Ich bin dort gewesen, Vater, ich habe aus dem Fenster der Baracke geschaut, in der du krank gelegen hast. Ich habe auf ein schwarzes, von Granaten aufgewühltes Land gesehen, eingefaßt von Wäldern. Es war 25 Jahre später. ... Ich habe dir nachgehen, dich finden wollen. Aber als man mich nach dir fragte, konnte ich nicht antworten. Ich sah, was du zuletzt gesehen hast, aber es half mir nicht, daß ich deinen Blick wiederholte. Ich mußte weiter zurück, wieder die Hand im Nacken spüren, wieder von deinem Schweigen gedrückt werden, ich mußte aufhören, mich zu wehren und die Spuren zu lesen, die du mir hinterlassen hast« (S. 168).

Diese Methode der *örtlichen Annäherung* nach langer Zwischenzeit benutzen auch andere (z. B. Eva-Maria Schmidt, geb. 1933, *Ein kleines Lächeln*, 1983). Bei anderen weckt ein *akutes, bedrohliches Ereignis* die verdrängten Erinnerungen. So erlebt Josef Carl Grund, geb. 1928, in *Flakhelfer Briel* (1972), wie ein Blindgänger explodiert und den 11jährigen Freund seines 10jährigen Sohnes schwer verletzt. Blitzartig wird die lang verdrängte Erinnerung an seine eigene schwere Splitterverletzung durch einen Blindgänger unter den Trümmern wach.

Aber auch der autobiographische Weg bleibt eher versperrt – manchmal erfolgt das Gegenteil. Paul Maar formulierte 1994 in seiner Rede über seine zwei Biographien: »Zuweilen kommt mir sowie so der Verdacht, daß meine Kolleginnen und Kollegen, die sich ganz dem Schreiben von Kinderbüchern verschrieben haben, eine von der allgemeinen Norm abweichende Kindheit hatten, extremer als andere Kinder: glücklicher oder zerstörter. Und daß diese Autoren nun entweder im späteren Leben versuchen, sich die intensiven Glücksmomente der frühen endgültig verlorenen Kindheit vor Augen zu führen oder – das wäre jetzt das andere Extrem –, daß nun die Autoren – zu denen ich mich zurechne – fast verzweifelt versuchen, sich im Erwachsenenalter die glückliche Kindheit zu imaginieren und schreibend sie nachzuschaffen, die sie nie erlebt haben.«

Dieter Forte, geb. 1935, zeigt nachdrücklich in seinem Roman *In der Erinnerung* (1998) auf, wohin die Erinnerung führt. Er beschreibt die Stunde Null 1945 aus der Sicht eines 10jährigen (lungen)kranken Jungen so: »In der Erinnerung war das Fenster viel größer, so groß wie die Welt, die er durch das Fenster sah, in den vielen Tagen und Nächten, die in der Erinnerung zu einem Bild wurden, zu einer unbewegten, atemlosen Zeit, lautlose Nächte und stumme Tage, die vergingen, wie sie erschaffen wurden, unter einer kalten Sonne, die vom Morgen bis zum Abend die Erde mit ihrem Licht überzog, versteinerte Überreste einer versunkenen Welt unter weiß leuchtenden Sternbildern, stumpfe Mauern, zerstörte Häuser, verschüttete Straßen, verglühte Kirchenschiffe, die Silhouette einer untergegangenen Stadt mit ihren schroffen Konturen im Mondlicht« (S. 11).

»Etwas anderes als ein Leben im Chaos einer zerstörten Welt konnte sich keiner mehr vorstellen, auch er nicht. Es gab keine Wahl, keine andere Möglichkeit, so wie man es von früher her kannte, wo einer wie er andauernd gefragt wurde: ›Na, was willst du denn mal werden?‹ So eine Frage war jetzt absolut lächerlich und überholt, und es stellte sie auch keiner. Diese Welt, so wie sie jetzt war, ungewiß und gefährlich, war auch sein Leben, etwas anderes, Träume von fernen Ländern, fremden Städten, von Universitäten und Berufen gab es nicht. Wer träumte, verhungerte oder erfror« (S. 41).

Dieter Forte beschreibt zusätzlich, wie der aus dem Krieg zurückgekehrte Vater Friedrich und der am Leben gebliebene Großvater Gustav parallel zur Mutter Maria auf vielfältige Weise helfen, das Überleben der gesamten Familie zu organisieren, den schwer lungenkranken Jungen zu beschützen und insgesamt am Leben zu erhalten. Bestimmte Bilder des Vaters bleiben unvergeßlich (z. B. S. 49)

Die Erinnerungen stützen sich offensichtlich auf früh erstellte Notizen (z. B. Forte, 1998, S. 148–150), relativ bald niedergeschriebene Erinnerungen (z. B. Schuster-Schmah, s. u.) oder bei damals schon im Jugendalter stehenden Autoren auf erhalten gebliebene Tagebücher und Aufsätze (z. B. Walb, s. u.).

Andere Autoren wählten den Zugang über die wissenschaftliche Erforschung[41] jener Zeit – sei es mehr auf Distanz (z. B.

41 In der Einleitung zu Dörr (1998) vermutet Ute Daniel, daß »es sehr lange gedauert hat, bis die Bereitschaft da war, sich mit den Erfahrungen dieser Zeit tatsächlich auseinanderzusetzen, wenn es nicht die der damaligen Opfer, Verfolgten und Widerständigen waren. Diese Erfah-

Dörr 1998) oder sei es mehr aufgrund eigener (unbewußter) Betroffenheit. Manchmal bleibt allerdings nur der Weg über das Bild. Friedrich Karl Waechter (geb. 1937) zeichnet in *Der rote Wolf* (1998) das Schicksal eines jungen Hundes (eines Geschwisters?), der auf der Flucht bei Kriegsende verlorengeht. Er überlebt mit Hilfe der Wölfe und verbringt dann sein Leben in Rußland.

Diese Autoren berichten leider nur teilweise, warum sie erst jetzt – also über 50 Jahre nach Kriegsende – publizieren.

Manchmal bahnt offenbart das jetzt mögliche, interessierende oder spätestens jetzt für notwendig erachtete intergenerationelle Gespräch (vgl. Dörr 1998, Bd. 3, S. 365–374; Stierlin 1988, S. 247–266) den Weg zurück in die (familiäre) Vergangenheit. Siegrid Schuster-Schmah, geb. 1933, beschreibt in *Wir sehen uns bestimmt wieder* (1999), wie sie nach einem Besuch in der früheren Heimat im heutigen Polen 25 Jahre nach ihrer Flucht ihre Notizen an ihre Enkeltochter schickt. Auf Nachfrage erfährt diese dann von ihrer Großmutter, daß sie nie mit ihrer Tochter (also der Mutter der Adressatin) über diese Zeit gesprochen hat; endlich darf dann die zweite Generation die erste fragen.

Lore Walb, geb. 1919, konfrontiert sich mit tiefer Beschämung in *Ich, die Alte, ich, die Junge* (1997) mit ihren als junges Mädchen von 1933–1945 geführten Tagebüchern und verfaßten Schulaufsätzen. Erst nach ihrer Pensionierung Ende der achtziger Jahre wagte sie, ihre damaligen Aufzeichnungen zu lesen und durchlebt anschließend einen langen, depressiv und krank machen Prozeß bis zur Publikation. Dieser Prozeß wird begünstigt und unterstützt durch die jetzt erlebte Freizeit, durch Fernsehsendungen, durch Fall der Mauer und Gespräche mit einem Psychoanalytiker-Ehepaar. Als entscheidend erweist sich dabei schließlich, alle Anteile der eigenen Biographie (also auch die durch die Tagebücher verdeutlichten) als zu sich selbst zugehörig zu akzeptieren und sich nach über 50 Jahren aktiv mit dem geliebten Vater auseinanderzusetzen und ihn nachfolgend

---

rungen waren und sind bis heute sperrig, unbequem und belastend« (Dörr 1998, Bd. 1, S. 9).

zu entmachten und entidealisieren (S. 86–89; vgl. Radebold 1999a).

Auch Margarete Dörr kann sich nach ihrer Pensionierung 1988 der Aufgabe einer fast 10jährigen Forschungsarbeit mit voller Kraft widmen. Sie will als Historikerin die früh wahrgenommenen Forschungslücken für den Zeitabschnitt des Zweiten Weltkriegs und damit den für ihre Biographie so prägenden Entwicklungsabschnitt zwischen dem 11. und 17. Lebensjahr schließen. Als Resultat legte sie 1998 die erste umfassende Darstellung der Alltags- und Wahrnehmungsgeschichte der Kriegs- und Nachkriegszeit aus weiblicher Sicht vor *(Wer die Zeit nicht miterlebt hat ... Frauenerfahrungen im Zweiten Weltkrieg und in den Jahren danach).*

Diese dargestellten biographischen Motive lassen vermuten, daß noch weitere diesbezügliche Bücher und Publikationen folgen werden. Der Widerstand bleibt jedoch zeitlos unverändert.

Abwesende Väter in der Nachkriegsliteratur – Versuch einer altersgruppenorientierten Analyse[42]

Unsere Analyse geht von der These aus, daß die Belletristik der Nachkriegszeit als verschriftlichte – bestimmt oft verdichtete, aber nicht ausschließlich gedichtete – *oral history* sowohl »innere Bilder« von wichtigen Menschen vorbewußt bis unbewußt widerspiegelt als auch darüber hinaus selbsterlebte Ereignisse, Erfahrungen und dazu gehörige Gefühle wiedergeben kann. Voraussetzung dafür ist für uns, daß Alter des Autors und dargestellte historische Situation übereinstimmen. Unsere Analyse wird weiterhin dadurch möglich, daß sich auffallend viele dieser Bücher eindeutig auf autobiographisches Material stützen. Die Autoren weisen selbst häufiger nachdrücklich auf diesen Sachverhalt hin; die von ihnen dargestellten Kinder sind in der Regel etwa zu selben Zeit geboren wie ihre Autoren.

Die Analyse beabsichtigt weder eine literaturkritische Sicht

42 Unter Mitarbeit von Hildegard Radebold.

noch eine tiefenpsychologische Interpretation der einzelnen Publikationen. Sie beginnt mit der Kinder- und Jugendliteratur, da nach unserem Eindruck hier *abwesende Väter und damalige Zeit* direkter und unbearbeiteter – eben aus der Sicht eines Kindes – dargestellt werden.

Das Thema *Abwesende Väter* wurde nach dem Ersten Weltkrieg von Erich Kästner literatur- und damit gesellschaftsfähig gemacht. *Emil und die Detektive* (1929) sowie *Pünktchen und Anton* (1931) beschreiben verwaiste, sich tapfer durchschlagende, in einer engen Beziehung zur Mutter lebende Jungen. In *Drei Männer im Schnee* (1934) erhält der verwaiste und jetzt erwachsene Dr. Hagedorn, der wiederum seine Mutter intensiv unterstützt, einen väterlichen Freund, der ihm als (Schwieger-) Vater ermöglicht, die Tochter zu heiraten und in die Nachfolge für das Firmenimperium einzutreten.

Nach dem Zweiten Weltkrieg setzt Michael Ende in *Die unendliche Geschichte* (1979) diese Thematik fort. Die 11jährige Halbwaise Bastian Balthasar Bux bricht in das Land Phantasien auf, nachdem sein Vater sich nach dem Tod seiner Frau immer mehr in seine Werkstatt und damit von seinem Sohn zurückzieht. Scheinbar ohne den Vater zu brauchen, durchlebt Bux viele Abenteuer. Schließlich kann er nur mit Hilfe längst verschütteter Erinnerungen an seinen Vater (die er symbolisch und real in der Dunkelheit eines Bergwerkes in Form von feinen, immer wieder beim Anfassen zerbrechenden Glimmerschichten findet) in die Wirklichkeit und damit zu seinem Vater zurückkehren.

Könnte es sein, daß der große Erfolg dieser Bücher auch durch das Thema *Söhne mit abwesendem Vater* mitbedingt wurde und wird?

Kinder- und Jugendliteratur

Aufgrund unserer vorgenommenen Orientierung an Geburtsdaten der Autoren, Alter der handelnden Kinder und gegebener historischer Situation entfielen für diese Analyse leider einige wichtige Autorinnen und Autoren. Das Mädchen Änne als Hauptperson in dem letzten Band *Der erste Frühling* (1993) der Trilogie von Klaus Kordon (geb. 1943) ist bei Kriegsende 1945 bereits 12 ½ Jahre alt. Ohne seine Erfahrungen im Berlin der Nachkriegsjahre wäre es Kordon bestimmt nicht möglich gewesen, diese Zeit so nachdrücklich und einfühlend aus der Sicht von Kindern zu beschreiben. In *Tage wie Jahre* (1978) beschreibt er sich als 10jähriger Frank 1953 im sowjetischen Sektor Berlins eindeutig selbst.

Andererseits wurden selbstverständlich Autoren mit einbezogen, die gewisse Veränderungen vornehmen, so wenn etwa bei Paul Maar (geb. 1937) in *Kartoffelkäferzeiten* (1990) aus einem Jungen ein Mädchen wird oder in anderen Büchern die handelnden Kinder deutlich jünger dargestellt werden.

Folgende Fragen interessierten uns:

- Aus welchen Altersgruppen melden sich überhaupt Autoren zu Wort?
- Wie stellen diese Autoren die (eigene) Geschichte in welchen Aspekten dar?
- In welchem Umfang sind die Väter anwesend? Welche Beziehung besteht zu ihnen und welche Bedeutung erhalten sie? Inwieweit werden ihnen geltende Gefühle und Empfindungen beschrieben?
- Wie verändern sich die Väter durch Kriegs- und insbesondere Nachkriegszeit (Rückkehr aus der Gefangenschaft)?
- Welche Erlebnisse dieser Kinder und Jugendlichen in Kriegs- und Nachkriegszeit werden erwähnt?
- Inwieweit werden über diese Kinder vermittelt (eigene) gefühlsmäßige Veränderungen sowie eigene psychosoziale Entwicklungen beschrieben?

1995 wurde geschätzt, daß es »inzwischen Hunderte von Texten für Kinder und Jugendliche (zwischen 300 und 400) gibt, die einen oder mehrere Aspekte von Krieg und Holocaust zum Thema haben« (Raecke u. Baumann 1995, S. 189). Ein großer Teil befaßt sich mit der Situation und den Opfern des Holocaust, dem Aufkommen des Faschismus und der Prägung durch ihn sowie mit der Kriegszeit – teilweise aus dem Englischen und Holländischen übersetzt.

Unsere Analyse stützt sich auf insgesamt 39 deutschsprachige Autorinnen und Autoren aus der Bundesrepublik, aus Österreich sowie der ehemaligen DDR mit insgesamt 49 Titeln. Diese Bücher (ausgewählt anhand entsprechender Verzeichnisse) sollten die alltägliche Situation im Dritten Reich und insbesondere in der Kriegs- und anschließenden Nachkriegszeit schildern und unter den angeführten Kriterien in irgendeiner Form die Väter der handelnden Kinder erwähnen.

Zuerst werden diese Kriegskinder von Tetzner, *Die Kinder aus Nummer 67* (erschienen 1945, 1946) geschildert, die als 1894 Geborene diese Zeit im mittleren Erwachsenenalter erlebt hatte. Dann melden sich vereinzelt die in Kindheit und Jugendzeit direkt Betroffenen selbst zu Wort (Noack, geb. 1926, *Die Webers,* 1962; Fährmann, geb. wahrscheinlich 1932, *Das Jahr der Wölfe*, 1962; Recheis, geb. 1926, *Geh' heim und vergiß alles,* 1964; Richter, geb. 1929, *Damals war es Friedrich,* 1969). Bis 1969 lassen sich also nur 4 Publikationen auffinden. Zwischen 1970 und 1979 folgen dann neun, zwischen 1980 und 1989 zwanzig und ab 1990 weitere fünfzehn Veröffentlichungen.

Dieser auffallend lange zeitliche Abstand der Erstveröffentlichung zur Kriegszeit und direkten Nachkriegszeit läßt sich nur unzulänglich durch das geänderte politische Klima aufgrund der Studentenrevolte von 1968 und der nachfolgenden sozialliberalen Koalition erklären, sondern verdeutlicht offenbar den innerlich benötigten Abstand zu den eigenen Erfahrungen. Wenn überhaupt, kann man sich offenbar erst als Erwachsener im mittleren Alter den eigenen Erinnerungen stellen, sich mit ihnen auseinandersetzen und sie schließlich schriftlich fassen und damit veröffentlichen.

Männer (19) und Frauen (20) äußern sich gleich häufig. Eine Sichtung der Geburtsdaten der Autoren, sofern bekannt, belegt:
- Zwischen 1920 und 1929 wurden insgesamt 15 geboren.
- Zwischen 1930 und 1939 insgesamt 20, allerdings
- ab 1936 nur noch insgesamt 10 (davon einer, nämlich Klaus Kordon 1943).

Die auffallend geringe Zahl von zehn zwischen 1936 und 1945 geborenen Autoren verdeutlicht vermutliche große psychische Schwierigkeiten für diese Altersgruppe (bei Kriegsende höchstens 9 Jahre alt), sich ihren bestimmt eindeutig und nachdrücklich wahrgenommenen traumatisierenden Erfahrungen und beängstigenden, bedrohenden Gefühlen zu stellen, sie als stumm Gebliebene angesichts der allgemeinen Aufforderung zum Verschweigen überhaupt in Worte zu fassen und dann noch niederzuschreiben. Mit einem Geburtsdatum nahe Kriegsanfang fehlte ihnen zusätzlich der Vergleich zu einer bewußt erlebten Kindheit ohne Krieg. In Konsequenz erscheinen ihre Bücher erst ab 1980, teilweise sogar erst ab 1990.

Wie wurden die Väter sowie die Beziehungen ihrer Söhne (und auch ihrer Töchter) zu ihnen dargestellt? In einem weiteren Analyseschritt haben wir alle diesbezüglichen Textstellen herausgezogen und zusammengefaßt. Nur in einem Teil dieser Texte werden überhaupt Väter erwähnt, somit stellen die herangezogenen Texte schon eine »positive« Auswahl dar. Folgende generelle Aussagen lassen sich machen:

- *Die Väter werden nur bruchstückhaft dargestellt, das heißt, nur über einzelne Persönlichkeitszüge, Handlungen, Verhaltensweisen und Interessen. In der Regel werden sie noch nicht einmal äußerlich beschrieben.* Die Texte vermitteln ein weites Spektrum von Vaterbildern und insbesondere von den Möglichkeiten ihrer Anwesenheit oder Abwesenheit in der damaligen Kriegs- und Nachkriegszeit.
- *Wiedergegebene Beziehungen zu diesen Vätern werden differenziert dargestellt: nahe, liebevoll, zärtlich; sich gegenseitig akzeptierend mit gemeinsamen Interessen und Aktivitäten; sich helfend sowie innerlich und äußerlich beschützt erlebend wie auch sachlich – ebenso auch ablehnend bis hassend.* Häufiger spiegelt sich die Beziehung lediglich in den vom Vater ausgeübten Funktionen und Erziehungsmaßnahmen wider. Diese Beziehungsmuster gelten für Jungen und Mädchen wie auch für Kinder und Jugendliche. Wenn überhaupt, verdeutlichen die Mädchen häufiger nahe, zärtliche und liebevolle Beziehungen. Doch auch bei den Jungen

lassen sich die sehnsüchtigen Erwartungen und gute Beziehungen nicht übersehen.

- *Der Tod des (gefallenen oder vermißten) Vaters wird oft nur als Tatsache erwähnt.* Manchmal werden Phantasien anderer Kinder über ihre gefallenen Väter beschrieben, mit deren Hilfe diese innerlich lebendig erhalten bleiben. Abschiede und lang anhaltende Trauerprozesse werden kaum dargestellt. Auffallend ist die spätere massive Ablehnung von Stiefvätern und anderen Männern in der Umgebung der Mütter.
- Die Beziehung zu den (lange) abwesenden Vätern bleibt in dem geschilderten Zeitraum mit Hilfe früherer Erinnerungen an sie erhalten. *Nach der Rückkehr erweisen sich sowohl die Väter als auch die Kinder gegenseitig als Fremde.* Beide Seiten können zunächst nicht auf gemeinsame Erfahrungen und Erlebnisse aus den letzten Jahren zurückgreifen; die wenigen Tage der jährlichen Fronturlaube gaben dafür keine Chance. Dazu sehen viele Väter die letztgeborenen Kinder jetzt zum ersten Mal – oft nach mehreren Jahren der Gefangenschaft.
- Die aus dem Krieg direkt oder erst nach (längerer) Kriegsgefangenschaft zurückkehrenden Väter sind oft verwundet oder behindert und zeigen sich deutlich verändert.
- Auch als Ehemänner kommen die Väter für ihre Frauen fremd zurück. Manchmal werden durch die Berichte der Kinder Schwierigkeiten in der Ehe der Eltern (Entfremdung, Irritation über erreichte Selbständigkeit der Frau oder über ihre anderweitigen Beziehungen) angedeutet.
- Ganz im Gegensatz zur Darstellung der Väter werden andere auftretende Personen, verständlicherweise insbesondere die jetzt beschützenden und helfenden Mütter, aber auch Großeltern, Tanten, Ersatzväter sowie Eltern aus der Nachbarschaft häufig detailliert und umfassend dargestellt. Außer den Müttern kommt jetzt den Großvätern und anderen (soweit überhaupt vorhandenen) Männern sowie älteren Verwandten wie auch gleichaltrigen Freundinnen und Freunden – weniger den eigenen Geschwistern – zentrale Bedeutung zu.

Nur wenige Darstellungen (vermutlich teilweise durch das Geburtsdatum der Autoren bestimmt) umfassen einen Zeitraum von vor Kriegsanbruch und über das Kriegsende hinaus bis 1948 – viele beschränken sich auf die kurze Zeit von 1943/44 bis zum Kriegsende 1945, höchstens noch unter Einschluß des Winters 1945/46. Daher können nur in geringem Umfang (psychosoziale) Entwicklungen dieser Kinder wie auch Veränderungen der Väter und Mütter geschildert werden. Bezüglich der Väter beschränken sie sich auf die Veränderungen nach dem Krieg und insbesondere nach durchlebter Gefangenschaft. Die Mütter verhärmen, ziehen sich innerlich zurück oder erstarren und verstummen. Die Bücher schildern, wie sie lange Zeit die ständigen und vielfältigen (Fabrikarbeit, Mitarbeit auf dem Feld, Beschaffung von Nahrung) und oft zusätzlichen (Ausbombung, Versorgung von eigenen Eltern und weiteren Verwandten) Belastungen ertragen. Sie altern schnell und bekommen real und symbolisch graue oder weiße Haare. Wie sich diese Mütter nach dem Krieg und insbesondere in ihren Beziehungen zu diesen Kindern (und ihren zurückgekehrten Männern) weiterentwickeln, bleibt unbekannt. Warum diese auffallende Beschränkung vorwiegend auf das Kriegsende? Wollten sich die Autoren dadurch *nur* auf die äußeren (traumatisierenden) Erfahrungen beschränken und somit die von ihnen allen erlebte noch bedrückendere und perspektivlose Nachkriegszeit (Not, Hunger, vermißte, in Kriegsgefangenschaft befindliche oder krank und verändert zurückkommende Väter und sich verändernde Mütter) aussparen?

Die dargestellten Kinder und Jugendlichen verdeutlichen, wenn überhaupt, mehrere Entwicklungslinien.

- Sie ziehen sich aus der bedrückenden, kummervollen und belastenden Welt der Erwachsenen in die Welt der Gleichaltrigen zurück. Sie schließen mit diesen ein Bündnis gegen die eigenen Eltern und weitere schikanierende, drangsalierende und im Hitlergeist erziehende Erwachsenen – insbesondere im Internat, bei Kinderlandverschickungen, in den Lagern von Hitlerjugend und Bund Deutscher Mädchen sowie im Arbeitsdienst.

- Die bedrohliche Situation bei Kriegsende, die schwierigen Nachkriegsverhältnisse oder die zerrütteten Familienverhältnisse erzwingen bei den Heranwachsenden eine beschleunigte Pubertät mit schneller, heftiger Verliebtheit sowie mit (aneinander geklammert und sich gegenseitig beschützend) ersten sexuellen Beziehungen.
- Die frühzeitig auferlegte Verantwortung (ältestes oder einziges Kind) führten zu frühzeitigem Erwachsenensein im Sinn »Mann« oder »Freundin« an Mutters Seite. Die schnell eingeforderte Verselbständigung bringt gerade in der Nachkriegszeit unbekannte Freiheitsgrade mit sich, die gegen Eltern, Umwelt und wieder beginnende Schule mit ihren im alten Geist unterrichtenden Lehrern verteidigt wird. Spezifische Entwicklungsprozesse als Junge oder Mädchen werden in der Regel nicht dargestellt.
- Bei den erwähnten Altersgruppen überwiegen (im Text vermerkt oder von uns hochgerechnet) die bei Kriegsende 9-/10- bis 13-/14jährigen Jungen und Mädchen. Die noch älteren Jungen werden als Flakhelfer oder gerade noch eingezogene ganz junge Soldaten, und die älteren Mädchen in BDM- oder Arbeitsdienstlagern, das heißt also in ihrem Kriegseinsatz oder Kriegserleben – dargestellt. Jungen und Mädchen, die jünger sind als 10–12 Jahre, treten dagegen deutlich weniger als Handelnde oder Betroffene auf.

Alle Bücher vermitteln den Schrecken, das Grauen, die Zerstörung und den Tod sowohl in der Kriegszeit und insbesondere bei Kriegsende als auch in der Nachkriegszeit. Manchmal nur angedeutet, werden sie in der Regel realistisch in Form von Fliegeralarm und Bombenschäden bis hin zu den schweren Bombardierungen in Dresden, Hamburg und im Ruhrgebiet, durch Verletzte und Tote nach Bombenangriffen, durch erlebte Tiefflieger oder direkten Artilleriebeschuß sowie durch fast von allen durchlittenen Hunger und erlebte Not dargestellt. Diese Kinder befinden sich im Winter 1944/45 auf dem Treck aus dem Osten; sie verlieren die schützenden Angehörigen; sie fliehen mit Familie oder sogar allein im Frühjahr 1945 durch Deutschland, und sie finden sich nach Kriegsende in einer zerstörten, oft auch fremden und sie aufgrund ihres Flüchtlingsstatus ablehnenden Umgebung wieder. In großem Umfang sterben ringsum (aus der weiteren Familie, als Freunde, Bekannte und Nachbarn) die Väter oder werden als vermißt gemeldet. Flakhelfer und junge Soldaten erleben noch das Grauen mit hohen Verlusten an Kameraden bei ihrem Einsatz bei Kriegsende. Manchmal werden auch idyllische Orte und Regionen, meist aber auf dem Lande, dargestellt, wo es erstaunlicherweise noch Unterkunft, reichliches Essen und auch Kleidung gibt. Diese Situationen halten jedoch meist nur vorübergehend an, bis der einbrechende Krieg oder die notwendige Flucht bei Kriegsende alles wieder radikal verändern.

Welche Aufgaben nehmen dann *anwesende Väter* wahr? Ihre Kinder fühlen sich schon durch ihre Anwesenheit seelisch sicher und insgesamt beschützt. Diese Väter schützen auch wirklich: so im Luftschutzkeller, bei Bränden oder auf dem Treck. Mit Hilfe der Fähigkeiten und Fertigkeiten dieser Väter lassen sich viele schwierige Situationen bewältigen; dazu besorgen sie Essen und Unterkunft. Sie beraten in vielen Lebensfragen – wenn auch ihre Ratschläge zunächst nicht immer angenommen werden. Weniger häufig (jedenfalls seltener als ihre Frauen in der Funktion der Mütter) nehmen sie gegen Hitler und die Nazis sowie gegen den Krieg Stellung – eher schweigen diese Väter. Ihre beschriebenen politischen Einstellungen etwa als überzeugter Nationalsozialist, aktives Kirchenmitglied oder ehemaliges Gewerkschaftsmitglied oder Mitglied der Sozialdemokratischen oder Kommunistischen Partei bleiben weitgehend und lange Zeit unverändert – selten zeigt sich im Verlauf des Kriegs eine Wandlung. Teilweise schweigen sie auch über ihre politische Vergangenheit. Manchmal werden Wissen um ihren inneren Widerstand oder sogar direkte Mitarbeit im Widerstand (Flugblätter Abziehen und Verteilen bis hin zum Fälschen von Pässen) erwähnt.

Allerdings sind Väter nur selten lange Zeit und dazu brauchbar anwesend. Die Mütter bleiben dadurch von früher Kindheit an einzige und zentrale Bezugsperson oder werden es aufgrund der Abwesenheit der Väter erneut.

Die beschriebene Sicht der damaligen Kinder und Jugendlichen verdeutlicht, daß diese selbstverständlich in der Lage sind, die bekannten Schrecken des Kriegs mit ihren vielfältigen traumatisierenden Auswirkungen und insbesondere die zeitweilig, häufig auf Dauer fehlenden Väter darzustellen. Im Gegensatz dazu wird die Beziehung zu diesen Vätern nur selten als intensiv und wichtig beschrieben. Bestimmt fehlten aufgrund der Kriegs- und Nachkriegssituation diese Väter in der Realität oft. Unser Eindruck ist jedoch, daß die Erinnerungen an die in diesen Büchern vorhandenen oder erwähnten Väter und damit auch ihre Bedeutung für ihre Kinder aufgrund vielfältiger ambivalenter Gefühle längst verdrängt, geleugnet oder bagatellisiert werden mußten. Die in der Regel lange nach Kriegsende geschriebenen Bücher lassen sich bezüglich der Väter häufig so als das (unbewußte) Ergebnis langer und vielfältiger (unbewußter) Abwehrprozesse verstehen.

Autobiographische Berichte

Aus der Sicht der Söhne und Töchter beschrieben werden diese Väter erstmals durch Walter Kempowski (geb. 1929) in *Tadellöser & Wolff* (1975) und durch Christa Wolf (geb. 1929) in *Kindheitsmuster* (1976). Dann folgt als erstes der sogenannten »Vater-Bücher« *Die Reise* (1977) von Bernward Vesper (geb. 1938). Andere folgen:

- Sigfrid Gauch (geb. 1945), *Vaterspuren* (1979)
- Ruth Rebmann (geb. 1922), *Der Mann auf der Kanzel* (1979)
- Heinrich Wiesner, *Der Riese am Tisch* (1979)
- Peter Härtling (geb. 1933), *Nachgetragene Liebe* (1980)
- Paul Kersten, *Der alltägliche Tod meines Vaters* (1980)
- Christoph Meckel (geb. 1935), *Suchbild. Über meinen Vater* (1980)
- Brigitte Schwaiger (geb. 1949), *Lange Abwesenheit* (1980)

Schon früh (Schneider 1982) wurde vermutet, daß sich diese Autoren – angestoßen durch die RAF und die Sichtbarmachung des Holocaust im Fernsehen – jetzt gefühlsmäßig mit ihrer Situation als *vatergeschädigte Kinder* auseinandersetzten. Eine Ursache für diese den normalen ödipalen intergenerationellen Konflikt weit übersteigende, massive Auseinandersetzung wurde in dem bisherigen Schweigen zwischen den Generationen über die Beteiligung der Väter und Mütter, der Tanten und Onkel sowie der Großmütter und Großväter am »Dritten Reich« gesehen. Dieses familiäre Schweigen beruhte sowohl auf fehlenden Informationen durch die Älteren als auch auf fehlender interessierter Nachfrage durch die Jüngeren – wohl um die brüchige Familienstruktur und -atmosphäre nicht zu gefährden. Gleichzeitig konnten die Jüngeren nicht mehr wahrnehmen, daß diese Älteren trotz ihrer Teilhabe sie als Kinder gehegt und gepflegt und welche Strapazen, Entbehrungen und Leiden sie während des Kriegs (auch dafür) auf sich genommen hatten.

Diese autobiographischen Berichte verdeutlichten gleichzeitig, daß die mit dem Überleben und dem Wiederaufbau beschäftigten Eltern gerade noch »Primärbedürfnisse« ihrer Kinder, kaum jedoch ihre seelischen Bedürfnisse nach Zuwendung, Geborgenheit, Liebe und Spiel ausreichend befriedigen konnten.

Nach unserem Eindruck durfte (oder konnte) damals bei der kritischen Würdigung nicht gesehen werden, daß sich unter der Oberfläche von Auseinandersetzung, Ablehnung und Vorwürfen und sogar Haß tiefe sehnsüchtige Wünsche nach Nähe, Schutz und begeisterungsfähigem Vorbild eben durch diese Väter verbergen.

Spätere Bücher zeigen wichtige zusätzliche und gleichzeitig differenzierende Aspekte auf: Dörte v. Westernhagen (geb. 1943), *Die Kinder der Täter* (1987), beschreibt ihren eigenen mühevollen Prozeß der Annäherung an ihren davor mit massiven Vorwürfen ob seines Handelns überhäuften Vater. Ludwig Harig (geb. 1927), *Ordnung ist das ganze Leben* (1986), Manfred Bieler (geb. 1934), *Still wie die Nacht – Memoiren eines Kindes* (1989), Herbert Heckmann (geb. 1930), *Die Trauer meines Großvaters* (1994) und Horst Bosetzky (geb. 1938), *Brennholz für Kartoffelschalen* (1995), schildern ausführlich und differenziert ihre Väter im Kontext ihrer damaligen allgemeinen

Lebenssituation. Martin Walser (geb. 1927) beschreibt in *Die Verteidigung der Kindheit* (1991) am nachdrücklichsten die sich entwickelnde symbiotische Pathologie zwischen Sohn und Mutter in der damaligen Zeit nach dem Weggang des Vaters. Erhard Eppler (geb. 1926), *Als Wahrheit verordnet wurde* (1994), versucht, seiner Enkelin die damalige Zeit und insbesondere das Verhalten von Vater und Großvater zu verdeutlichen. Hans-Ulrich Treichel (geb. 1952), *Der Verlorene* (1998), erzählt von der langen und das ganze familiäre Leben bestimmenden Suche nach dem auf dem Treck verlorengegangenen Erstgeborenen. Viele Väter blieben offenbar nach dem Krieg in ihren Ansichten, im Verhalten und ihren Erziehungsmaßnahmen unverändert, wie beispielhaft Kurt Meyer (geb. 1945), in *Geweint wird, wenn der Kopf ab ist* (1998) als Sohn eines ehemaligen Kommandeurs einer Panzerdivision der Waffen-SS darstellt (Meyer u. Blakeslee 1998).

Auch diese zwischen 1930/35 und 1945/47 geborenen Autorinnen und Autoren sind selbstverständlich in der Lage – diesmal in der Erwachsenenliteratur – ihre damaligen Eindrücke, Erlebnisse wie auch Gefühle darzustellen – wiederum benötigt dieser mühevolle Prozeß lange Zeit, teilweise bis jetzt. Insgesamt handelt es sich jedoch wiederum um auffallend wenige Autoren.

Anthologien

Die nach dem Krieg erschienenen – nach Zielsetzung und Thematik deutlich unterscheidbaren – Anthologien belegen unterschiedliche Tendenzen der Wahrnehmung dieser Väter entsprechend dem Alter der Autoren:

- H. Rauschnig, *1945 – ein Jahr in Dichtung und Bericht* (1965). Nur zwei Autoren wurden 1928 und 1930 geboren, alle anderen lange davor.
- Nadine Hauer, Renate Welsh, *Damals war ich 14. Jugend im Dritten Reich* (1978). Die Geburtsdaten der jüngeren Autorinnen und Autoren bleiben weitgehend unbekannt; Väter

werden kaum und dazu nur bezüglich ihrer Funktion und Aufgaben beschrieben.

- Uwe Friesel, Hannelies Taschau, *Kindheitsgeschichten* (1979). Die offensichtlich jüngeren Autoren, deren Geburtsdaten unbekannt bleiben, verdeutlichen insbesondere das Ausmaß nachfolgender psychischer und psychosomatischer Störungen und des Hospitalismus.
- Marcel Reich-Ranicki, *Meine Schulzeit im Dritten Reich. Erinnerungen deutscher Schriftsteller* (1983). Unter den 20 Autoren befinden sich nur drei als jüngste 1929 Geborene; den Vätern kommt kaum eine Bedeutung zu.
- Heinrich Breloer, *Mein Tagebuch. Geschichten vom Überleben 1939–1947* (1984). Als weitaus Jüngste berichtet eine 1932 geborene Autorin über diese Zeit und insbesondere über die Bedeutung des und über den Schutz durch den ständig anwesenden Vater.
- Heinrich Böll, *Niemandsland. Kindheitserinnerungen an die Jahre 1945–1949* (1985). Erstmals berichten umfassend sowohl zwischen 1928 und 1934 wie auch ab 1935 geborene Autoren über diese Zeit – wiederum werden die Väter nur kurz bezüglich Funktionen oder Abwesenheit erwähnt.
- Sybil Gräfin Schönfeldt, *Der Krieg ist aus – und nun? Sommer '45: Berichte, Erfahrungen, Bekenntnisse* (1985). Nur drei Autoren (geb. 1927, 1927, 1938) von 20 berichten als Jüngere: Einmal kehrt der Vater zurück, und einmal wird er von den Russen erschossen.
- Rosemarie Wildermuth, *Aus 100 Jahren – Jugend 1887 – 1987* (1987). In diesen Schüleraufsätzen in diesem Zeitraum 1933–1945 wird das Grauen des Kriegs, aber wiederum kaum ein Vater erwähnt.
- Susanne Feigl, Elisabeth Pablé, *Väter unser – Reflexionen von Töchtern und Söhnen* (1988). 11 nach 1930 geborene von insgesamt 30 Autorinnen und Autoren berichten ausführlich über ihre Beziehungen zu und ihre sehnsüchtigen Wünsche an diese damaligen Väter.
- Hellmut Lessing, *Kriegskinder* (1988). Für die Generation dieser Kriegskinder – alle 17 Autoren wurden zwischen 1934

und 1944 geboren – ist der Krieg bis heute nicht abgeschlossen. Im Verborgenen, in Ängsten und Verletzungen, lebt er intensiv weiter.

- Ingeborg Bruns, *Als der Vater aus dem Krieg heimkehrte – Töchter erinnern sich* (1991). Viele der 23 jüngeren Autorinnen versuchen verzweifelt, ihre fremd gewordenen und durch Krieg und Gefangenschaft beschädigten Väter zu verstehen und trotz ihres Auftretens und ihrer Erziehungsmaßnahmen zu achten.
- Helmut Schmidt, *Kindheit und Jugend unter Hitler* (1991). Wiederum berichten nur zwei – 1927 und 1933 – Geborene: sie beschreiben ihre Entwicklung wie auch die Bedeutung des Vaters.
- Christine Lipp, *Kindheit und Krieg* (1992). 45 zwischen 1930 und 1946 geborene Autoren berichten über das erlebte Kriegsende; in 34 Berichten steht der Vater im Mittelpunkt: das Verlassensein durch ihn, die Suche nach ihm, die Rückkehr als fremder Mann und die Sehnsucht nach Verläßlichkeit und Schutz.
- Sylvia Bartholl, *Inge, Dawid und die anderen – wie Kinder den Krieg erlebten* (1995). Nur in fünf Berichten von jüngeren Autoren wird der Vater überhaupt erwähnt.
- Gustav Trampe, *Die Stunde Null – Erinnerungen an Kriegsende und Neuanfang* (1995). Von den 32 Autorinnen und Autoren wurden fünf zwischen 1929 und 1934 und lediglich einer nach 1935 geboren. In diesem Rückblick 50 Jahre später werden kaum noch Gefühle erwähnt und ebensowenig die Väter – ganz im Gegensatz zu den Müttern.

Weitere Publikationen beschreiben – vermittelt durch Interview oder Familienbiographien – weitere wichtige Aspekte der Entwicklung dieser Altersgruppe.

- Helga Dierichs, Margarete Mitscherlich, *Männer – Zehn exemplarische Fallgeschichten* (1980). Bei sieben von zehn dieser Männer ist in der Kindheit der Vater lange Zeit durch Krieg und Kriegsgefangenschaft abwesend, kehrt deutlich verändert oder schwer krank zurück oder fiel. Auffallenderweise wird die Bedeutung dieser Tatsache für Entwicklung, Identität und gestörte Beziehungen dieser Männer kaum gesehen.

- Sibylle Meyer, Eva Schulze, *Von Liebe sprach damals keiner: Familienalltag in der Nachkriegszeit* (1985). Anhand von (Familien-)Biographien von zwischen 1892 und 1921 aufgewachsenen Männern und Frauen wird das alltägliche Überleben im Berlin der Nachkriegszeit zugänglich. Einerseits werden die mit der Rückkehr der Männer verbundenen Schwierigkeiten ausführlich dargestellt, andererseits auch die Schwierigkeiten dieser Kinder mit diesen Vätern – allerdings in deutlich geringerem Umfang. Über Gefühle oder Wahrnehmungen dieser Kinder wird kaum berichtet.
- Peter Sichrovsky (geb. 1947), *Schuldig geboren* (1987) schildert die gestörten Beziehungen und enttäuschten Erwartungen der Täter-Kinder zu ihren zurückgekehrten Vätern.
- Heinz Bude (geb. 1954), *Das Altern einer Generation. Die Jahrgänge 1938–1948* (1995). In fünf von sechs ausführlichen Entwicklungsdarstellungen fehlt der Vater (Kriegsgefangenschaft, vermißt/gefallen.) Die geschilderte Identitätsproblematik wird dagegen nur in gewissem Umfang mit dieser traumatisierten Kindheitsgeschichte in Beziehung gesetzt.

Überblick

In der Nachkriegsliteratur wurden traumatisierende Erfahrungen, beschädigte Entwicklung und väterliche Abwesenheit zunächst aus der Sicht der deutlich Älteren beschrieben, so etwa Lisa Tetzner (geb. 1894) in *Die Kinder aus Nr. 67* oder durch Heinrich Böll (geb. 1917) in *Haus ohne Hüter*. Die jüngeren Jahrgänge, die als Jugendliche oder Kinder die Kriegs- und Nachkriegszeit erlebten, melden sich erst ab 1975/1980 in größerer Zahl zu Wort. Dabei bestehen, differenziert man nach Altersgruppen, *unterschiedliche Möglichkeiten der Erinnerung*.

Die bis 1934 Geborenen wissen noch sicher um eine in der Regel friedliche Vorkriegszeit, um ihre teilweise große Begeisterung in den Jugendorganisationen des Dritten Reiches und verfügen über eindeutige Erinnerungen an Erziehungsmaßnahmen und andere Handlungen der Väter und an ihre gefühlsmäßige Beziehung zu ihnen. Diese Erinnerungen stehen nur teilweise verdrängt zur Verfügung.

Die zwischen 1934/35 und 1939/40 Geborenen verfügen nur noch über wenige sichere Erinnerungen an diese ruhige Vorkriegszeit und an ihre Väter. Kriegs- und Nachkriegszeit und langfristig abwesende Väter bedingen vielfältige Verdrängungsprozesse, so daß sowohl diese früheren Erinnerungen an die ungestörte Zeit als auch die späteren Erfahrungen sowie die Bedeutung dieser Väter in vielfältiger Art verdrängt (vergessen, geleugnet, bagatellisiert, abgeschwächt, aufgespalten oder intellektualisiert) werden mußten. Daher sind entsprechende Erinnerungen (insbesondere auch die damit verbundenen Gefühle) zunächst kaum oder nur bruchstückhaft abrufbar. Über Familienberichte stehen Datierungen zur Verfügung.

Die nach 1939/40 Geborenen wissen in der Regel nicht um eine ungestörte Lebensphase, sondern kennen als Normalität nur die beeinträchtigte Welt mit abwesenden Vätern. Sie können sich daher nicht an das erinnern, was sie verloren haben; sie wissen nur diffus um das, was sie nicht hatten.

Teilweise prägte die pathologische Normalität der unvollständigen, sich sozial nur mühsam stabilisierenden Familie bewußt und damit erinnerbar ihre weitere Entwicklung.

Unter den zwischen 1945 und 1950 Geborenen konnte aufgrund der wieder vollständiger werdenden Familien und der sich bessernden sozialen Situation die anfänglich beschädigende Lebensphase verdrängt bleiben.

Diese Gruppierungen spiegeln sich auch in der zitierten Literatur wider. Insbesondere die zwischen 1934/1935 und 1945/1947 Geborenen finden bei ihren versuchten autobiographischen Schilderungen nur schwer und dazu nur in geringer Anzahl Zugang. Entsprechend fällt dies den vor 1934/35 und insbesondere vor 1929 Geborenen leichter. Sie verfügen über sichere, befriedigende Kindheits- und Jugenderinnerungen.

Weiterhin fällt auf, daß die Tatsachen der (langfristigen oder dauerhaften) Vaterlosigkeit und der beschädigten sozialen Lebenssituation immer wieder von Angehörigen dieser Generation selbst wie auch durch Außensicht (z. B. durch Interviews) eindrücklich beschrieben werden. Ihr Einfluß auf die spätere gestörte Entwicklung in Jugendzeit und Erwachsenenalter, auf die (überwiegend männliche) Identitätsproblematik mit Beziehungsstörungen wird dagegen deutlich seltener gesehen und kaum nachdrücklich im Sinn einer Traumatisierung anerkannt.

Die autobiographischen Berichte der zwischen 1934/35 und 1945/47 Geborenen verdeutlichen weiterhin, daß sie unverändert an diesen Einflüssen und insbesondere den abwesenden Vätern leiden. Die davor Geborenen konnten sich bewußt anscheinend mit Hilfe zorniger Abrechnung, schwerer Vorwürfe und tiefer Enttäuschungen von ihren in der Vorkriegszeit noch sicher erlebten Vätern trennen – Trauerprozesse werden allerdings selten beschrieben. Bei den vor 1928/29 Geborenen treten in den Darstellungen die Väter immer weiter zurück oder werden überhaupt nicht mehr erwähnt.

Danksagung

Viele haben dazu beigetragen, daß mein Buch jetzt in dieser Form erscheint. Allen möchte ich herzlich danken.

- An erster Stelle meiner Frau, sie trug und ertrug diese lange und schwierige Zeit; sie akzeptierte meine Pläne für meine zeitweilige Halbtagsstelle. Dazu hat sie entscheidenden Anteil (Idee, Recherchen und Auswertungsschritte) an dem Literaturkapitel.
- An zweiter Stelle meinen Patientinnen und Patienten für ihren Mut, sich gemeinsam mit mir auf die lange Reise in ihre Vergangenheit mit zunächst ungewissem Ausgang zu machen. Sie erklärten sich alle selbstverständlich zu dem ausführlichen Abschlußgespräch bereit und waren mit der Publikation wichtiger biographischer Daten und der Behandlungsergebnisse einverstanden.
- Dann meinem Bruder Reinhart für unsere häufigen langen Gespräche, die mir halfen, sowohl unsere gemeinsame Entwicklung als auch unser unterschiedliches Schicksal besser zu verstehen.
- Weiterhin halfen mir insbesondere mit Hinweisen, Auskünften, Informationen:
  PD Dr. Thea Bauriedl (München), Dr. Heinz Boberach (Koblenz), Prof. Dr. Elmar Brähler (Leipzig), Michael Fecke (Kassel), Prof. Dr. Insa Fooken (Siegen), Prof. Dr. Matthias Franz (Düsseldorf), Brigitte Gerstgrasser (Kassel), Claudia Guderian (Hamburg), Dieter Haase (Kassel), Prof. Dr. Gereon Heuft (Münster), Dr. Birgit Jansen (Kassel), Prof. Dr.

Andreas Kruse (Heidelberg), Dr. Albrecht Kuchenbuch (Berlin), Prof. Dr. Ursula Lehr (Heidelberg), Prof. Dr. Marianne Leuzinger-Bohleber (Frankfurt a. M.), PD Dr. Ingeborg Meller (München), Kurt Meyer (Rotenburg/Fulda), Dr. Klaus Nerenz (Göttingen), Prof. Dr. Erhard Olbrich (Erlangen), Dr. Rüdiger Overmanns (Freiburg i. Br.), Prof. Dr. Jürgen Reulecke (Essen), Prof. Dr. Horst-Eberhard Richter (Gießen), PD Dr. Gabriele Rosenthal (Berlin), Dr. Willi Rückert (Köln), Dr. Frank Schirrmacher (Frankfurt a. M.), Dr. Sybil Schlepegrell (Hamburg), Dipl.-Psych. Gertraud Schlesinger-Kipp (Kassel), Dipl.-Psych. Marina Schmitt (Heidelberg), Dr. Hans-Jürgen Schröter (Kassel), Dipl.-Psych. Regine Steil (Jena), Dr. Frauke Teegen (Hamburg), Prof. Dr. Martin Teising (Bad Hersfeld), Prof. Dr. Hans Thomae (Bonn), sowie die Mitarbeiterinnen und Mitarbeiter des Bundesarchivs in Koblenz, des Bundesausgleichsamts in Bad Homburg, des Bundesministeriums für Arbeit und Soziales in Bonn, der Deutschen Psychoanalytischen Vereinigung in Berlin, des Hessischen Landesamtes für Versorgung und Soziales in Wiesbaden, des Sozialverbandes Reichsbund e. V. in Bonn, des Statistischen Bundesamtes in Wiesbaden, des Verbandes der Kriegs- und Wehrdienstopfer, Behinderten und Rentner Deutschlands in Bonn und des Landesverbandes Baden-Württemberg des Volksbundes Deutscher Kriegsgräberfürsorge in Stuttgart.

- Ich danke Barbara Arlt, die die vielen Entwürfe dieses Buchs unverzagt und unermüdlich schrieb und jeweils erneut am PC zusammensetzte – oftmals ein wirklich mühsames Unterfangen!

Literatur

Abraham, P. (1981): Pianke. Berlin

Abraham, P. (1996): Piepheini. München

Affeld-Niemeyer, P. (1998): Die andere Geschichte. In: Schlösser, A.; Höhfeld, K. (Hg.), Trauma und Konflikt. Gießen, S. 409–420

Anda, B.; Kleine, R. (1998): Gerhard Schröder. Eine Biographie. Berlin

Anhalt, I. (1988): Abschied von meinem Vater. In: Heimannsberg, B.; Schmidt, C. (Hg.), Das kollektive Schweigen. Köln, S. 37–54

Bartholl, S. (Hg.) (1995): Inge, Dawid und die anderen.Wie Kinder den Krieg erlebten. Weinheim

Baumert, G. (1954): Deutsche Familien nach dem Krieg. Darmstadt

Beal, A. (1995): Post-traumatic stress disorders in prisoners of war and combat veterans of the Dieppe Raid. Canad. J. Psychiat. 40: 177–184

Bengtson, V.; Schütze, Y. (1992): Altern und Generationsbeziehungen: Aussichten für das kommende Jahrhundert. In: Baltes, P.; Mittelstrass, J. (Hg.), Zukunft des Alterns und gesellschaftliche Entwicklung. Berlin

Benz, W. (Hg.) (1985): Die Vertreibung der Deutschen aus dem Osten. Frankfurt a. M. (aktualisierte Neuausgabe 1996)

Bergmann, M; Jucovy, M. (Hg.) (1982): Generations of the Holocaust. New York. (Deutsch: Bergmann, M.; Jucovy, M.; Kestenberg, J. (Hg.) (1995): Kinder der Opfer, Kinder der Täter, Psychoanalyse und Holocaust. Frankfurt a. M.)

Bieler, M. (1989): Still wie die Nacht. Memoiren eines Kindes. Hamburg

Bintig, I. (1995): Trümmer und Träume. Recklinghausen

Bly, R. (1991): Eisenhans – ein Buch über Männer. München

Bohleber, W. (Hg.) (1996): Adoleszenz und Identität. Stuttgart

Böll, H. (1974): Haus ohne Hüter. Frankfurt a. M.

Böll, H. (Hg.) (1985): Niemandsland. Kindheitserinnerungen an die Jahre 1945 – 1949. Bornhein/Merten

Bornebusch, W. (1992): »Darf ich wachsen auf einem Berg von Leichen?« Beobachtungen bei einem TZI-Seminar mit Yitzchak Zieman.

In: Heimannsberg, B.; Schmidt C. (Hg.), Das kollektive Schweigen. Köln, S. 133–142

Bosetzky, H. (1995): Brennholz für Kartoffelschalen. München

Brandt, U. (1964): Flüchtlingskinder. Eine Untersuchung zu ihrer psychischen Situation. München

Breloer, H. (Hg.) (1984): Mein Tagebuch. Geschichten vom Überleben.1939–1947. Köln

Bruns, I. (1991): Als Vater aus dem Krieg heimkehrte. Töchter erinnern sich. Frankfurt

Bude, H. (1995): Das Altern einer Generation. Die Jahrgänge 1938–1948. Frankfurt a. M.

Burger, H. (1982): Warum warst du in der Hitler-Jugend. Vier Fragen an meinen Vater. Reinbek (zuerst DDR 1967)

Cath, St. (1991): Vatersein von der Kindheit bis ins Alter: Ein Abriß neuerer psychoanalytischer Konzepte. In: Friedmann, R.; Lerner, L. (Hg.), Zur Psychoanalyse des Mannes. Heidelberg, S. 65–76

Chamberlain, S. (1992): Nationalsozialistinnen als Mütter. In: Heimannsberg, B.; Schmidt C. (Hg.), Das kollektive Schweigen. Köln, S. 267–278

Chamberlain, S. (1997): Adolf Hitler, die deutsche Mutter und ihr erstes Kind. Über zwei NS-Erziehungsbücher. Gießen

Cloer, E. (Hg.) (1983): Das Dritte Reich im Jugendbuch. 50 Jugendbuch-Analysen und ein theoretischer Bezugsrahmen. Braunschweig

Coerper, C.; Hagen, W.; Thomae, H. (1964): Deutsche Nachkriegskinder. Stuttgart

Corneau, G. (1993): Abwesende Väter – Verlorene Söhne: Die Suche nach der männlichen Identität. Hamburg

Crocq; M.; Hein, K.; Duval, F.; Macher, J. (1991): Severity of the prisoner of war experience and post-traumatic stress. Europ. Psychiat. 6: 39–45

Daniel, U. (1998): Vorwort zu Dörr, M., »Wer die Zeit nicht miterlebt hat . . .«. Frankfurt a. M., S. 9

Dasberg, H. (1994): Kindliches Verfolgungstrauma und späte Trauerreaktion. Falldarstellung. In: Stoffels, H. (Hg.), Terrorlandschaften der Seele. Beiträge zur Theorie und Therapie von Extremtraumatisierungen. Regensburg, S. 115–124

Deutscher Bundestag, 13. Wahlperiode 1994, Kürschners Volkshandbuch 1997. Darmstadt

Deutscher Bundestag, 14. Wahlperiode 1998, Kürschners Volkshandbuch 1999. Darmstadt

Diamond, M. (1994): Fathers and Sons: Psychoanalytic Perspectives on »Good Enough« Fathering Throughout the Life Cycle, http://home.earthlik.net/laisps/Fathers.html, Scientific Presentation of the Los Angeles Institute for Psychoanalytic Studies (LAIPS), November 1994

Dierichs, H.; Mitscherlich, M. (1980): Männer – zehn exemplarische Fallgeschichten. Frankfurt a. M.

Dierking, W.; Wirth, H. (Hg.) (1988/89): Die Vergangenheit ist gegenwärtig. Zur Auseinandersetzung mit dem Nationalsozialismus. psychosozial 11: 3–80

Dörr, M. (1998): »Wer die Zeit nicht miterlebt hat . . .«. Frauenerfahrungen im Zweiten Weltkrieg und in den Jahren danach, Band 1–3. Frankfurt a. M./New York

Drewermann, E. (1992): Wege und Umwege der Liebe, Bd. 2, Psychoanalyse und Moraltheologie. Mainz, 9. Aufl.

Eckstaedt, A. (1981): Eine klinische Studie zum Begriff der Traumareaktion. Ein Kindheitsschicksal aus der Kriegszeit, Psyche 35: 600–610

Eckstaedt, A. (1989): Nationalsozialismus in der ›zweiten Generation‹, Psychoanalyse von Hörigkeitsverhältnissen. Frankfurt a. M.

Eickhoff, F. (1986): Identification and its vicissitudes in the context of the nazi phenomenon. Int. J. Psycho-Anal. 67: 33–44

Ende, M. (1980): Die unendliche Geschichte. Stuttgart

Eppler, E.(1994): Als Wahrheit verordnet wurde. Briefe an meine Enkelin. Frankfurt a. M.

Everwyn, K.E. (1989): Jetzt wird alles besser. Eine Jugend zwischen Krieg und Nachkriegszeit. Würzburg

Fährmann, W. (1978): Das Jahr der Wölfe. Die Geschichte einer Flucht. Würzburg (zuerst 1962)

Feigl, S.; Pablé, S. (1988): Väter unser – Reflexionen von Töchtern und Söhnen. Wien

Fenske, H. (1987): Wirtschaftliche und soziale Kriegsfolgen in den Familien von Gefallenen, Vermißten und Gefangenen. In: Volksbund Deutscher Kriegsgräberfürsorge (Hg.), Die falsche Rechnung: Was bringt der Krieg ein? Landesverband Baden-Württemberg, Schriftenreihe H 7, Freiburg

Fienhold, W.; Schmidt-Macon, K.; Seide, A. (Hg.) (1987): Kindheitsverluste. Frankfurt a. M.

Finckh, R. (1978): Mit uns zieht die neue Zeit. Baden-Baden

Fischer, G.; Riedesser, P. (1998): Lehrbuch der Psychotraumatologie. München/Basel

Fogt, H. (1982): Politische Generationen: empirische Bedeutung und theoretische Modelle. Opladen

Foreman, M. (1989): Kriegskinder. Erinnerungen. Frankfurt a. M.

Forte, D. (1995): Der Junge mit den blutigen Schuhen. Frankfurt a. M.

Forte, D. (1998): In der Erinnerung. Frankfurt a. M.

Franz, M. (1997): Psychosomatische Epidemiologie – unterwegs zur Bevölkerung. In: Franz, M.; Tress, W. (Hg.), Psychosomatische Medizin – Ankunft in der Praxis. Frankfurt-Bockenheim, S. 40–54

Franz, M.; Liebherz, K.; Schmitz, N.; Schepnak, H. (1999): Wenn der

Vater fehlt. Epidemiologische Befunde zur Bedeutung früher Abwesenheit des Vaters für die psychische Gesundheit im späteren Leben. Zsch. psychosom. Med. 45: 260–278
Freud, S. (1914): Zur Psychologie des Gymnasiasten, G.W. Bd. X, S. 206. Frankfurt a. M.
Friedman, M.; Schnurr, P.; Mc Donagh-Coyle (1994): Post-traumatic stress disorder in the military veteran. Psychiat. Clin. N. Amer. 17: 265–277
Friedman, R.; Lerner, L. (Hg.) (1991): Zur Psychoanalyse des Mannes. Heidelberg
Friesel, U.; Taschau, H. (1979): Kindheitsgeschichten. München
Fuchs, G. (1984): Die Amis kommen. Reinbek
Fuchs, T. (1999): Life events in late paraphrenia and depression. Psychopathology 32: 60–69
Fuchs, U. (1985): Emma oder Die unruhige Zeit. Hamburg (zuerst Modautal-Neunkirchen 1979)
Gauch, S. (1996): Vaterspuren. Frankfurt a. M.
Gehrts, B. (1983): Nie wieder ein Wort davon? München (zuerst 1978)
Giordano, R. (1989): Wenn Hitler den Krieg gewonnen hatte. Köln
Gronefeld, G. (1985): Kinder nach dem Krieg: 1945 – 1948. Berlin
Grün, M.v. (1981): Wie war das eigentlich? Kindheit und Jugend im Dritten Reich. Darmstadt/Neuwied (zuerst 1979)
Grund, J.C. (1973): Flakhelfer Briel »und sie werden nicht mehr frei ihr ganzes Leben.« Ravensburg
Guerreo, J.; Crocq, M. (1994): Sleep disorders in the elderly: Depression and post-traumatic stress. J. Psychosom. Research 30: 141–150
Hagen,W.; Thomae, H. (1962): 10 Jahre Deutsche Nachkriegskinder. München
Hagener, E. (1986): Es lief sich so sicher an Deinem Arm. Weinheim
Hardtmann, G. (Hg.) (1992): Seelische Auswirkungen des Holocaust auf die Opfer und ihre Kinder. Gerlingen
Harig, L. (1986): Ordnung ist das ganze Leben. Roman meines Vaters. München/Wien
Harig, L. (1990): Wehe dem, der aus der Reihe tanzt. München
Hartig, M. (1991): Ein Fremder saß am Tisch. Würzburg
Härtling, P. (1986): Krücke. Weinheim/Basel
Härtling, P. (1973): Zwettl. Nachprüfung einer Erinnerung. Darmstadt
Härtling, P. (1980): Nachgetragene Liebe. Darmstadt
Hauer, N.; Welsh, R. (Hg.) (1978): Damals war ich vierzehn. Berichte und Erinnerungen. Wien/München
Haupt, K. (1959): Formen der sozialen Eingliederung Vertriebener. Vita humana 2: 35–64
Hecker, M. (1988): Familienrekonstruktion in Deutschland. Ein Versuch,

sich der Vergangenheit zu stellen. In: Heimannsberg, B.; Schmidt, C. (Hg.), Das kollektive Schweigen. Köln, S. 225–246
Heckmann, H. (1994): Die Trauer meines Großvaters. Frankfurt a. M.
Heimannsberg, B.; Schmidt, C. (Hg.) (1988): Das kollektive Schweigen. Nationalsozialistische Vergangenheit und gebrochene Identität in der Psychotherapie. Köln. 2. Aufl. 1992
Heinl, P. (1994): »Maikäfer flieg, dein Vater ist im Krieg ...« Seelische Wunden aus Kriegskindheit. München
Helbig, L. (1982): »Und sie werden nicht mehr frei, ihr ganzes Leben!«: Eine kleinbürgerliche Kindheit und Jugend im Dritten Reich. Weinheim/Basel
Herzog, R. (1998): Rede des Bundespräsidenten am 9.11.1998, zit. nach der »Hessisch-Niedersächsischen Allgemeinen« (HNA) vom 10.11. 1998, S. 4
Heuft, G. (1999): Die Bedeutung der Trauma-Reaktivierung im Alter. Z. Gerontol. Geriat. 32: 225–230
Heuft, G.; Marschner, C. (1994): Psychotherapeutische Behandlung im Alter. State of the art. Psychotherapeut 39: 205–219
Heuft, G.; Schneider, G. (1997): Psychotraumatologie – eine lange übersehene fachpsychotherapeutische Aufgabe. Psycho 23: 690–699
Hinze, E. (1987): Übertragung und Gegenübertragung in der psychoanalytischen Behandlung älterer Patienten. Psyche 41: 238–253
Hinze, E. (Hg.) (1996): Männliche Identität und Altern. Psychosozial 19: 5–74
Hirsch, R. (1997): Übertragung und Gegenübertragung in der Psychotherapie mit alten Menschen. In: Wenglein, E. (Hg.), Das dritte Lebensalter. Psychodynamik und Psychotherapie bei älteren Menschen. Göttingen, S. 68–94
Hirsch, R. (1999): Gegenwärtige Grenzen und notwendige Entwicklungen der Alterspsychotherapie. Spektrum 28: 94–97
Hofer, E. (1983): Nora: Eine Jugend im Krieg. Wien/Heidelberg
Holub, J. (1993): Der rote Nepomuk. Weinheim/Basel
Holub, J. (1997): Lausige Zeiten. Weinheim/Basel
Jaeggi, E. (1996): Viel zu jung, um alt zu sein. Das neue Lebensgefühl ab sechzig. Reinbek
Jaide, W. (1988): Generationen eines Jahrhunderts. Wechsel der Jugendgeneration im Jahrhunderttrend. Opladen
Jansen, B.; Fred, K.; Radebold, H.; Schmitz-Scherzer, R. (Hg.) (1999): Soziale Gerontologie. Weinheim
Jantzen, E.; Niehuss, M. (Hg.) (1994): Das Klassenbuch. Chronik einer Frauengeneration. Weimar
Jens,W. (Hg.) (1988): Peter Härtling. Kommentar zu Nachgetragene Liebe, Kindlers Neues Literatur Lexikon, Bd. 7, S. 156. München
Kästner, E. (1929): Pünktchen und Anton. Berlin

Kästner, E. (1931): Emil und die Detektive. Berlin
Kästner, E. (1969): Drei Männer im Schnee. In: Ges. Schriften f. Erwachsene, Bd. 3 / Romane II. Zürich
Keen, S. (1992): Feuer im Bauch. Bergisch-Gladbach
Keim, W. (1997): Erziehung unter der Nazidiktatur, 2 Bde. Darmstadt
Kempowski, W. (1971): Tadellöser & Wolff. München
Kernberg, O. (1988): Innere Welt und äußere Realität. München/Wien
Kersten, P. (1982): Der alltägliche Tod meines Vaters. Köln
Khan, M. (1977): Das kumulative Trauma. In: Kahn, M. (Hg.), Selbsterfahrung in der Therapie. Theorie und Praxis. München, S. 50–70
Kirchner, W. (1997): Wir durften davon nichts wissen. Reinbek (zuerst 1980)
Kivelä S. et al. (1998): Early Loss of Mother or Father Predicts Depression in Old Age. Int. J. Ger. Psychiatry 13: 527–530
Klare, M. (1989): Heute nacht ist viel passiert. Geschichten einer Kindheit. Weinheim/Basel
Klingler, M. 1982): Als würde es nie mehr Frühling werden. München
Kordon, K. (1978): Brüder wie Freunde. Weinheim/Basel
Kordon, K. (1990): Mit dem Rücken zur Wand. Weinheim/Basel
Kordon, K. (1993): Der erste Frühling. Weinheim/Basel
Kordon, K. (1993): Werkstattbuch Klaus Kordon. Die Trilogie. Weinheim/Basel
Kordon, K. (1994): Die Zeit ist kaputt. Die Lebensgeschichte des Erich Kästner. Weinheim/Basel
Krause-Burger, S. (1997): Joschka Fischer. Die Biographie. Stuttgart
Kruse, A.; Schmitt, E. (1995): Wurden die in der Lagerhaft erlittenen Traumatisierungen wirklich verarbeitet? Ergebnisse aus einem Forschungsprojekt zu psychischen Nachwirkungen des Holocaust. In: Heuft, G.; Kruse, A.; Nehen, H.; Radebold, H. (Hg.), Interdisziplinäre Gerontopsychosomatik. München, S. 31–42
Kruse, A.; Schmitt, E. (1998): Erinnerungen an traumatische Erlebnisse in der Zeit des Nationalsozialismus bei (ehemaligen) jüdischen Emigranten und Lagerhäftlingen. Z. Gerontol. Geriat. 31: 138–150
Kruse, A.; Thomae, H. (1992): Menschliche Entwicklung im historischen Wandel. Empirisch-psychologische Beiträge zur Zeitgeschichte. Heidelberg
Kruse, A.; Schmitt, E. (Hg.) (1996): Wir haben uns als Deutsche gefühlt. Lebensrückblick und Lebenssituation jüdischer Emigranten und Lagerhäftlinge. Darmstadt
Kümmerlin-Maibauer, B. (1999): Eröffnungsvortrag zur Feier des 50. Geburtstages der Internationalen Jugendbibliothek in München, zit. nach der Frankfurter Allgemeinen Zeitung vom 21.9.1999, S. 52
Ledig, G. (1999): Vergeltung. Frankfurt a. M.

Lehmann, A. (1986): Gefangenschaft und Heimkehr. Deutsche Kriegsgefangenschaft in der Sowjetunion. München

Lehr, U. (1969): Die Frau im Beruf. Frankfurt a. M.

Lehr, U. (1980): Altern und Lebensschicksal – eine Fremdbestimmung oder Selbstbestimmung? Z. Geront. 13: 417–420

Lehr, U. (1991): Psychologie des Alterns, 7. Aufl. Heidelberg

Lehr, U.; Thomae, H. (1965): Konflikt, seelische Belastungen und Lebensalter. Köln/Opladen

Lenz, S. (1968): Deutschstunde. Hamburg

Lessing, H. (Hg.) (1984): Kriegskinder. Frankfurt a. M.

Leuzinger-Bohleber, M. (1998): Wissenschaft zwischen den Wissenschaften. Psychoanalytische Forschung im interdisziplinären Diskurs: Arbeitslosigkeit und Identitätsbildung. Frankfurter Rundschau vom 8.12.1998

Levinson, D. (1979): Das Leben des Mannes. Köln

Linden, M.; Mayer, H.; Smith, S.; Staudinger, U. (1997): Psychische Widerstandsfähigkeit, Wohlbefinden und Depression – Ergebnisse aus der Berliner Altersstudie. In: Radebold, H. et al. (Hg.), Depressionen im Alter. Darmstadt, S. 117 ff.

Lipp, C. (Hg.) (1992): Kindheit und Krieg. Erinnerungen. Frankfurt a. M.

Lohmann, R.; Heuft, G. (1995): Life review: Förderung der Entwicklungspotentiale im Alter. Z. Geront. Geriat. 28: 236–241

Maar, P. (1990): Kartoffelkäferzeiten. Hamburg

Maar, P. (1994): Meine beiden Biographien. Rede in der Frankfurter Universität am 8. Juli 1994. In: Jahresgabe 1994, Freundeskreis des Instituts für Jugendbuchforschung, Frankfurt a. M.

Maas, I.; Borchelt, M.; Mayer, K. (1996): Kohortenschicksale der Berliner Alten. In: Mayer, K.; Baltes, P. (Hg.), Die Berliner Altersstudie. Berlin, S. 109–134

Maschmann, M. (1963): Fazit. Mein Weg in der Hitler-Jugend. München

Massing, A. (1988): Auswirkungen anhaltender nationalsozialistischer Weltanschauungen in Familienschicksalen. In: Heimannsberg, B.; Schmidt, C. (Hg.), Das kollektive Schweigen. Köln, S. 71–84

Massing, A.; Beushausen, U. (1986): Bis ins dritte und vierte Glied. Auswirkungen des Nationalsozialismus in den Familien. Psychosozial 28: 27–42

Masson, G. (Hg.) (1985): Sigmund Freud – Briefe an Wilhelm Fließ. Frankfurt a. M.

Mayer, K.; Baltes, P. (Hg.) (1996): Die Berliner Altersstudie. Berlin

Meckel, Ch. (1980): Suchbild. Über meinen Vater. Düsseldorf

Mertens, W. (1996): Entwicklung der Psychosexualität und der Geschlechtsidentität, Bd. 2: Kindheit und Adoleszenz, 2. Aufl. Stuttgart

Mertens, W. (1997): Entwicklung der Psychosexualität und der Geschlechtsidentität, Bd. 1: Geburt bis 4. Lebensjahr, 4. Aufl. Stuttgart

Meyer, K.; Blakeslee, J. (1998): Geweint wird, wenn der Kopf ab ist. Annäherungen an meinen Vater, »Panzermeyer«, Generalmajor der Waffen-SS. Freiburg i. Br.
Meyer, S.; Schulze, E. (1985): Von Liebe sprach damals keiner. Familienalltag in der Nachkriegszeit. München
Meyer, S.; Schulze, E. (1989): Auswirkungen des II. Weltkriegs auf Familien. Berlin
Miller, A. (1979): Das Drama des begabten Kindes und die Suche nach dem wahren Selbst. Frankfurt a. M.
Mitscherlich, A. (1963): Auf dem Weg zur vaterlosen Gesellschaft. München
Mitscherlich, A. (1975): Der Kampf um die Erinnerung. München
Mitscherlich, Th. (1988): Vergangene Zeiten – Variationen von Erinnerung. In: Feigl, S.; Pablé, E. (Hg.), Vater unser – Reflexionen von Töchtern und Söhnen. Wien, S. 147–156
Moser, T. (1995): Übertragung und Inszenierung – Der therapeutische Zugang zu geschichtlichen Katastrophen. In: Bell, K.; Höhfeld, K. (Hg.), Psychoanalyse im Wandel. Gießen, S. 56–68
Moser, T. (1996): Dämonische Figuren. Die Wiederkehr des Dritten Reiches in der Psychotherapie. Frankfurt a. M.
Moser, T. (1997): Dabei war ich doch sein liebstes Kind. Eine Psychotherapie mit der Tochter eines SS-Mannes. München
Moser, T. (1998): Übernommenes Trauma, entlehnter Konflikt. In: Schlösser, A.; Höhfeld, K. (Hg.), Trauma und Konflikt. Gießen, S. 399 ff.
Müller-Hohagen, J. (1988): Verleugnet, verdrängt, verschwiegen. Die seelischen Auswirkungen der Nazizeit. München
Niethammer, L. (Hg.) (1983): »die Jahre weiss man nicht, wo man die heute hinsetzen soll«. Faschismuserfahrungen im Ruhrgebiet (Lebensgeschichte und Sozialkultur im Ruhrgebiet 1930–1960, Bd. 1). Berlin
Noack, H.G. (1980): Die Webers. Eine deutsche Familie 1932–45. Ravensburg. (zuerst 1962 u.d. Titel »Stern über der Mauer«)
Nossack, H. (1947): Der Untergang. Hamburg
Nöstlinger, C. (1973): Maikäfer flieg. München
Nöstlinger, C. (1981): Zwei Wochen im Mai: mein Vater, der Rudi, der Hansi und ich. Weinheim/Basel
Nöstlinger, E. (1985): Martin Wimmer und der totale Krieg. Fünfzehnjährige als Luftwaffenhelfer. Wien
Nöstlinger, E. (1995): Martin Wimmer und die Trümmerstadt. Wien
Olbrich, E.; Rupprecht, R.; Schmidt, D. (1992): Development in Times of Hardship: Subjective Reconstructions of Aging. Vortragsmanuskript
Oliver, C. (1994): Die Söhne des Orest. Düsseldorf
Opaschowski, H. (1998): Leben zwischen Muß und Muße. Die ältere Generation: Gestern, Heute, Morgen. Hamburg

Osborn, C.; Schweitzer, P.; Trilling, A. (1997): Erinnern. Eine Anleitung zur Biographiearbeit mit alten Menschen. Freiburg i. Br.

Osherson,S. (1993): Männer entdecken ihre Väter. Freiburg i. Br.

Overbeck, A.; Wirth, H. (Hg.) (1986): Erinnern hilft Vorbeugen. Psychosozial 9: 5–104

Overmanns, R. (1999): Deutsche militärische Verluste im II. Weltkrieg. München

Pausewang, G. (1978): Auf einem langen Weg: was die Adamek-Kinder erlebten, als der Krieg zu Ende ging. Ravensburg

Pausewang, G. (1989): Fern von der Rosinkawiese. Die Geschichte einer Flucht. Ravensburg

Peetz, H., Liesenhoff, D. (Hg.) (1996): 40 Jahre Deutscher Jugendliteraturpreis. Eine Dokumentation über 40 Jahre. Arbeitskreis f. Jugendliteratur e. V. München

Peters, M. (1997): Psychotherapeutische Behandlung Älterer: Welchen Problemen begegnet eine Psychosomatische Klinik? In: Radebold, H. (Hg.), Altern und Psychoanalyse. Psychoanalytische Blätter, Bd. 6. Göttingen, S. 139–157

Petri, H. (1997): Guter Vater – Böser Vater. Psychologie der männlichen Identität. Bern/München/Wien

Pfeiffer, O. (1984): Nelly wartet auf den Frieden. Hamburg

Pfeil, E. (1968): Die 23jährigen. Eine Generationenuntersuchung am Geburtsjahrgang 1941, Tübingen

Picker, R. (1988): Psychotherapie und Nazivergangenheit – ein Versuch an konkreten Gestalten. In: Heimannsberg, B.; Schmidt, C. (Hg.), Das kollektive Schweigen. Köln, S. 175–194

Platta, H. (1986): Der Kampf um Erinnerung. Anmerkungen zur Psyche-Kontroverse. Über die Rolle der Psychoanalyse im Nationalsozialismus. psychosozial 9: 92–104

Pohlen, M. (1969): Die Abhängigkeitsthematik in der Revolte der Studenten. Psyche 23: 762–771

Pollock, G. (1981): Aging or aged: Development or Pathology. In: Greenspan, S.; Pollock, G. (Hg.), The Course of Life, Vol. III, Adulthood and the Aging Process, Nat. Institute of Health, Maryland, S. 549–589

Pöschl, E. (1991): Lucy und der Feind im Licht. Erzählung aus der Zeit des Zweiten Weltkriegs u. den ersten Jahren danach. Ober-Ramstadt

Potts, M. (1994): Long-term effects of trauma: Posttraumatic stress among civilian internees of the Japanese during World War II. J. Clin. Psychol. 50: 681–698

Preuss-Lausitz, U. u. a. (1983): Kriegskinder, Konsumkinder, Krisenkinder. Zur Sozialisationsgeschichte seit dem Zweiten Weltkrieg. Weinheim

Psyche – Gesamtregister für die Aufsätze der Jahrgänge 1947–1992 (1–46) (1993). Stuttgart

Psychoanalyse unter Hitler (1984): Dokumentation einer Kontroverse. Hg. von der Redaktion der Zeitschrift Psyche, Frankfurt a. M.
Psychologie Heute (1995): Gesamtverzeichnis 1974–1994. Weinheim/ Basel
Psychologie heute (1999): Kosovo: Die psychischen Folgen des Kriegs. Schwerpunktheft Psychologie Heute 26/9: 30–37
Radebold, H. (1986): Spezifische Konflikte und Verhaltensweisen alternder Männer – Erfahrungen aus der (psychoanalytischen) Psychotherapie. Z. Geront. 19: 240–243
Radebold, H. (1987): Das bundesrepublikanische Desinteresse an Altersfragen – späte (unbewußte) Folge unserer politischen Vergangenheit? fragmente 25: 112–116
Radebold, H. (1988): Warum behandeln wir als Psychoanalytiker keine Älteren? Psychosozial 11: 44–53
Radebold, H. (1991): Identitätsprobleme von Frauen im höheren Erwachsenenalter. In: Richter, H.; Wirsching, M. (Hg.), Neues Denken in der Psychosomatik. Frankfurt a. M., S. 153–164
Radebold, H. (1992): Psychodynamik und Psychotherapie Älterer. Berlin/Heidelberg
Radebold, H. (1996): Entwicklungspsychologie und Reifungskrisen des älter werdenden Mannes. Z. Sexualmedizin 18: 79–81
Radebold, H. (1996): Psychosomatische Sicht Alternder. In: Uexküll, Th. (Hg.), Psychosomatische Medizin, 5. Aufl., München, S. 1162–1184
Radebold, H. (1998): Körperliche Krankheiten Alternder und ihre innerpsychische Bedeutung. In: Teising, M. (Hg.), Altern: Äußere Realität, innere Wirklichkeiten. Opladen/Wiesbaden, S. 141–156
Radebold, H. (1999a): Erfahrungen beim Lesen von Lore Walbs Buch. In: Schulz-Jander, E. et al. (Hg.), Erinnern und Erben in Deutschland. Kassel, S. 134–138
Radebold, H. (1999b): Psychoanalyse. In: Jansen, B.; Karl, F.; Radebold, H.; Schmitz-Scherzer, R. (Hg.), Soziale Gerontologie. Weinheim, S. 309–323
Radebold, H., Hirsch, R. (Hg.) (1994): Altern und Psychotherapie. Angewandte Alternskunde, Bd. 0. Bern
Radebold, H.; Schweizer, R. (1996): Der mühselige Aufbruch – über Psychoanalyse im Alter. Frankfurt a. M.
Raecke, R., Baumann, U. (Hg.) (1995): Zwischen Bullerbü und Schewenborn. Auf Spurensuche in 40 Jahren deutschsprachiger Kinder- und Jugendliteratur. Arbeitskreis f. Jugendliteratur e. V. München
Rausching, H. (Hg.) (1965): 1945 – ein Jahr in Dichtung und Bericht. Frankfurt a. M.
Rebmann, R. (1979): Der Mann auf der Kanzel. Fragen an einen Vater. München
Recheis, K. (1987): Lena. Unser Dorf und der Krieg. Wien/Freiburg i. Br./ Basel

Recheis, K. (1988): Geh heim und vergiß alles. München (zuerst 1964 u. d. Titel »Das Schattennetz«. Wien)
Rechlin, E. (1981): Wollweberstraße Nr. 2. Eine Jugend in Deutschland. Bayreuth
Reemtsma, J. (1998): Noch einmal: Wiederholungszwang. In: Schlösser, A.; Höhfeld, K. (Hg.), Trauma und Konflikt. Gießen, S. 294
Reich-Ranicki, J. (Hg.) (1984): Meine Schulzeit im Dritten Reich. Erinnerungen deutscher Schriftsteller. München
Reitz, U. (1996): Wolfgang Schäuble. Die Biographie. Bergisch-Gladbach
Reulecke, J. (1999): Generationen und Biographien im 20. Jahrhundert. Vortrag. Erweiterte Fassung (2000) in: Strauß, B., Geyer, M. (Hg.), Psychotherapie in Zeiten der Veränderung. Wiesbaden, S. 26–40
Richter, H. (1963): Eltern, Kind und Neurose. Stuttgart
Richter, H. (1986): Die Chance des Gewissens. Erinnerungen und Reflektionen. Hamburg
Richter, H.P. (1980): Die Zeit der jungen Soldaten. Stuttgart
Richter, H.P. (1982): Wir waren dabei. Würzburg (zuerst 1962)
Richter, H.P. (1995): Damals war es Friedrich. München (zuerst 1961)
Rosenmayr, L. (1996): Altern im Lebensablauf. Soziale Position, Konflikt und Liebe in den späteren Jahren. Göttingen
Rosenthal, G. (Hg.) (1997): Der Holocaust im Leben von drei Generationen. Familien von Überlebenden der Shoah und von Nazi-Tätern. Gießen
Roskamp, H. (1960): Über Identitätskonflikte bei im zweiten Weltkrieg geborenen Studenten. Psyche 23: 754–761
Rottgardt, E. (1993): Elternhörigkeit. Nationalsozialismus in der Generation danach. Hamburg
Ruhl, K. (1988): Frauen in der Nachkriegszeit – 1945–1963. München
Saalmann, G. (1991): Mops Eisenfaust. Berlin
Sander, H.; Johr, B. (Hg.) (1992): Befreier und Befreite. Krieg, Vergewaltigungen, Kinder. Frankfurt a. M.
Scharwiess, S. (1995): Wo waren die Väter eigentlich? In: Michelsen, H. (Hg.), Überväter. Mainz, S. 142–148
Schelsky, H. (1957): Die skeptische Generation. Düsseldorf/Köln
Schirrmacher, G. (Hg.) (1999): Die Walser-Bubis-Debatte. Eine Dokumentation. Frankfurt a. M.
Schlesinger-Kipp, G. (Hg.) (1995): Weibliche Identität und Altern. Psychosozial 18: 3–90
Schlippe, G. (1988): »Schuldig!« Gedanken zum Umgang mit der eigenen Vergangenheit. Briefe an meinen Sohn. In: Heimannsberg, B.; Schmidt, C. (Hg.), Das kollektive Schweigen. Köln, S. 155–174
Schlösser, A.; Höhfeld, K. (Hg.) (1998): Trauma und Konflikt. Gießen
Schmidbauer, W. (1998): »Ich wusste nie, was mit Vater ist«. Das Trauma des Kriegs. Reinbek

Schmidt, E.-M. (1983): Ein kleines Lächeln. Reutlingen
Schmidt, H. (Hg.) (1991): Kindheit und Jugend unter Hitler. Berlin
Schmitt, E.; Kruse, A.; Re, S. (1999): Formen und Einflußfaktoren der Auseinandersetzung mit belastenden Erinnerungen bei Überlebenden des Holocaust. Zsch. psychosom. Med. 45: 279–297
Schneider, C.; Stillke, C.; Leineweber, B. (1996): Das Erbe der Napola. Versuch einer Generationengeschichte des Nationalsozialismus. Hamburg
Schneider, G.; Heuft, G.; Kruse, A.; Nehen, H. (1999): Risikofaktoren psychogener Erkrankungen im Alter. Zsch. psychosom. Med. 45: 218–232
Schneider, M. (1982): Den Kopf verkehrt aufgesetzt oder die melancholische Linke, 2. Aufl. Darmstadt
Schönfeld, S. (1979): Sonderappell: 1945, ein Mädchen berichtet. Wien/Heidelberg
Schönfeld, S. (Hg.) (1985): Der Krieg ist aus – und nun? Sommer 45. Berichte, Erfahrungen, Bekenntnisse. München
Schubert, G. (1984): Mila. Berlin
Schüddekopf, C. (1997): Krieg. Erzählungen aus dem Schweigen. Deutsche Soldaten über den Zweiten Weltkrieg. Reinbek
Schüddekopf, C. (Hg.) (1982): Der alltägliche Faschismus. Frauen im Dritten Reich. Berlin/Bonn
Schulz-Jander, E.; Jansen, B.; Trilling, A.; Valtink, E.; Fecke, M. (Hg.) (1999): Erinnern und Erben in Deutschland. Kassel
Schuster-Schmah, S. (1999): Wir sehen uns bestimmt wieder. Hamburg
Schwaiger, B. (1980): Lange Abwesenheit. Wien
Schwarz, A. (1981): Wir werden uns wiederfinden. Die Vertreibung einer Familie. München
Schwarz, A. (1984): Die Grenze – ich habe sie gespürt! Eine Kindheit in Deutschland-Ost u. in Deutschland-West. 1945–1950. München
Sebald, W. (1999): Luftkrieg und Literatur. München
Sichrovsky, P. (1987): Schuldig geboren. Kinder aus Nazifamilien. Köln
Siebenschön, L. (1990): Niemandskind. München
Speier, S. (1987): Der ges(ch)ichtslose Psychoanalytiker – die ges(ch)ichtslose Psychoanalyse. Psyche 41: 481–490
Spiel, W. (1972): Die sozialen Anpassungsstörungen des Kindes- und Jugendalters. In: Kisker, K.; Meyer, J.; Müller, M.; Strömgren, E. (Hg.), Psychiatrie der Gegenwart, Bd. II/Teil 1, Zweite Aufl. Berlin/Heidelberg/New York, S. 859–872
Steil, R.; Sömmer, S. (1999): Langzeitfolgen im zweiten Weltkrieg erlittener sexueller Gewalt bei Frauen im höheren Lebensalter. Vortrag auf dem 1. Kongress der Deutschsprachigen Gesellschaft für Psychotraumatologie, Jena, Juni 1999 (s. auch Psychologie Heute, 26, Heft 9, S. 33)

Stier, K. (1998): Das Kinderbuch. Eine Auswahl empfehlenswerter Kinderbücher. 3. überarb. Aufl. Arbeitskreis f. Jugendliteratur e. V. München

Stierlin, H. (1988): Der Dialog zwischen den Generationen. In: Heimannsberg, B.; Schmidt, C. (Hg.), Das kollektive Schweigen. Köln, S. 247–265

Sutker, P.; Allain, A. (1995): Psychological assessment of aviators captured in World War II. Psychol. Assessm. 7: 66–68

Sutker, P.; Vasterling, J.; Braily, K. (1995): Memory, attention and executive deficits in POW survivors: contributing biological and psychological factors. Neuropsychology 9: 118–125

Tas, L.; Wiesse, E. (Hg.) (1995): Ererbte Traumata, Psychoanalytische Blätter, Bd. 2. Göttingen

Taschenführer zur ICD-10-Klassifikation psychischer Störungen (1999): Weltgesundheitsorganisation. Bern/Göttingen

Teegen, F.; Meister, V. (2000): Traumatische Erfahrungen der Deutschen Zivilbevölkerung während der Flucht und Vertreibung am Ende des 2. Weltkriegs und heutige Belastungsreaktionen (persönliche Mitteilung, Dez. 1999)

Tetzner, L. (1990): Die Kinder aus Nr. 67. Bd. 7 und 8. München (zuerst 1933–46; in Teilen, 4 Bde, Dresden 1949)

Thompson, E. (Hg.) (1996): Men and Aging. A selected, annotated bibliography. Westport, Connecticut

Thüminger, R. (1994): Ein Ort für morgen. Wien

Thurnwald, H. (1948): Gegenwärtige Probleme Berliner Familien. Berlin

Tollmien, C. (1990): Fundevogel oder Was war, hört nicht einfach auf. Weinheim/Basel

Trampe, G. (1995): Die Stunde Null. Erinnerungen an Kriegsende und Neuanfang. Stuttgart

Treichel, H. (1998): Der Verlorene. Frankfurt a. M.

Trilling, A. (1998): Biographiearbeit – ein unverdauter Brocken. Altenpflege 12: 30

Ursano, R.; Rundell, J. (1990): The prisoner of war. Military Med. 155: 176–180

Valent, P. (1998): Auswirkungen des Holocaust auf Überlebende jüdische Kinder. Psyche 52: 751–771

Vesper, B. (1977): Die Reise. Berlin

Volksbund Deutscher Kriegsgräberfürsorge (1988): Die Rechnung: was bringt der Krieg? Heft 7 der Schriftenreihe des Landesverbandes Baden-Württemberg. Stuttgart

Waechter, K. (1998): Der rote Wolf. Zürich

Wagener, H. (Hg.) (1977): Gegenwartsliteratur und Drittes Reich: dt. Autoren in d. Auseinandersetzung mit d. Vergangenheit. Stuttgart

Walb, L. (1997): Ich, die Alte – Ich, die Junge. Konfrontation mit meinen Tagebüchern 1933–1945. Berlin
Walser, M. (1991): Die Verteidigung der Kindheit. Frankfurt a. M.
Walser, M. (1998a): Erfahrungen beim Verfassen einer Sonntagsrede (Anläßlich der Verleihung des Friedenspreises des Deutschen Buchhandels 1998). Frankfurt a. M.
Walser, M. (1998b): Ein springender Brunnen. Frankfurt a. M.
Watson, I. (1993): Post-traumatic stress disorder in Australian prisoners of the Japanese: a clinical study. Austr. New Zeal. J. Psychiat. 27: 20–29
Weinrich, H. (1997): Lethe. Kunst und Kritik des Vergessens. München
Welsh, R. (1993): Das Haus in den Bäumen. Zürich
Westernhagen, D.v. (1987): Die Kinder der Täter. Das Dritte Reich und die Generation danach. München
Westernhagen, D.v. (1987): Die Kinder der Täter: das Dritte Reich und die Generation danach. München
Wielpütz, I. (1988): Die Schwierigkeit, das Unsagbare zu sagen. Über die Nichtentstehung eines Artikels zum Thema: Nazivergangenheit in der Psychotherapie. In: Heimannsberg, B.; Schmidt, C. (Hg.), Das kollektive Schweigen. Köln, S. 85–108
Wiesner, H. (1979): Der Riese am Tisch. Basel
Wild, R. (Hg.) (1990): Geschichte der deutschen Kinder- und Jugendliteratur. Stuttgart
Wildermuth, R. (Hg.) (1987): Aus 100 Jahren – Jugend 1887–1987. Baden-Baden
Willenbacher, B. (1988): Zerrüttung und Bewährung der Nachkriegsfamilie. In: Broszat, M.; Henke, K.; Woller, H. (Hg.), Von Stalingrad zur Währungsreform. Zur Sozialgeschichte des Umbruchs in Deutschland. München, S. 595–618
Wilson, J.; Raphael, B. (Hg.) (1993): Intern. handbook of traumatic stress disorders. New York, S. 219–274
Wolf, Ch. (1976): Kindheitsmuster. Berlin
Wurzbacher, G. (1954): Leitbilder gegenwärtigen deutschen Familienlebens, 2. Aufl. Stuttgart
Zander, W. (1992): Kinder und Jugendliche als Opfer. Die traumatisierenden Einflüsse der NS-Zeit und des Zweiten Weltkriegs. In: Benz, W.; Benz, U. (Hg.), Sozialisation und Traumatisierung. Kinder in der Zeit des Nationalsozialismus. Frankfurt a. M., S. 128–140
Zielen, V. (1988): Läßt sich Nazi-Kindheit bewältigen? In: Heimannsberg, B., Schmidt, C. (Hg.), Das kollektive Schweigen. Köln, S. 209–224
Zitelmann, A. (1991): Paule Pizolka oder Eine Flucht durch Deutschland. Weinheim/Basel

Wenn Sie weiterlesen möchten ...

Hartmut Radebold (Hg.)

Altern und Psychoanalyse

Dieser Band der Psychoanalytischen Blätter, herausgegeben von dem anerkannten Begründer der deutschen psychoanalytischen Gerontologie, gibt Auskunft über den Stand der Erkenntnisse über die Entwicklungsprozesse des Alterns aus empirischer, selbstpsychologischer und narzißmustheoretischer Perspektive, auch unter geschlechtsspezifischen Aspekten.

Das Buch ist ein Angebot an die Alterspsychiatrie, die Psychotherapie und die Gerontopsychosomatik, das inzwischen gewonnene Wissen der psychoanalytischen Alternsforschung zu nutzen. Es soll aber auch den eigenen psychoanalytischen Horizont erweitern, um dem Behandlungsauftrag für Ältere gerecht werden zu können.

Erik Wenglein (Hg.)

Das dritte Lebensalter

Psychodynamik und Psychotherapie bei älteren Menschen

In diesem Buch werden die epidemiologischen und psychosozialen Aspekte des Alterns ausgebreitet und Fragen der Beziehung zwischen älterwerdenden Therapeuten und ihren Patienten behandelt. Psychoanalytische Dimensionen und therapeutische Grenzsituationen verdeutlichen die Gefährdungen, aber auch mögliche Hilfen zur Sinnfindung im Alter.

Mit Aufsätzen von: Raymond Battegay, Wenda Focke, Arno Hellwig, Rolf D. Hirsch, Gabriele Maier, Martin Teising, Rainer Welz, Erik Wenglein, Manfred Wolfersdorf

Karl König

Kleine Entwicklungspsychologie des Erwachsenenalters

Wie wichtig die Prägungen in der Kindheit für das Leben des Menschen sind, wissen wir heute. Aber es ist ein großer – und bequemer – Irrtum zu meinen, damit wäre schon alles entschieden.
Der Psychoanalytiker Karl König eröffnet hier eine Sichtweise, in der die Chancen wie auch die Risiken in der Lebensgestaltung des Erwachsenen neu vermessen werden. Jenseits der Dreißig können wir nicht mehr andere Menschen werden. Aber wir können dem Leben Richtung geben; wir können Gefahren meiden, die in uns stecken, und wir können Möglichkeiten ergreifen, die wir zuvor nicht gesehen haben.

Die Karten werden nicht mehr neu verteilt. Man kann sie jedoch anders spielen. Und es geht, das erkennen erst Erwachsene, nicht um ein Spiel, es geht ums ganze Leben.

Louis M. Tas / Jörg Wiesse (Hg.)

Ererbte Traumata

Auf die psychischen Traumata der Naziverfolgten wurde man in Deutschland erst spät aufmerksam. Das hat vielfältige Gründe, einige davon sind aufs neue beschämend. Immerhin wird seit wenigen Jahren darüber geforscht, und es gibt auch einige Fachveröffentlichungen dazu.

In diesem Band schreiben Autoren, die das Leid nicht nur als Therapeuten kennen, sondern auch aus ihrem eigenen Erleben berichten können über die fortwährende Traumatisierung: *Andries van Dantzig* (Amsterdam), *Nathan Durst* (Herzlay), *Hans Keilson* (Bussum, Niederlande), *Ilany Kogan* (Jerusalem), *Rafael Moses* (Jerusalem), *Judith S. Kestenberg* (New York), *Louis M. Tas* (Amsterdam).

„So gib mir auch die Zeiten wieder, da ich noch selbst im Werden war"
Goethe, Faust